商務禮儀

Business Etiquette

朱立安 / 著

國家圖書館出版品預行編目（CIP）資料

```
商務禮儀 = Business etiquette/朱立安著. --
初版. -- 新北市：揚智文化事業股份有限
公司,2023.12
    面；  公分

ISBN 978-986-298-421-5（平裝）

1.CST: 社交禮儀

192.3                              112014448
```

商務禮儀

作　　者／朱立安
出 版 者／揚智文化事業股份有限公司
發 行 人／葉忠賢
總 編 輯／閻富萍
特約執編／鄭美珠
地　　址／新北市深坑區北深路三段 258 號 8 樓
電　　話／(02)8662-6826
傳　　真／(02)2664-7633
網　　址／http://www.ycrc.com.tw
 E-mail ／service@ycrc.com.tw
 I S B N ／978-986-298-421-5
初版一刷／2023 年 12 月
定　　價／新台幣 400 元

前　言

　　1970年代，手提007手提箱的台灣商人開始走向全球，手提箱內裝的是樣品與目錄，心中充滿的是無限的熱忱與憧憬。與外人直接面對面密集接觸的結果，除了知道英文很重要之外，大概就是面對「國際禮儀」的困惑了。

　　由遞名片的方式，以至稱呼、介紹的習慣均顯得格格不入。其他如開會、簡報、協商等國際常見之商務行為，更是讓英勇出征的台商為之忐忑不安。

　　由此，筆者不揣譾陋，以多年海外商務接觸的經驗和觀察的結果，將此書定名為《商務禮儀》，內容共分：商務穿著禮儀、商務基本禮儀、商務溝通與贈禮、商務餐飲禮儀、職場基本禮儀、接待客戶禮儀、商務拜訪禮儀、國際會展禮儀、公開發表會禮儀、國外商務旅行禮儀、簡報與會議禮儀、個人儀態與手勢等分門別類加以說明。將每人都有機會遭遇到的狀況加以分析解釋，不但告知讀者何者為合宜，同時也讓大家瞭解其原因為何。另外為讓讀者對其他國家地區之風土人情有一初步之認知，且在海外商旅時能趨吉避凶，又加入跨文化溝通以及商務旅行意外之防範等文，望我國人從此後與外人從事商業行為時，不論任何場合均能舉止得宜，怡然自處，不再有忐忑不安的情形，並從而代表公司與外人洽商時能讓人更加敬重，是幸！

　　正文之前我們不妨先瞭解一下何謂「商務禮儀」？

一、商務禮儀與社交禮儀之異同

　　我們經常會思考一個問題：商務禮儀與社交禮儀到底有何區別呢？為什麼某些在一般社交場合中奉行不渝的圭臬到了商務場合就完全不一樣了呢？如果社交禮儀與商務禮儀互相矛盾甚至衝突時，該以何者為優先

呢？

在社交場合中，「女士優先」、「長者優先」、「地位高者優先」，在商務場合排序中為何有些是有些則非呢？

當我們思考以上問題並不斷尋找其原因的同時，也讓我們獲得了一些以前未曾有過的觀念，例如「第三性」、「優先順序」等等商務禮儀之基本功能。

如何「成為一個受歡迎的人」與「避免成為一個令人討厭的人」？

首先我們談談商務禮儀的基本功能與社交禮儀之差異。一般來說，社交禮儀之目的在於以良好之言行舉止表現於他人之前，也就是在聚會、相遇或是在一些公共場所，透過良好之服裝穿著、談話習慣與內容、表達之方式與技巧、餐飲之姿態等等來達到給予在場人士良好之印象，從而使與其相處者留下好印象，進而開拓人際關係，達到極佳的群我關係，所以社交禮儀之基本功能是讓自己「成為一個受歡迎的人」。

至於商務禮儀則又另當別論。在商務場合，無論是展覽會、記者會、正式會議、參觀拜訪、簽約、展示會、接待客戶等，無一不是具有極其濃厚的商業色彩，所謂的商業色彩，也就是利益色彩。

例如一家公司的職員在商務場合中的表現，常常會影響其客戶、競爭者、潛在客戶等對其觀感，甚至對其所服務之公司產生疑問或是更具信心。若為負面者，即可能讓人懷疑其公司一再宣傳的品質優良、永續經營、服務第一等是否屬實。

訓練有素、禮儀良好之職員可達成替公司加分之目的，反之亦然。公司在產品品質方面花了相當大的精力與金錢來建立，但是極有可能會由於少數職員之舉止失當而影響公司之獲利機會與發展，一般具有規模的公司多深知商務禮儀之重要性，因此在員工教育訓練時勤勉有加者有之，殷殷告誡者有之，其目的則是一致的，就是避員工在商務場合中犯了不該犯的錯誤，當然最基本的是「如何避免做一個令人討厭的人」。

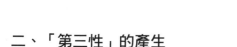
二、「第三性」的產生

　　前面我們曾提到，社交場合與商務場合之禮儀中經常產生矛盾與困惑，先說說女性之地位吧！

　　女性在社交禮儀中一向享特殊與尊榮的地位，這是一種由來已久的習慣了，可能是由於女性天生在體能方面較弱，在社會中也比較容易受傷害，競爭時也較處於劣勢，因此可能在大男人沙文主義下之禮讓表示強過對手的觀念下，以禮讓女性來表現男性紳士風度的習慣就慢慢地養成了。

　　由於男性競相在女性面前（或其他男性面前）表現風度，於是造成了西方世界有些相當奇怪而大家卻視為理所當然的尊重女性之禮儀，當然女性一旦獲得如此禮遇，她們也多是樂於歡心享受的，這也是我國女性出國在外或與西方男性相處時常常會有受寵若驚的感覺。

　　在日常生活中尊重女性之例子不勝枚舉，例如男士駕車時必須先替女士開車門，待其坐定後再為其關好車門，之後再繞過汽車回到駕駛座開始當司機。等到達目的地時，如此之禮儀程序反過來再來一次。另外，如女性進入房間內時所有在場男性（除了幼童）一律得起立表達敬意，待女士坐定後男士方才得以陸續復坐，待女士有事起身時，諸男士又得起立表達敬意，待女士離開房間後，諸男士才得以復位。其他如拉座椅、按住旋轉門或電梯門等例子更是隨處可見。

　　但是在商務場合中，如果客戶是男性，而負責接待者是女性的話，上述的標準禮儀是否仍然適用呢？答案是不一定，如果客戶是來自西方社會，又擁有良好之教養者，有些可能仍然會比照社交禮儀來遵行，因為他已養成習慣，根深蒂固了。但是一般來說，在商務場合並不強調「女士優先」，而是將重點放在「客戶優先」上。

　　也因此，雖然女性本身性別並未改變，但是在商務場合中，女性之角色應該轉變為「第三性」，也就是中性，所謂中性，就是非男性亦非女

商務禮儀
BUSINESS ETIQUETTE

iv

性，只是公司之職員，性別已不重要，他應該做的事是公事，也就是公司交辦理之事，如扮演好會議中之角色、妥善接待公司之客戶、產品說明之主講者等，不論男性或女性，性別均不重要，只要把該做的事做好，該演的角色盡責演出即可。

三、商務禮儀中之優先順序

再來我們談到社交禮儀中非常重要的優先順序。眾人皆知，在社交場合中，無論是座位、介紹順序、離到場順序均有一定的規則可循，如果沒有依此一約定俗成之方式執行，一定會引起極大之爭議與不快，但是在商務場合情形又不一樣了。

在社交禮儀中我們一向以參與者之社會地位、年齡、與主人之關係、性別等當做優先順序的重要參考指標，然後據此來安排所有事情。但是在商務禮儀中我們不得不提起「客戶優先」與「公司倫理」這兩種觀念。

在公司內部中，自然一切均以參與者在公司中之職位來訂定順序，其順序一定是董事長→總經理→一級主管→二級主管→三級主管→一般職員→行政支援人員等，絕不可能因為個人之年齡、性別、社會地位等而改變。例如，一個年齡很大即將退休之小職員，無論其年齡多長、年資多久，總是不可能在排序時超過其主管，儘管其主管可能是一個剛剛才由學校畢業的年輕小伙子。

另外如一家公司之警衛人員，雖然其任職前已在軍隊中擔任上校團長此一高階軍官，但是在公司中他只是一名基層警衛，遇見其上司，可能之前服役時只是一名二等兵，也是一切均須採以下對上之禮儀對待之。以上所說的就是「公司倫理」，也就是一切以個人之職位以及所主管之事務決定其在公司內應有之地位。

另外說到「客戶優先」。當我們與客戶在商業場合相處時，自然而

然會表現出「客戶優先」的情形,公司在新進員工社會化的過程中早已灌輸所有員工此一觀念,所以無論在與客戶用餐、接待、引導參觀、解釋說明、休閒娛樂、球敘等時,一定會將客戶置於首位,儘量以尊榮客戶、滿足客戶所有需求為基本要求,英語中有一句話十分適合「客戶優先」這一觀念,那就是:"Your wish is my command!",我們不妨也用這一句話來為商務禮儀之定義做一闡明吧!

朱立安 謹識

台北2023

目　錄

商 務 禮 儀
BUSINESS ETIQUETTE

x

Chapter

1

商務穿著禮儀

　　商務禮儀首重穿著，一個人若是穿著不當或是不適合其場合，輕則人遭人冷眼視之，甚者將引起他人之鄙視，因此穿著合宜是必要且相當重要的。

　　多年以前筆者曾經率領一個科技業組成的參觀團前往德國漢諾威參加世界最著名的CeBIT電腦展，會後並順道參觀歐洲數國的科技大廠。旅途中讓我十分驚訝的是，這一批由各大科技廠之高階主管組成的團體居然多不知如何穿著。灰衣黑褲者有之，穿西裝不打領帶者有之，有些則是穿西裝配休閒鞋，或是服裝尚可卻滿臉鬍鬚、頭髮凌亂。我只好沿途不斷耳提面命，還好最後沒有鬧出什麼笑話。

　　在各式商務場合中皆屬於正式場合，一個人的外表在正式場合是至為重要的，除了服裝本身的材質、式樣外，搭配的配件也必須合宜、整體的，另外，優雅的態度舉止，也可視為個人外表的一部分，不可稍有缺失。

一、男士正式服裝

(一)西裝上衣穿著

　　在一般正式場合男性均以西裝為宜，其材質則以毛絨或混紡質料、不易起皺者為佳。顏色則以暗色系，如深藍、深灰、暗綠、深褐、深棕色為主，但不可穿著全黑色的服裝，以免令人有參加喪禮的誤會。至於淺色系之西裝則可在比較非正式的場合穿著；白色西裝似乎只有演藝界人士才會穿，因為會給人誇張、炫耀的感覺。

　　西裝上衣必須與西裝褲完全同一顏色、材質，也就是同一塊西裝料所剪裁的（除了假日休閒可以不同顏色搭配穿著，稱為Sport Suit）方為正式。穿著時，若上衣為單排扣，則最底下的一顆扣子不可扣上（此習慣

據說源自英國的國王愛德華七世，由於騎馬機會頻繁，一般紳士上下馬時打開上衣較為方便）。若內有穿著西裝背心，背心也是一樣最下面的一顆扣子不可扣；而穿著雙排扣西裝則上衣扣子必須全部扣上。

開會、談天坐下時可將西裝扣子全部解開，但起身時必須立即迅速扣好。若遇主持人點名至台上向他人介紹時，可以於起身後，一面扣上衣扣一面走上講台，並不失禮，因為如此可以節省其他人等待的時間。

〈小檔案〉西裝的演變

> 19世紀中期，由同一布料製作而成的正式商務西裝（Business Suit）漸漸演進為現代西服的今日模樣。而商務西裝其前身是更為正式的Lounge Jacket。

(二)西裝的種類

基本上商務西服大概可以分為單排扣西裝與雙排扣西裝，其中又以單排扣西裝為商務人士及正式場合的主要穿著。

單排扣西裝為單一的西裝上衣，下身為同布料的成套西裝長褲，有正統的三件式（另含同一材質的背心）與較為商務的兩件式西服可以選擇。

雙排扣西裝內若有一條細窄的帶子與一暗藏於內側的扣子時，必須把帶子在另一端上扣好，這是為了讓你穿西裝時看起來會更英挺而設計的。

此外還有休閒西裝，是非正式場合穿著用的西服，其和正式西裝最大的差別在於布料與材質，款式上則與正式西裝大同小異，只是上衣和長褲的顏色與款式可以自由搭配選擇，例如常見的獵裝即屬休閒西裝範疇中。

(三)西裝長褲

　　西裝長褲不宜過長，以免看起來邋遢；也不可以過短，否則坐下時會露出一雙飛毛腿，非常不雅。不可有皺痕，褲管的線條必須燙出來，褲後口袋、兩側口袋最好不要塞了一大堆東西，此外，口袋必須保持平順，不要擠成一堆。

　　西裝褲最上方的拉鍊上除了有一顆扣子外，在其旁斜角亦多會有另一顆扣子，這也是為了讓長褲看起來直挺而設計的，請把它也扣上。

(四)襯衫

　　深色西裝必須搭配淺色襯衫才能顯得精神抖擻，可穿白色長袖襯衫，或是與西裝相同色系的襯衫，但顏色則是愈淺愈佳。材質則以絲、棉、麻等為佳。若衣領上有小領口扣則必須扣好，若有領針的小孔則必須插入領針。若襯衫衣領為搭配領結（bow tie）專用者，則千萬不可打條領帶以免令人驚訝，惹來笑話。此外，襯衫必須燙得平整，切不可有皺痕、污漬。

　　穿著襯衫時，袖口應略長於西裝外套的袖口，大約長1公分左右即可，襯衫衣袖太短會讓人感覺怪異，因為看起來似乎是穿了短袖襯衫；太長則會顯得突兀。穿西裝時儘量避免穿深色襯衫，因為大概只有黑社會的人士才會如此穿著。另外，無論在任何情形下，也絕對不可在西裝內穿上短袖的襯衫，如此看起來與身穿西裝腳穿球鞋沒有什麼兩樣。如果天氣真的很熱，又非正式場合（例如同事或是比較熟悉的友人）則可以把西裝外套脫去，把長袖襯衫的袖口捲起，這是眾人比較可以接受的權宜之計，但是在正式場合時是絕對不可脫掉西裝外衣的。

(五)領帶

　　領帶的選擇與打法相當多樣化，可以為男士服裝收到畫龍點睛的效果，這也是男士服裝中比較可以展現個人風格的地方。

　　領帶可以較為花俏豔麗，但須注意其長短適宜程度，以及領夾的搭配選用。在某些非正式的場合，使用領巾來代替領帶也不失為較活潑的選擇，但在正式場合上使用領帶應以亮色或花色系為宜。

　　可以打單結或是雙結，但是必須把結打得結實，並把領帶完全圍住領子，不要露出襯衫第一顆扣子，否則會很突兀。若領子另須扣領扣時，則必須將它扣完整；若是必須以領針固定，則必須加穿扣針才算整齊。至於領結（bow tie）則屬更正式的穿著，一般商務場合是穿不到的。若是打領結時必須穿著其專屬搭配的襯衫，其衣領、材質與款式都與一般襯衫不同。

(六)皮鞋

　　皮鞋應以黑色為主，一般而言，有繫鞋帶的皮鞋比不用鞋帶的皮鞋來得更正式。如果不穿黑皮鞋也可以搭配西裝顏色來穿著，如深咖啡西裝可配穿咖啡色皮鞋。皮鞋鞋面及邊緣應保持乾淨，擦上鞋油打亮，且不得有破損、裂縫等情形。皮鞋避免穿著過大，以免不自覺地把它當拖鞋來穿。想想看，穿了西裝卻拖著皮鞋踢踢躂躂走，是不是讓人想起了一代奇才卓別林？其實不單是男士，有不少女性朋友也常常打扮得漂漂亮亮，卻

把腳底的高跟鞋拖得踢踢躂躂,一個小小的錯誤,卻毀掉了她費盡心力的妝扮而不自知!

(七)襪子

襪子與皮鞋相同均以黑色為主,但可以選擇上面有標記、小裝飾或有暗色花紋者亦不為過,但須注意是否有破洞、是否清潔等小細節,長度也不宜太短,以免坐下來時可能露出「飛毛腿」。我曾數次看見有人穿西裝打領帶、黑色皮鞋都沒問題,但是卻穿了一雙白襪子、紅襪子,甚至是花襪子,令人瞠目結舌。

(八)皮帶

以深色為原則,最好是黑色或是與西裝同一色系的皮帶,若皮帶頭是金屬製的,也必須擦拭乾淨、光可鑑人。

(九)頭髮

穿西裝時自然以西裝頭為合宜,或是其他梳理整齊的髮型為主,鬢角不可過長,否則看起來沒有精神。頭髮必須清潔乾淨,梳理整齊有型,亦可用髮霜或定型液固定髮型。

另外應避免頭皮屑出現,鬍鬚、汗毛均須剃乾淨(西洋人有些一天得剃兩次鬍鬚,以免名為Afternoon Shadow之鬍鬚出現),鼻毛亦須修剪不可外露。若是個人髮質太軟會蓋住額頭時,可以用定型液固定之。

(十)雙手

指甲修短、雙手保持乾燥清潔,手錶、戒指等物不可太過炫耀,以免給人俗氣之感。使用完洗手間後,必須擦乾或是烘乾雙手,以免開門或

握手時給人潮溼不潔的感覺。個人獨自站立時（非與他人交談時）雙手可以插在西裝褲的口袋，但是要注意，不要由於兩隻手插在口袋裡卻把西裝上衣的背後分衩給撐開而露出背部的襯衫，這樣就不太好看了。

(十一)頭皮屑

頭皮屑會予人一種不潔的感覺，最好能事先防範，若沒把握，則可以事前先仔細清理。

(十二)古龍水

我們一向少有搽古龍水的習慣，不過在正式場合不妨搽一點試試看，至少感覺精神比較抖擻。外國朋友使用頻率可就高得多了，正式場合會搽，一般場合也少不了，似乎已變成服裝的一部分。據說古龍水有吸引異性的魔力，西洋男士深信不疑，每次外出約會必定塗抹一番，希望能有所斬獲，也許這才是古龍水流行的原因。

(十三)領針

領針是有裝飾的效果，但是已經很長一段時間沒有人用了，原因不明。不過這也符合服裝會有流行的趨勢此一說法，不過建議在它還沒流行回來以前，暫時先收起來不要使用。

(十四)外衣飾品

男士不同於女士，是不需要配戴首飾的，有些人就用鑽石手錶、耀眼的寶石戒指等來有意無意地炫耀。在正式的場合，這種方法只會顯得粗俗與膚淺，是絕對無法贏得他人「尊重」的，而且更有可能適得其反。

目前比較流行的是外衣裝飾胸針，以前多是用小徽章、國旗等別在

左邊的衣襟上，現在也有不少人用胸針，甚至加金屬細鍊來代替，也是相當雅致的。

(十五)其他注意事項

西裝上衣與長褲都必須平整筆挺，若有皺痕等必須事前燙平，若是臨時發現已無法補救時，可以用少量的清水暫時壓平它。

腹部太突出者可以加一件與西裝同款的西裝背心加以束縛，看起來會更苗條些，也更有精神。

矮胖者不宜穿著雙排扣西裝，也不宜穿著寬條紋或是格子式樣的西服，否則看起來會更加臃腫。反之，身材太瘦高者則應避免細條紋服裝，或是三、四顆扣子的單排扣西裝上衣。

現在已很少看見有人會把手插在西裝上衣的口袋中，但有不少人會把口袋塞得滿滿的，可能是手帕、衛生紙之類的東西，看起來非常奇怪。

男士的穿著雖然變化較少，但是仍然不可馬虎，否則在極其重視穿著的西方社會，必定會遭人輕視，這倒不是以外表取人，而是他們認為一個人如果連基本的穿著禮儀都不懂，其他方面也就可想而知了。

如果你想要穿得有品味，又不知如何著手，不妨多向懂得穿著的朋友請教，或者多學學西方知名之士的穿著打扮，稍稍用點心來觀察，絕對會有很好的收穫！

〈小檔案〉領帶的由來

當人們穿著正式西服時，一定會搭配一條漂亮的領帶，整個人因此顯得既美觀又大方，給人以優雅、俊美之感，然而，象徵著禮儀的領帶，卻是因緣際會演變而來的。您知道領帶的由來嗎？

第一個傳說

　　以前法國與外國發生戰爭時戰敗，有東歐克羅埃西亞之騎兵隊騎著駿馬昂然進入巴黎，每一個士兵的頸部均圍以紅色的絲巾作為標記，巴黎市民看見以後覺得很好看，紛紛起而效尤。從此先有領巾而演變至領帶之風氣就漸漸開始了。

第二個傳說

　　英國婦女的發明。英國當時仍是一處落後的國家，在中世紀時，社會地位較低之英國人常以豬、牛、羊肉為食，而且進食時不用刀叉，而是用手抓起肉塊放在嘴中啃咬。由於那時尚無刮鬍刀，成年男子都蓄著亂糟糟的大鬍子，進食時，弄髒了下巴就用衣袖去抹。婦女經常要為男人洗這種沾滿油垢的衣服。

　　在不勝其煩之後，她們想出了一個方法，在男人的衣領下巴掛一塊布條，可隨時用來擦嘴，同時在袖口上縫幾顆小石子，每當男人們再按老習慣用衣袖擦嘴時，就會被石子刮傷，於是乎英國的男人們改掉了以往不文明的行為，而掛在衣領下的布和綴在袖口的小石子自然也就成為英國男子上衣的傳統的附屬物──繫在脖子上的領帶和縫在袖口的袖扣，並且逐漸成為世界流行的式樣。

第三個傳說

　　法國皇帝拿破崙率領軍隊越過阿爾卑斯山脈進攻義大利時，由於天氣酷寒許多士兵因而感冒流鼻涕，行軍匆匆之際往往順手用袖口擦鼻涕，因而使得軍容極為不堪。拿破崙看了以後雖不忍苛責但是亦覺不妥，於是心生一計，也就是與英國婦女相同之方式，在士兵的衣領下掛一塊布，可隨時用來擦鼻涕，同時在袖口上縫幾顆小石子，以免士兵用袖子擦鼻涕。從此軍隊之軍服就有了領巾以及袖扣了。

　　而西服亦由軍服演變而來，因此領扣與袖扣自然保留了下來。如果不相信的話，請注意所有正式之西服之翻領部分一定有一空的扣眼，但是卻找不到扣子即可證明，因為本來領子是翻上去以便天寒時可以扣起扣子擋風保暖之用，後來當作禮服後自然不需翻起領口了，扣子不見了，扣眼卻當作傳統給保存了下來。袖扣也是一樣的道理，西裝外衣袖口多有三、四顆的袖扣，但是卻沒有扣眼，亦是一項明證。

〈小檔案〉英國國王與西裝扣子

許多人會很好奇：為何穿西裝時外套最底下的扣子不能扣？

其實這個傳統源自英國國王愛德華七世（King Edward VII, 1841-1910）。

據說愛德華國王七世還是王儲時，西裝已經逐漸蔚為風尚。但他因為身材相當胖（據說腰圍50英寸，無法騎馬，因為他太重連馬都拒絕走動，因此只能坐馬車），常常扣不上西裝外套的最後一顆釦子，從此後他就開始便宜行事，一直讓最後一顆扣子是開的。不但是西裝外套，連裡面西裝背心的最底下一顆扣子也不扣上。

基於上行下效的官場文化，英國全國甚至其他英國殖民地的男士們，也就跟著國王學，穿西裝時不扣上最後一顆扣子。

至於他為何會這麼胖呢？根據《牛津大辭典》記載，愛德華國王七世的胃口極佳。愛德華國王七世早餐份量就已經相當大，午餐後還會享用下午茶，晚餐時的菜色經常可多達十二道菜，飯後會再來個飯後甜點。

據說1906年就開始流行單排西裝了，愛德華國王七世開了這個先例之後，全世界的男士只要穿單排扣西裝時，多會延續此一傳統，西裝外套以及其內背心均不扣上最後一顆扣子。不過只限單排扣西裝，如果是雙排扣西裝時每一顆扣子可是都要扣好的。

二、男士半正式服裝

半正式服裝乃是「休閒」和「正式」間的服裝，仍然需要參考一些服裝標準才能確保穿著得體得宜。不要過分隨意。記住「半正式」仍包括「正式」。因此，應當避免各種隨意的衣物，例如卡其褲、牛仔褲，也應避免穿著POLO衫、吊帶褲。

黃金規則：永遠記住過度裝扮比過於隨意好。如果在兩款衣服的選擇時感到困惑，請選擇較為正式的那款。因為穿著正式總比給人太過隨意來得好。

(一)襯衫穿著

首先須穿著合適的襯衫。對於半正式服裝而言，需要穿有領扣的襯衫。最可靠的是白色有領襯衫，但可以穿得更活潑一點，例如要參加一個日間半正式活動時，可以穿著有精細花紋的襯衫，或是有線條的襯衫均可。

如果襯衫有精細條紋時，應確保它和你穿的外套和領帶互相搭配。不只是需要它們屬於同一個色系，而且要避免條紋一致或是突兀不搭配。

(二)外衣穿著

仍需要穿著西服或是獵裝，只是不需要上下同色同料，可以互相搭配穿著。例如日間活動時，可穿著咖啡色或是淺灰、淺藍的淺色系西服，但是要確認西服褲適合你的體型，不要太鬆、太緊或起皺摺。

(三)鞋子與襪子

半正式著裝可以穿正裝其他色系皮鞋或休閒皮鞋，但是仍應穿著皮底皮面的鞋子，不要穿氣墊鞋或是涼鞋。襪子部分可以穿搭配鞋子的深色襪子。

(四)其他注意事項

在參加活動前好好從頭到腳沖個澡避免異味，注意髮型是否整齊，鬍子要刮乾淨。檢查鞋子是否乾淨，襯衫扣子是否扣好。不妨用點古龍水，給你的外表增添一絲高雅的氣息。離開家門前先照照鏡子確認個人的形象無虞。

三、女士正式服裝

女士服裝可分為日間與夜間的穿著兩種，分述如下：

(一)日間正式場合

正式會議等場合一般來說與男士相同，以西式套裝為主，下半身可改穿窄裙代替長褲，其質料、剪裁亦須完全與上衣相同，但顏色方面則可以稍加變化，淺色系亦無不可，花色也可表現得較活潑一些。

◆窄裙與長褲

窄裙長短須合宜，這點十分重要，太長會顯得保守呆板，太短則流於輕浮、輕佻，另須注意褲襪顏色的搭配與選擇，以避免突兀。如果穿著長褲，也應與上衣同一塊布料製成，或者是材質與顏色可以搭配得宜者。褲長也須注意，應與高跟鞋搭配，一般而言，褲管到腳踝即可，過長會移動不便。

◆扣子

前述男士西裝外衣最底下的那一顆扣子不可以扣，但女士則是全身上下前前後後只要有扣子就必須扣好，除了穿襯衫時領扣及第二顆可以不扣，如果連第三、四顆也不扣的話就可能會引人遐想了。

◆首飾

耳環、項鍊、手鐲等最好選擇同一樣式為佳，以小巧精緻為原則，避免太過炫耀，或把所有家當全部都戴出來示眾。

以淡妝、整齊乾淨為主，一個清爽乾淨、不時散發出淡雅香味的女人永遠是受人歡迎的。如果時間不夠，至少口紅、眉毛與粉底等還是需要

稍微費點心思的。

◆皮包

以肩背式方型皮包為佳，如果攜帶東西較多時，不妨另外加一只方型手提箱，簡單大方，為女性上班族的標準裝扮。

(二)夜間正式場合

有人說「夜晚是屬於女人的」，西洋女人尤其身體力行，白天、晚上簡直判若兩人。

女性在夜間的裝扮可以盡量地誇張、炫耀，高跟鞋、亮片皮包、低胸禮服、閃亮的珠寶、首飾，無一不散發著女性的魅力，再加上迷人的香水，綜合在一起就成了「女人是上帝的傑作」！

(三)其他注意事項

◆服裝必須配合年齡

年紀一大把還硬要穿著最時髦的服裝，總是會給人說不出口的感覺，哪怕是長得再美、身材保持得再好，結果也是一樣。所以迷你裙、熱褲只適合某一年齡層的女孩，搭配年齡來著裝還是比較好的選擇。

◆注意身材

即使是非常漂亮的衣服，穿在自己的身上也不見得好看，說不定會有反效果。選擇服裝必須顧及自己的身型，聰明的女性總是會把全身打扮得自然並兼具特色，讓男士的目光焦點落在她的身上。

◆在精不在多

雖然說「女人的衣服永遠少一件」，但是把一些質料、剪裁具佳的服裝搭配在一起，可能遠勝於一大堆廉價低俗拼湊而成的套裝。

◆皮包

皮包絕對不要斜肩背著好像背書包一般，非常庸俗難看。只有一種小型迷你小包包是少女專用的，可以俏皮地斜背，其他的則必須側背。

◆高跟鞋

高跟鞋也好，低跟鞋也罷，走路時千萬不可以用拖的，本來會發出清脆悅耳的卡卡聲，此時只會發出啪啪的噪音與令人不忍直視的醜陋姿態。

◆隨時注意姿勢、髮型

彎腰駝背、妝容過濃豔、頭髮沒梳理好，再美的女性只要犯了上述任何一項，就足以讓人倒盡胃口了。

◆穿裙裝時

穿裙裝時褲襪不可少，有穿沒穿給人視覺上的感覺差距很大。這也是為什麼在第二次世界大戰絲襪缺貨時，歐美女性會彼此互相以黑筆在腿上畫上假絲襪之中間線，讓人遠看時會誤以為她們已穿上肉色的絲襪。褲襪以黑色或是膚色為主，其他的顏色都不合適。有重要場合時建議在包包內多準備一雙褲襪備用，以免臨時被勾破時不知所措。

四、女士半正式服裝

女士半正式服裝不必穿著如正式套裝般較多深色系服裝，可以自由選擇顏色與式樣；包包與配件、鞋子已可隨個人喜好搭配穿著。女士半正式服裝可以包括各種褲子、裙子和襯衫，上下內外服裝可以混合搭配，以找到適合自己風格的服裝，但是仍須注意其材質、款式與搭配效果。

(一)女士的上衣

半正式上衣可以是絲綢上衣；不要穿純棉或是其他休閒裝的材質。上衣的顏色和式樣可以加以變化，並且可以與裙子或褲裝互相搭配。紅色、藍色或黑色上衣均是選項，亦可與合身的長褲、裙子和高跟鞋搭配。

(二)女士的下半身

半正式的下裝既可以是寬鬆的褲裙也可以是裙子。在長褲方面，最好選擇黑色的休閒褲，較易搭配各種鞋子和上衣。至於半正式的裙子，請避免太短或是太過暴露的裙子，可選擇中長型或鉛筆裙、A字裙等。

(三)半正式鞋子

半正式鞋應該還是高跟鞋。可以穿一雙更舒適但不要太高的高跟鞋，即使是一寸半、兩英寸也可以為妳的整體形象帶來

更好的改變。但是不只是鞋跟，它的風格、設計、款式也同樣重要。舉例來說，尖頭鞋永遠是半正式服裝的好選擇，讓妳的衣著永遠不顯過時。

(四)半正式服裝的配件

耳環、項鍊和手錶、手鐲都可為半正式服裝添加一點品味。但是應避免配飾太過炫耀、太過亮眼，因為那些是正式晚宴上才適合配戴的。不妨尋找可以替美觀加分的精緻配飾、皮手環、小鑽石胸飾、銀色項鍊或別緻的墜子等，均是不錯的選擇。

(五)半正式的外套

外套應時尚並與其餘衣服相匹配。不搭調或是太過老式、保守的外套的可能會破壞整體外觀。一件簡單但時尚的西式外套，可以使服裝看起來更加優雅有型，或者也可用半透明的披肩搭落在肩膀上來代替外套，這是一個相當不錯的選擇，可以為外觀增添些許的優雅與神祕感！

(六)香水

搭配半正式服裝的香水可以選擇味道比正式場合味道稍強的香水，以彰顯女性的特色。例如像是茉莉、檀香、玫瑰香味的香水都是不錯的選項，但是還是需要個人的主觀意識來決定。

五、其他場合之服裝

以上所述為一般日常之聚會、集會場合，但是有些特殊場合則必須穿著特殊的服裝方才得體。西洋人有一個人皆守之的習慣：在什麼樣

的場合，就應穿什麼樣的服裝。穿或不穿都有一定的規矩，若是有人服裝不妥當的話，其他人不但會露出驚訝的眼神，亦不屑與其交談。有些人缺乏此一認知，經常穿得隨隨便便、馬馬虎虎，這些都是會被人輕視的。

(一)喪禮

西洋喪禮多簡單隆重、莊嚴肅穆。所有參與者多著黑色或深色之正式服裝，男士深色西裝領帶，女士深色套裝、裙裝，有些還戴帽子、黑紗覆面以表哀慟，唯一例外的可能只有神父、牧師了。

(二)婚禮

婚禮場合熱鬧歡愉，參與者一定會穿上既正式又華麗的服裝，女士尤其刻意濃妝豔抹，打扮得花枝招展，彼此爭奇鬥豔，互別苗頭。連配戴的首飾配件、陽傘、女帽等，也極盡炫耀之能事。男士則維持西裝領帶，但可以穿著淺色西裝或是小禮服、禮帽。

(三)游泳池

前往游泳時務必著泳裝，什麼款式均無妨，但一定要是泳裝才行。不可穿著短褲、T恤等即入池，這樣會引起他人側目，工作人員也會請其出池。游泳池畔標準服裝應是游泳衣、大毛巾、海灘鞋或戶外拖鞋（千萬別把飛機上發的免費拖鞋或是室內薄底拖鞋穿去池畔，如果沒有像樣的拖鞋，打赤腳亦可），外加太陽眼鏡。女士可以再加一件寬鬆的外衫，以免臨時前往他處時會太暴露及不雅觀。

商務禮儀
BUSINESS ETIQUETTE

18

(四)劇院

既然是社交場合，服裝打扮自然不能馬虎，男士西裝領帶是標準制服，外加擦得雪亮的皮鞋和梳理整潔的頭髮。

女士們則是豪華套裝、長裙、小禮服，外加披肩、皮包，再加上刻意搭配的高跟鞋，閃閃發光的項鍊、耳環、手鐲、戒指等，把人裝扮得燦爛耀眼。所以有人說，去劇院的女人其實觀劇是次要目的，主要目的是把漂亮的衣服穿去亮相，爭奇鬥豔，互別苗頭。

(五)三溫暖

使用三溫暖時必須瞭解相關規定，如有些地區規定必須著泳裝；有些則不准穿任何衣物，只可以浴巾遮掩。有些是男女分室不可混浴；有些地方則淋浴、泡澡以及蒸氣室、休息室、紫外線室一律男女共用，而且還是裸體的狀態。在德國、北歐諸國，許多家庭全家人向來是一起共浴，他們認為洗三溫暖是一件非常健康、自然的事情，人類裸露身體並不可恥，洗三溫暖沒有遮掩的必要。所以常看見一家老小高高興興一起洗三溫暖共享天倫之樂，此時如果有人身在其中卻含羞帶怯、手足無措，反而會令在場的人感到驚訝。因此，入境隨俗吧！

(六)健身房

健身房既是運動場所，自應穿著運動服，可以穿T恤，長褲、短褲均可，運動鞋（運動襪可別忘了穿，也別穿了一雙球鞋，裡面卻是一雙黑色的襪子）。

女士可以著T恤、長褲、束髮帶（以免長髮披散）、防汗腕帶。千萬別僅穿了拖鞋或打了赤腳就去。

(七)夜總會

在夜總會男士仍應是西裝革履，但是可以配上較花俏的領帶和絲質襯衫等，讓自己看起來比上班時亮麗、時髦些。

女士則盛裝打扮，有人說「夜晚是屬於女人的」，沒錯，一般上班族婦女在晚上的打扮可以和白天上班時的裝扮判若兩人，不但彩妝濃了，香水也更具誘惑力了，髮型做了很大的變化，搭配的首飾、皮包也完全不一樣了，再加上豔麗的華服，足以讓人眼睛為之一亮。

不但如此，夜晚的女士，連說話的聲調、舉手投足、言談讙笑之際，也顯得嬌媚了許多，變化之大，常讓熟識的男士也為之驚訝而神往。

(八)賭場

賭場一般不准服裝不整、嗑藥、酒醉者進入。歐洲賭場規定嚴格，必須襯衫、領帶才算合格，若沒有帶也可以用租的，不過租金一般都不便宜。美洲賭場則規定較鬆，如拉斯維加斯和加拿大的賭場，只要是服裝整齊均得入場，但是拖鞋、背心、短褲，以及服裝太暴露者，還是會被要求更衣或是以外套遮掩，才得以進入。

(九)休閒時之服裝

在國外旅遊度假時，服裝一般以輕鬆方便為原則，尤其是歐洲地區許多路面是由方石塊組成，若穿細跟鞋則難免不時要彎下腰來拔鞋跟，十分不方便。然而若行程中有夜總會、正式餐廳等，則不論男女應著正式服裝，有些高級場所，尚有男士不穿西裝不打領帶不准入內的規定，最好事先問清楚，以免被拒於門外。可以確定的是穿短褲、短裙、背心、拖鞋、球鞋是保證吃閉門羹無疑的。

Chapter
2

商務基本禮儀

一、商務之優先順序

一般而言，介紹彼此認識正式的場合有：重要慶典、拜會、展覽會、商務會議、座談會、講演會、新產品發表會等比較嚴肅而正式的場合。下面是一些基本的介紹方式，只要照著去做，就不易犯錯。

(一)VIP級的人物

當一位社會地位很重要的人士進場時，禮貌上在場所有人不論男女都須起身表示尊敬，例如大會主席、市長、具有盛名之貴賓等公認為VIP級的人物，都可算在內。

(二)以客為尊

俗語說：客戶是上帝（The Customer is God），因此只要有客戶出席的場合，無論其職務高低都享有貴賓級待遇。如參展、會議、簡報、簽約、參訪等都是如此，其座位的安排、介紹的順序等均須優先考慮。

(三)依職務高低

如果在職場上則依其個人的職務高低來決定其優先順序。當然除了總裁、董事長外，一般C字級的高階主管順序也一定是優先的。C級主管除了CEO執行長，常見的還有CFO財務長、CMO行銷長、COO營運長以及CIO資訊長等。

(四)女士優先（Lady First）

雖然商務場合中十分強調「第三性」，也就是女性在商務場合中應

以在公司地位以及主、客之關係而調整,但是若在商務之餘的輕鬆場合時,則必須瞭解西洋人非常尊重女性的社會地位。例如若有一位女士進入會場時,在場的所有男士(小男孩例外)均須起立表示尊重,待這位女士就座妥當後,眾男士方可復坐,但這只限第一次進入時,她之後的進進出出男士則可以不必再起立。

至於在場的其他女士則僅須點頭微笑即可,因為女性與女性是平等的,除非進來的是一位年齡明顯高了許多的老太太,如果來者只是一位比在場的諸女性大了幾歲者,則在場女士也不宜起身,否則會讓初來者感覺自己似乎已經有一大把年紀的尷尬。

另外如果來者是一位地位相當高的女士時,在場所有人(包含女士們)也是應該一起起立歡迎,表示尊重。

(五)優先順序參考

談到國際禮儀,就一定會聯想到「Lady First!」這句話。在今天的世界上,除了少數地方外,在一般比較正式一點的場合,這句話可以說是放諸四海皆準,無論是飲食、交通、娛樂,都無需明顯標示著上述話語而人人皆奉行不渝,這種情形常令國內女性在國外旅行時會有「受寵若驚」的欣喜。

在商場上則以下列順序為之:

VIP→依相對關係→依地位→依性別→依年齡

除了VIP人物外,若有客戶在場時,無論其位階,一般都會以其為尊;其次是依職場上的地位,如董事長、總經理、CEO等;再其次是依女士優先的不成文規定;當然若是男士的年長者其地位是明顯高過女士的時候,這個順序是相反的。我們現在僅以女士為例,真實狀況則須依前面順序為之。

(六)行進時

在馬路上行走時，男士須走在靠近車輛之側，而讓女士走在近牆壁或商店之內側，這一點是源自古老時代，當馬路還是真的「馬」路時，每當天雨必定滿地泥濘，過往馬匹車輛奔馳而過時，常會濺起污水及污泥，男士則剛好以身護花，充當女士之擋箭牌。現代雖然這種道路已很罕見，但男士走在外側的習慣則已經根深柢固傳了下來。

行走時的順序是：前尊後卑，右尊左卑。三人行時以中為尊，其右次之，其左再次之。

(七)進入轎車時

男士應先行打開前車門，待女士坐定後，關上車門，繞過車後，再自己開門坐進轎車內。下車時也是男士先開門下車，繞過車身，替女士開門，待女士完全離開車後，再關車門，然後開車離去。

(八)進入餐廳時

女士應走在前面，即依序是：餐廳領位人員→女士們→男士們。待侍者替女士們安頓好座位後，男士們才可以坐下；若無侍者替女士服務時，男士應先走到女士的座位旁，替她拉出椅子，並協助其就座後，方才走回自己的座位再坐定。

如果席間有女士欲離席，此時在其身旁之男士也應立即起身為其拉開椅子，讓她方便離去，然後自己再坐下來。而女士返回時，同樣程序就應再重複一次，這一點我們東方人看起來好像很麻煩，似乎沒有必要，但在正式場合若這位理當伸手服務的男士端坐不動的話，一定被其他在場人士視為粗魯無禮、沒有教養。

(九)進入電梯時

男士也須先行替女士擋住電梯門，女士進入後，自己才進入並按下欲去的樓層。抵達該樓層時，也須先用手擋住電梯門，待女士完全走出後方才跟上。此點不僅適用女士們，一般對待客戶、長輩或重要人士均如是。

(十)上樓梯或是電扶梯時

上樓梯時男士應走在女士後，以防萬一女士跌倒時可以攙扶之；下樓時則相反，應由男士領前，其道理與上樓梯相同。不過如果女士剛巧著短裙時，此時上樓梯時男士可以讓女士選擇先後，以免讓女士尷尬。

(十一)經過旋轉門時

若門仍在旋轉，則女士優先走入，若是處於靜止狀態，則男士先入門內以便為女士轉動旋轉門。

商務禮儀
BUSINESS ETIQUETTE

(十二)在公共場所時

如巴士、輪船、火車上,一般來說男士不必讓座給女士。

我們常說「讓座老弱婦孺是美德」,但國外情形大不相同,他們是以權利與義務之觀念為出發,既然已花了錢買了票,則自己的權利與他人是一樣的,沒有讓座的義務。一般比較有可能看到的情形是讓位給孕婦、懷抱嬰兒之婦人、殘障人士以及真的十分老弱的人。從來沒看見有人讓座給小孩子(孺)的,在他們的心中是不可能有買票的讓位給沒有買票這種道理的。

(十三)自助餐會時

主人多會宣布:各位女士,請自取佳餚,OK! Ladies First!這時男士須在原位等待,待女士取完首輪後,男士再依序取用。

以上所言不過犖犖大者,必須用心體會方能運用自如,尤其要注意的是,在為他人(特別是女士)服務時,不但時機要恰到好處,而且神情舉止也須愉悅,好像是在訴說:能有此一服務之機會,實在是無比光榮。如果無法揣測捉摸,回憶一下幼童時在學校為老師服務時之光榮心態就對了!

(十四)介紹之先後順序

記住,永遠把社會地位較低的人介紹給地位較高的人,當然這一點有時會不容易判斷,到底是誰地位比較重要?如果地位差不多時,則以年齡來決定總是不會錯的,若不,則以「女高男低」之性別來判別亦是可行的。

(十五)年齡之區分

把年齡較輕的人介紹給年長者，正如前述，年齡在一般社交場合是一項介紹與被介紹的重要指標。

其實要弄清楚介紹的優先順序一點也不難，比較難堪的是怕你一不小心說溜了嘴，要避免這種尷尬情形發生的最佳方式就是：記住先稱呼重要者的頭銜以及姓氏。例如：「李董，這是我們公司的PM──Steve林or這位是南方科技的王經理」，如此就不會犯錯了，所以請記住：地位較高者、重要人物、年紀長者的名字要先說出來。

(十六)忘記對方姓名時

有時當你向他人介紹朋友，可能會有突然忘記對方姓名之尷尬，此時你已不能回頭，也無法掩飾，那麼最好的方法就是自我調侃一下，如：「唉！我最近怎麼老是腦筋不清不楚，如果兩位不介意的話，能否自我認識一下？」

(十七)自我介紹時

若無適當的人當橋樑向他人介紹自己時，亦不妨自行將自己介紹給他人認識。但要記得的是，不要打斷他人的談話，在介紹時也須愉悅地把自己的姓名以及職務與公司向他人介紹清楚。

以介紹為橋樑，與他人建構起友誼之鏈，從而豐富雙方的人生，擴大一己之視野，但在介紹初時務必在他人心中留下深刻及良好之印象，以為日後再度相逢埋下良好契機，因此介紹場合之禮儀確實不可輕忽。

二、如何交換名片

　　名片其實有兩種，一種叫Name Card，就是有個人姓名、地址、電話等的名片，這種名片多用在私人場合，也就是與公事無關的場合。另外一種叫Business Card，除了上面有個人姓名、地址、電話等資訊外，一般也會有公司名稱、部門、職務及頭銜，當然網站及E-mail也少不了，有些甚至還有公司的宣傳用語或是公司產品等字樣。

　　國內有不少人的Business Card上居然看不見部門、職務及頭銜（尤其是小企業的負責人），這是很不可思議的！如此與人交換名片時對方將不知如何尊稱你，甚至不確定他是否找對了會談對象。

　　一樣依上述優先順序，被介紹者應先出示名片與對方交換，交換名片時不需用雙手，只用右手即可。一般西方人都是單手傳遞或交換物品，如信件、文件夾、小型物品等，只要是一手就能完成的事就沒必要用兩隻手，因為兩隻手奉上名片在外國人眼中看起來是十分笨拙的。國人以雙手表示尊敬，在國外時則可免矣。接過對方名片後，理應端詳一陣後再收入自己的名片匣內，千萬不要隨手放在褲子口袋一塞了事，這會讓對方有不被尊重的感覺。更有甚者，接過對方名片後，一面說話一面不自覺地以手玩弄對方的名片，這是一種極為不尊重對方之行為，千萬要避免。

　　如果名片剛好用完，一定要加以懇切解釋，言明實情，並表示第二天就會補上，敬請對方原諒。不過這種情形在一般社交場合尚可原諒，若是在正式場合則是非常失禮的，因為名片只可多帶備用，絕不可只帶幾張就前去赴會，若對方是客戶則會讓他覺得你似乎不太重視這次會面。

三、稱呼之禮儀

稱呼他人是一門極為重要的學問，若稱呼不得當，很容易讓他人產生立即的反感，甚至嫉恨在心，久久無法釋懷。

(一)商場上之稱呼

商務場合最好加上每個人的頭銜，如董事長、總經理、經理……，以示尊重。如前述，是以頭銜之後加上其人之全名或姓氏稱呼之。

一般而言，若是名片上印有博士（Doctor），不論其真偽，也不管是否是野雞大學頒發的學位，甚至只是榮譽博士，在稱呼他們時一定要加頭銜，否則十分不敬，甚至視為蓄意羞辱，所以務必謹慎小心。另外國際上約定俗成：只有「博士」才可以印在名片上當作頭銜，其他如碩士、學士，以及全世界只有台灣才有的副學士不宜印上去，以免令人感到困惑。

(二)認識者之稱呼

對於自己已經認識的人多以Mr.、Miss、Ms.或Mrs.等加在姓氏之前稱呼，如Mr. Chang、Ms. Tseng、Mrs. Huang等，千萬不可以名代姓，例如美國國父喬治‧華盛頓，人們一定稱之為華盛頓總統、華盛頓先生，因為這是他的姓，如果稱他為喬治先生，保證震驚全場，因為只有以前的僕役才會如此稱呼主人的，此點國人常常弄不清楚，所以也讓別人驚異連連。至於Ms.這個字以前並沒有，據說是美國的婦女解放運動下的產物，因為男士一般稱為Mr.，如此之稱呼並不知其婚姻狀態。而稱呼女士之Miss. 或Mrs.則一聽就知其結婚與否，顯然十分不公平，因此創造了Ms.一字，現已相當流行了。Ms.相當於中文的「女士」，對於不確定其屬已婚或是未婚之女性一律以此稱呼之較保險。

〈小檔案〉Ms.稱呼的由來

　　我們稱呼成年男士時，無論他是已婚還是未婚，一律都用Mr.來稱呼。

　　而早期我們稱呼女士時，如果她是已婚且有冠夫姓時我們會用Mrs.來稱呼；如果還是單身時我們會用Miss來稱呼她。

　　這種差異的稱呼對女性較不公平，因為一稱呼就會洩漏女性的婚姻狀態。因此有一些女權運動者不斷大聲疾呼，應該有一個中性的女性稱呼來稱呼女性，而不會洩漏女性的婚姻狀態，如同相對應Mr.一樣的。

　　1961美國女權主義運動者（Women's Liberationist）Sheila Michaels無意中在朋友的信件上看到Ms.一字，起初以為是筆誤，但後來一查字典發現這個稱呼早已存在，Sheila於是致力提倡，再加上在1971年由女權運動人士出版的雜誌Ms.開始盛行。

　　自此以後美國女權主義運動者經由不斷地示威、遊行與演講，呼籲社會各界接受此一更加尊重女性的稱呼，慢慢地社會也逐漸接受此一稱呼，而Ms.終於在1972被美國政府正式接納且開始用於官方文件中，而且也慢慢向國際產生影響。時至今日，我們稱呼女士時，尤其是在社交與商務場合，一律用Ms.來稱呼了。

(三)不認識者之稱呼

　　可以Mr.、Madam稱呼之，有不少國人一見外國人就稱為Sir，這是不對的，只有對看起來明顯十分年長者，或是雖不知其姓名但顯然是十分重要的人士方才適用。當然，面對正在執行公務的官員、警員等，也可以Sir稱呼以表示尊敬。而相對於女士則一律以Madam或是Ms.稱呼之，不論她是否已婚。

　　有不少人不太清楚Ms.、Miss.、Mrs.的區別，在此特別說明。Mrs.相當中文的「太太」，西洋婦女已婚者大多冠夫姓，在正式場合稱呼她們時一定要以某某太太稱呼否則就是不敬，夫姓可隨著她們入土後仍然如此稱呼，但是離婚後則可取消夫姓恢復娘家原姓。Miss.為稱呼一般之未婚

女性，相當中文的「小姐」，對於不認識的年輕女性皆可以此稱呼，此外，小學的女老師亦以此稱呼。

介紹時最好使用雙方全名，以示正式，否則至少也得用姓氏加頭銜，譬如張經理、趙董事長等。不要只用名字，只用名字介紹的場合應是在非正式的餐會、酒吧等公共場所時，或同事、同學之間的寒暄式介紹。

介紹時不可用類似命令的口氣，應使用如：Excuse me, Mrs. Lee, may I introduce Mr. Paul Chou, my co-worker in South Tech？或是Dr. Wang, this is my…；Mr. Peter Lin my…比較緩和及委婉的口吻較佳。

四、握手之禮儀

握手必須基於雙方之自然意願，不可強求。

原則上社會地位較高者，例如女士、長者、VIP人物等應先伸出手表示友善，另外一方此時才可以伸手互握。若是身分地位差不多時，可以雙

方同時伸手互握。握手時間則以一、兩秒鐘為原則，不可一直握著對方的手不放；握手力量須適中，過重讓人不舒服，力量太輕則有應付對方之嫌疑。其實只要稍微注意別人怎麼握就可以很快明瞭。

當然也不可以用雙手去握對方的單手，看起來也會讓人感覺十分怪異。除非是會場或是餐會主人迎接客人時，他可以以雙手握來賓之手一面表達誠懇歡迎之意。

握手時應主動趨前伸出右手（左撇子也一樣），目光與對方接觸，一面笑臉寒暄：It's nice to meet you! 或是：How do you do? 表達善意後才互換名片或是閒談（small talk）。如果手是濕的或是手不清潔時，一定要向對方說明請對方原諒，否則極為失禮。

男士若戴手套也須先將要右手的那一隻手套取下，待握完手後再戴上方才合禮。女士則不在此限，儘管戴著手套和其他人（不論是男性還是女性）握手均無妨。

五、目光接觸之禮儀

目光應該接觸而不接觸時，或是不該接觸而接觸時，都是不禮貌的。

商務場合中，在介紹、打招呼、共聚談話時，只要是人與人近距離互動的場合，一定會有目光接觸的機會，不論相識與否情形都是一樣的。因此我們必須瞭解兩人眼神交會時的基本禮儀，儘量避免給人粗魯、霸道、侵略、虛偽、鄙視等感覺。

我們先從動物談起，當兩隻野獸在相遇時如果互相睜大眼瞪視著對方，這很明顯是一場爭鬥開始的前兆，接下來可能就是低聲咆哮，然後就是慘烈的惡鬥直到分出勝負，由此可知野生動物直覺上把直視當做挑釁的行為。一般在社會階級制度明顯的群體動物生活中，低階動物是不敢直視

高階者的，否則必定換來一陣攻擊，這一點我們由著名的黑猩猩研究者珍古德的建議即可瞭解，她在設法與黑猩猩接近以便就近觀察其行為時，若遇有猩猩直視她時，她一定避免與之對視，而且會立刻用手拔一些樹葉、青草等放入口中咀嚼，讓猩猩視她為同類而不會攻擊她。

由此可知，在人與人相遇時，不可以一直瞪著對方看，否則一定會引起他人之不快，但是目光接觸仍是必須的。第一眼看見對方時，應該直視一會兒，表示：我看見你了！如果再加上微笑與熱誠，則對方一定感覺極佳。但是一直盯著對方看，目光始終不轉移就會令人不自在了，這也是為什麼許多搭電梯的人只要一進入電梯就會各自尋找一個目標，讓自己的目光可以投射其上，不論是禁菸標示也好，載重限制也罷，就是避免與搭乘者目光不得不交會的尷尬。

以下是一些與人相處時不好的目光接觸方式：

(一)目光游移

游移的目光會給人一種到處尋找目標的感覺。在警探電影中，那些偵探或警探在公共場所目光如探照燈般四處尋找目標物，這對偵探來說或許是對的，但是在社交場合就會給人毫無誠意、虛應故事的感覺。有些人在被人互相介紹時，或是在與人握手時也會目光游移，儘管還正在與人握手當中，也不顧對方之感受。

(二)看著他處

與人交談時如果目光一直看著不相干的地方這也是不禮貌的，雖說一直看著對方不禮貌，但是一直他視，不看對方也是不妥的，這會給對方一種不受重視的感覺，會讓對方覺得你一直想要儘快結束交談離去。

(三)斜眼看人

這也是極不禮貌的目光接觸方式,有一句俗語:「這種人我連正眼都懶得瞧」,也就是說輕視對方之意,所以如果有人以斜眼方式看著你,你心中會作何感想?因此,斜眼看人會給人粗魯、無禮、沒有教養的感覺,應該絕對避免。

(四)不敢直視

也就是與人談話時,雖然態度恭謙但是目光始終不敢與對方正面接觸,一直在看自己的鼻尖、下巴或是其他地方,這些都會給人一種膽怯、懦弱之感,似乎對自己毫無信心。如果這種情形發生在商場上,則對個人之人際關係會有不利之影響。當然如果是一對認識不久的男女,女生在與男生談話時有如此情形是會讓人諒解的。

(五)目光疲憊呆滯

看起來似乎一夜未眠,精神狀態極差,或是大病初癒,要不然就是剛剛加入失戀陣線聯盟,這會給他人一種虛弱、可憐的感覺,如果有這種情形應立求改善,此時極不適宜參加任何社交活動。

(六)太過熱情

目光炯炯有神,與人談話時熱情奔放,這種目光在一般場合是OK的,但是如果是在與女士談話時,就可能給人侵略性太強或有追求對方之暗示。在商業場合這種目光也會給人咄咄逼人之感,如果是面對客戶,可能會給對方太過強勢、難以溝通之感覺,反而影響了人際關係之開拓。

眼睛是靈魂之窗,也是與人交往時表達自己內心感覺的一個重要指

標，當然可能因為每個國家、地區之風俗習慣而有所不同，但是其基本原則相差不多，因此，在社交時適當的眼神，配以合宜的手勢、語氣、身體語言等，對於留給他人良好之印象是會有相當大的助益的。

六、偶遇陌生人之禮儀

也許是不同文化的差異，在與陌生人相遇時，個人之不同反應會自然地反映在不同的文化區域裡。我們生活的社會中，如果是公共場所，不論是電梯裡，或是寧靜的散步小徑，或是海灘上的偶遇，只要是在夠近的距離，雙方均意識到「我已看到你了！」，此時如何對一位有可能從此不會再見到的陌生人表達人與人之間的善意與關懷呢？

當你看見對方的那一瞬間，點頭、微笑，可能的話再加上一句「嗨！」，或是視時間而定的「早安！」等，讓他感受到你的和善與禮貌，自然而然也還以相當的問候，然後擦肩而過，不是滿好的感覺嗎？

(一)自動門

身後有人要進入自動門內時，請為他擋一下門讓他方便通過，區區舉手之勞，但受者心中將十分愉悅，一聲謝謝也足以回饋你一點心意。

(二)超級市場

在超級市場或購物中心排隊付帳時，若身後之人手上僅有少數物

品,而你卻是採購滿車時,不妨禮讓其先行結帳,保證讓對方感激不已,「First come, first served」是可以改變的原則,可以視當時之情形而調整。其他如殘障人士、孕婦等不適宜久立者,也請盡量禮讓他們優先結帳。

(三)等候計程車時

若有人手上拿滿了大包小包的東西不方便開車門時,不妨替這位購物者打開車門以利其進入。

(四)雨天時

將雨傘與陌生人分享,共同走過一個路口、一段街道,將會是對方一段美好的回憶。

(五)電梯門

有人在電梯門即將關上時才匆匆趕到,而只有站在近門的你才知情時,請為他擋一下電梯門,讓這位可能急著上下樓的人,不必再浪費時間等待,讓他心中溫暖一下。

(六)在公共場所時

如果有人似乎對你手中看的免費書報很有興趣的話,不用等他開口,在你看完後主動詢問這位陌生人想不想看,大可不必一定要歸還原處,讓他再跑一趟去拿。

雖然只是萍水相逢,相識僅一剎那,但人與人之間自然關懷就是由此而生。有所謂「勿以善小而不為」,只要是我們有能力幫助他人時,就盡量放手去做吧!這種機會處處皆是,譬如有人要打公共電話時,剛好沒有銅板,如果你在旁邊,而又有足夠的銅板時,你會怎麼做呢?有人不小

心遺忘了東西在桌上就離去、有人掉落了物品在地上而不自知時，你是目擊者，你又會怎麼做呢？沒錯，就是那樣，讓你的美德發揮吧！

　　有一年冬天大雪紛飛時，我正在印度北部的喀什米爾旅行，手凍腳僵之際，突然有一當地之老者趨身前來，由身穿的斗篷中取出一只暖手的小火爐欲與我一同取暖，面露驚訝的我心中充滿了感激，老人的面貌我早已模糊，但這件事情我永難忘記。

〈小檔案〉個人基本空間權Personal Space

　　說到個人空間，國人似乎不太容易體會，而在歐美等國則是一不明文表示之禮儀，也是對他人的活動空間之尊重。尤其在英、德以及中北歐諸國家地區，這種人與人相處之互相尊重更是十分明顯。

　　所謂個人空間就是當人與人相處時必須保持的最近距離，也就是說當兩人在談話或是非刻意相聚一處時必須保持的最小距離，如果有一方打破了此一無形的牆，則另一方會開始不安、不自在，甚至緊張，待對方保持適當距離時，一切又恢復正常了。

　　曾經有專家以此為題對歐洲國家做過調查，發現了一些有趣的現象，也就是氣候愈冷的國家，如英國、芬蘭、德國等，所希望的個人空間權愈高，反之如法國、西班牙、義大利等則是相對的距離短了很多，其中又以義大利約50公分為最近，這一點當我們在義大利旅行時即可發現，義大利人在聊天時彼此的確是靠得相當近的。

　　至於要求個人空間權最大的則是英國，這除了與英國寒冷的天氣、冷淡的人際關係有關聯外，英人從小被教育極度重視他人隱私應有相當影響。與陌生人相遇時英人多不會主動開口攀談，即便開口也只是禮貌性之寒暄，簡短地點到為止，因為他們深怕打擾到對方之思考與享受寧靜的權利。另外由英國人的排隊方式也可以看出端倪，無論購物或使用公共設施，英人一向自動排隊，但他們是十分鬆散的排隊，與一些共產國家人排隊時前胸貼後背之排隊方式大異其趣，可是雖說是鬆散，但每一個人都十分清楚誰是下一個，如果服務人員不清楚或是弄錯時，其他人一定會指出誰才是應該排到的下一個。

　　但仍然令人驚訝的是，英國人的基本個人空間竟然需要150公分，竟然是義大利人的三倍之多。

　　至於世界其他國家，美洲以加拿大最高，美國次之；中南美等國家則由於民族性的關係與南歐國家十分相似；亞洲國家以日本為最高，韓國次之；東南亞國家則與南歐及中美洲國家類似。而我國國民則屬於中度個人空間要求者，似乎也符合國人之民族性。

Chapter
3

商務溝通與贈禮

一、書信之禮儀

現代世界裡，人與人之間溝通、聯絡的方式有許多不同的選擇，電話、E-mail、社群媒體等都是十分方便而且有效率的，但是最具傳統的古老聯絡方式卻一直沒有失傳，而且在某些方面來說，書信之功能是無可取代的。

任何人接到一封高雅大方的來信時，一定會迫不及待地打開它，如果信紙也和信封同一色調，並且一樣高雅大方，豈不是一件賞心悅目的事嗎？如果信的字裡行間表達出寄信者的誠懇與真心祝福，更會是一件溫馨的珍貴禮物，讓人心情為之溫暖好幾天，甚至在很久以後的某一天，當你重新展信閱讀時，會更加的有感覺！

此外，在正式交際與商業的往來當中，書信更扮演了一個正式與不可或缺的角色，畢竟口語的告知與傳遞都只是輔助性的方式。

以下是書信往來時必須注意的事項，至於書信的內容與寫作方式則不在本章討論的範圍，應當去參考英文寫作書信大全之類的參考書籍。

(一)高雅大方的信封、信紙

選擇高雅大方的信封、信紙，並能與自己名片的色調相搭配則更佳。一般來說，紙質、印刷、式樣都必須加以考慮，至於顏色方面則多以淺灰、米黃、淺藍為主。有些比較講究的人或公司喜歡燙上名字的縮寫，有些則喜歡滾上花邊，端視各人之喜好而定，畢竟，信函可以代表一個人的特色。

(二)信紙的紙質與顏色

信紙的紙質與顏色必須與信封一致。其實正如服裝一般，書信也以

整體搭配較合宜大方,感覺上也較有品味。

(三)信封封口

我們經常會犯一個錯誤,就是在信件投郵前會把封口用膠水完全封死,這是不對的,因為如此一來拆信刀將無法發揮拆信的功能了。所以必須在信封的一端或是兩端留下足夠的空間以利拆信,否則收信者還得再去找一把剪刀才行。如果真的找不到封口膠水,那就直接把信封的摺頁摺進信封內代替吧!

當然如果要展示與眾不同的品味時,也可以用火漆(又稱封蠟,sealing wax)來部分封口,然後在尚未凝固的火漆上蓋上一個姓名字母銅章,會讓收件者更加驚喜的。

(四)姓名與地址

收件人與寄件人的姓名、地址、公司全名、部門等都必須書寫清楚,一方面讓轉交者可順利交給收信者,而其在收到信時立刻就會知道是誰寄來的,而如果地址錯誤或收信人無法收信時,郵差也可據此退回原信。

(五)信封上的稱呼

信封上的稱呼僅以先生、小姐、女士等稱呼之,個人之尊稱一般是不寫在信封上面而是寫在其內信紙上的,因為信封是經由無關的第三者(郵差)送達,他可不必知道你是董事長還是教授,但是如果信函由專人送達(如卡片等),則可直書尊稱無妨。

(六)內文開頭稱呼

私人信件可以直稱Dear Jack等，然後在第二行再開始寫內容。如果是更正式的信件，可以再空一整行，由第三行開始寫內文，如此會讓對方感到更受尊重。

正式信函則必須以對方的全銜稱之，如：Dear Dr. Michael Chang，然後也是一樣由第二行開始陳述內容。

(七)親自簽名

在信件結尾時必須親自簽名，表示重視。只有促銷信、廣告函等才是用印刷的名字。簽名可以簽自己的全名，或只簽名字，姓用大寫縮寫字母代替即可，如Michael Chang可以簽成Michael C.。

(八)筆及墨水

書寫用的筆及墨水也須注意。墨水以黑色、深藍色為主，不要使用一些奇奇怪怪的顏色，顯得不太莊重。筆也以書寫流暢、墨流均勻為佳，當然字跡可以有自己的個性，但以可以辨識為原則，如果沒有把握的話，用電腦打字也是蠻好的，整齊、乾淨，只是最後的簽名還是必須本人親簽。

(九)簽名之重要

簽名不但是個人個性的表達，同時也代表一個人的認可與同意，所以最好練就一個漂亮的簽名，但是一個式樣就夠了。在西方國家簽名就代表印鑑，不論是支票、文件、合約等，都是用簽名的方式產生效力。即使重要到國書、和談、條約等，也都是由雙方代表簽名即生效。

我國自古以來均是以印鑑為認證方式，所以國人不太瞭解簽名的重要性，所以常有護照、簽證等簽名會假他人之手為之而產生許多糾紛與困擾，甚至有人認為，簽名嘛，今天簽成如此，明天簽成那般，同一個人卻有多種不同版本的簽名，如果把這種觀念帶到國外去，不但造成他人的困擾，而且可能會延禍上身而不明其因。因此務必練成一個制式的簽名，無論何時何地，白天黑夜，只要簽名就是同一式樣，甚至閉著眼睛簽的簽名也是一致的。

　　另外，只要是簽名，一定要謹慎小心。任何事弄不清楚之前千萬不要簽名，切記！簽名，不只是寫一個名字而已，簽名等於是蓋章同意了。

〈小檔案〉簽名Signature & Autograph的區別

Signature，簽名、署名常帶有事務性味道，具有正式之意義，正如我國之用印，多簽在護照、簽證、信用卡、證書等上，具有一定的法定效力。不會簽字者可以按指紋代替。一般多會說：Sign here, please，或是：I need your signature here, please.

Autograph，則是名人的signature，如偶像歌手、明星、運動員、政治人物等主要指把自己的名字簽給別人作紀念，如照片上或是書上等，並無法定效力。

Peter：I wrote to President Biden and he sent me an autographed picture of his family.（我寫了封信給拜登總統，他送我一張簽名的全家福照）

Mary：Really? Keep it in a safe place. Maybe it will sell for thousands of dollars a hundred years later.（真的？好好保存，一百年後它將能賣個幾千美金）

〈小檔案〉鋼筆的由來

瓦特曼先生興高采烈地遞給他的客戶一枝自來水筆，要讓客戶在巨額的保單上簽字，不料正要簽字時墨水突然大量湧出，以致污染了文件。就在瓦特曼先生返回公司換一份新的合約時，另一家保險經紀人趁虛而入搶走了這筆生意，他深感沮喪之餘，從此立志發明一種方便又能控制的自來水筆。

他拆開了許多筆，研究控制墨水流量的方式，最後終於利用液體毛細作用，以一條硬橡膠來連結筆尖與墨水槽，中間鑽了一條細小的通道以便墨水流出，由於通道狹窄所以只有筆尖在紙上寫字受到壓力時墨水才會由槽內緩緩流出。筆雖好用，可是每次加墨水時都要用滴眼藥水的方式慢慢地把墨水滴入槽中，十分不便。後來他又發明以有彈性的橡膠墨水槽使問題得以解決。

現代筆的起源甚早，由希臘、埃及人使用的蘆葦筆，到羅馬人使用的羽毛筆，一直到瓦特曼先生發明的鋼筆為止已有好幾千年的歷史，但是事實上直到鋼筆發明後人類才得以有效的控制書寫的工具。下次當你去法國巴黎旅行時，不妨在文具店購買一枝鋼筆當做紀念，不過一定要指名瓦特曼Waterman牌子，因為這才是世界上第一枝鋼筆發明者的牌子。

(十)隨附名片

信封內常有隨附之名片，名片應只是放進信封內，正面朝上即可。最好不要用迴紋針固定在信紙上，以免卡片上留下壓痕不太好看。至於在國內經常看到把自己名片用釘書針釘在信紙上的做法，更是一大笑話。

(十一)投郵

郵票應貼足金額，以免收件人收到欠資郵件，未拆信即已產生不好的印象，讓你的美意大打折扣，不可不慎。

郵票黏貼的位置也以西式信封貼於寄件人右上方為妥，正式信件不要用太過花俏奇異的郵票，以免突兀，郵票也不可以斜貼、倒貼，甚至貼到信封的背面去。如果知道對方有集郵的嗜好，則可以寄一些特別的郵票給他，以顯示你細心的一面。

(十二)寫信的時機

舉凡求職、抱怨、致歉、祝賀、詢問、致謝、商談、邀請等，無一不可用寫信來表達。當然，私人之間的問候、敘舊、抒情、婚喪事件等也均可入信，其代表之情意可能會讓收信者的感覺更深刻，更難忘懷。現僅舉下列諸項討論之：

◆恭賀信

在獲知對方之喜事時，應立即表達祝賀之意，祝賀之事情須言明，如升遷、得獎、取得執照等，讓對方知道你與他一樣的歡欣，同享喜悅，並表示眾人皆知：他的殊榮是如何地得之不易與實至名歸等等。

另外如在英文祝賀用語方面也盡量以複數為誠意之表達，如Congratulations、Thanks、Pleasures等均是同一道理，否則收信者心中會

十分困惑與不快。

◆安慰及弔唁信

當他人發生不幸的事，如車禍、喪事、重病等，也應藉此表達個人的關懷與鼓勵，以讓對方瞭解你亦有同悲之心，藉以提供他人精神上的慰藉。

如果是發生了喪事，不論事情過了多久，去信慰問是永不嫌遲的，表示逝者將會永留心中，正如逝者在其家屬心中一般，並與其家人一起追念其在世時之歡樂時光。

◆致謝信

收到某人的禮物、接到某人的邀請等，均必須以致謝信函表達謝意。

信中應言明對方餽贈的禮物是如何地受到你的喜愛，真是一件非常棒的禮物等，以免送禮者可能早已忘了他送你的是什麼禮物了。

受邀參加聚會者則可言明聚會是如何成功，讓你認識了許多好朋友，宴會的菜餚、飲料是多麼可口等，記住只要避免言之無物即可。

◆邀請函

公司行號週年慶、產品得獎、認證成功、節慶同賀、婚禮、畢業典禮、彌月之喜都可以廣發邀請函。

邀請函上全用第三人稱以示正式，如某某先生、夫人，邀請某某先生、夫人等，信上必須清楚註明聚會的起訖時間、地點、服裝、是否回覆（RSVP）等。有不少國人會忽略RSVP這一項，這不但不禮貌而且會造成主人無法計算客人人數的困擾。

二、卡片之禮儀

走進書店內，我們可以看見展示著各式各樣琳琅滿目的卡片，不但印刷精美、賞心悅目，而且創意十足，可以說是足夠應付各種場合之用且非常方便。以下是我們常會用到的卡片以及使用它們的注意事項：

(一)謝卡

每當友人幫了你一些小忙、送你禮物，或是請你參加了剛舉辦的宴會，讓你有一種念頭想要表達謝意的時候，謝卡就可以派上用場，其用途可以說是極為廣泛。使用謝卡時首先必須要即時，以免隔了太久再致謝反而讓人覺得很奇怪，其次要說明你為何感謝收件人，最後再次表達個人誠摯的謝意並期待日後再相聚等。用詞以誠懇、簡短為原則，不宜長篇大論，除了卡片上印好的文句外，也可以再加上自己認為更得體的詞句以示真心感激，最後再親筆簽名後付郵。

(二)致歉卡

與致歉函之用意相同，但是比較沒那麼正式，有時不小心說錯了話，或做錯了一些不太應該的事時，致歉卡就可以發揮功能，收件人看見卡片多半會前嫌盡釋，甚至友誼更加穩固！

(三)生日卡

西洋人非常重視自己的生日，也希望自己的親朋好友能記住並為自己慶祝。

壽星在慶生時會收到許多禮物，有些是自己期待的，有些是屬捉弄人的，常會讓人啼笑皆非。而在生日時展讀親朋好友的生日卡，則又是另

一件溫馨愉悅的事了。

　　一般寄生日卡必須在收件人生日之前一週至數天前寄達,當然,如果經常見面者可以和禮物一起親自交到壽星的手中,要知道主角在拆禮物時與讀生日卡時,是一樣洋溢著興奮和幸福的,如果你無法兩樣東西都送,至少寄張卡片表達你的心意。

(四)慰問卡

　　用途也是滿多的,例如探病、親友去世、寵物死亡、失戀、工作不順利、心情低落時,都可以這種方式給予他人極大的精神安慰,且可以在不用和人見面或通話的情況下,表達自己誠懇的關懷,小小的一張卡片說不定可以讓不幸的朋友重新振作起來,正是你展現友誼的最佳時機。

(五)聖誕卡

　　可以說是大家最熟稔的卡片了,如果一個人在聖誕節時沒有收到什麼聖誕卡的話,就證明他的人際關係是如何可憐了!

　　寄卡時一般多以家庭為單位,公司行號則以最高主管為代表,如果人數不太多的話,則可以所有人一起簽名表示眾人的祝福。

　　至於卡片則由於年年都要寄,所以不妨別出心裁,讓收件人為之驚喜,祝福的話語也以俏皮有趣為佳,此時正是表現個人創意的大好機會,但必須注意的是,寄給女性或是長輩的卡片不可以太隨便,例如有性暗示者就不太妥當了。

　　聖誕卡由於數量太大,所以在國外郵寄時必須儘早寄,最好提早在12月初時即寄出去,否則聖誕節已過去了一兩個禮拜才寄達,就失去意義了。

<小檔案> 聖誕卡趣談

　　每當12月來臨時，我們多會收到一些印製精美、五花八門的聖誕卡片，卡片代表了關懷也代表了情意，可以說是一種令人溫馨的禮物。而聖誕節雖已有一千多年的歷史，聖誕卡卻只有短短一百多年的歷史，這是很多人不知道的。

　　西元1843年，英國有一位叫亨利的年輕人，他的工作是在一家雕刻店當學徒。由於平日工作十分忙碌，所以雖然聖誕節即將來臨卻撥不出時間來寫信祝福諸親友。有一天，他忽然靈機一動，他想如果請一位畫家畫一張歡度聖誕節的圖案，再將畫製版來印刷，不是十分有趣又方便嗎？

　　那是一張闔家團圓共度聖誕的溫馨畫面，他立刻印了一千張，其中一百張分寄各親友，其餘九百張以每張一先令出售，結果大受歡迎，所有卡片一下子就銷售一空，人們欣喜地互相傳閱這種前所未見的問候方式，從此以後，聖誕卡正式面世了。

　　目前世界上每年寄出聖誕卡最多的是美國，每年要寄二十億張以上，平均每個家庭最少寄六十張。全美所有的郵局從11月起，就要日夜加班來處理這些堆積如山的卡片。

　　全世界最大的卡片是1924年美國總統柯立芝所收藏的那張，寬度可達八十公分長；至於最小的聖誕卡則是用半顆白米所繪成，那是1929年一家鋼筆公司送給溫莎公爵的禮物，沒錯，就是那一位「不愛江山愛美人」的英國國王！

三、送禮之禮儀

　　有人說：「送禮是一門學問」，的確，送的禮物太輕、太重都不好，送的禮物重複或收禮的人並不需要則又失之浪費。有些禮物選得不好或質地欠佳，則讓人懷疑你的品味以及誠意，所以有時光是在選擇送何種禮物上，就必須左思右想、仔細考慮，以免犯了前述的錯誤，讓自己的一番心意反而得到了反效果，那才真是得不償失呢！

送禮的時機也是必須注意的，一般來說，送禮的目的不同則所送的禮物就大不相同，以下是適合送禮的各種情況：

(一)婚禮的禮物

婚姻乃人生大事，所以無論中外都非常重視，就算新人及雙方家庭經濟不是十分富裕，也必須想盡辦法，以便風風光光地完成終身大事。

國人多以金錢當做賀禮，簡單、實用，又可為新人立即提供一筆資金，所以無論是去度蜜月或是付房屋頭期款均十分好用。但在西方國家就不太一樣了，絕大部分的人均是贈送禮品。

◆如何送禮物

他們多會在結婚典禮之前，以專人（購買禮物的商店均會有遞送服務）或是郵寄的方式，把禮物送到新人的手中，而新人也會在婚禮的當天把所有的禮物放置在一起，然後由新娘當著眾人的面逐一拆封示眾，除了讓大家欣賞彼此所贈之禮物外，也讀唸隨附之祝賀卡片，溫馨有趣、賓主同樂。但是如果有人送的是一張支票的話，則一般都不會與其他禮物放在一起，而是直接交到新人手中，而新娘在宣布禮物時只會說是支票一張，至於金額，原則上是不當眾宣布的。

◆禮品重複時

為了避免禮物用不著，或是避免有人送了重複的禮物，有些新人會列出一張他們所需物品的清單，由親朋好友自己認捐，若有人仍然重複時，則以那位賓客住家之遠近來判定，住得遠的親友比較不方便，更換不易，所以住在附近的那一位將被委婉告知：可否更換禮物？另外也可以年齡來區分，畢竟長輩是有優先權的，年輕人就多跑一趟囉！

◆禮物的內容

　　多以居家有關的用品為主，如烤箱、果汁機、寢具、浴室用品等，當然也有以支票或是禮券等代替的。在美國，新娘子的女性密友會為她先舉辦一場Bridal Shower，在懷孕後生產前再舉行一場Baby Shower，均為小型聚會，除了互相傳授一些女性之間的祕密外，每人均會攜帶一件相關的禮物，如與新娘子有關的睡衣、鑲嵌寶石的鏡子等，以及嬰兒衣服、嬰兒用品等，以對即將為人婦、為人母之曬友做最誠懇衷心的祝福。

◆寄致謝卡

　　新人在收到禮物後應立即以謝卡致謝，基於禮貌，就算親友送的禮物他們不是太用得上，也會在卡片上言明所送之禮物正是他們所迫切需要的，萬分感謝之類，至於遠地寄來禮物的人也會在一個月內收到新人的謝卡。

(二)聖誕節的禮物

　　西洋聖誕節之慶祝觀念早已根深蒂固，什麼節都可以不過，但是生日和聖誕節則是不可免俗的。聖誕節是一個感恩與團圓的日子，全家人都應該共處一室，感謝上帝讓一年又平安過去，家人互祝健康快樂之外，也會互相交換禮物，這是絕對不可或缺的，所以在耶誕節的聚會上就必須事先瞭解清楚總共會有多少人數，以免產生有人無法交換禮物的窘境。

◆聖誕禮物

　　聖誕禮物之選擇為一件大事，因為每年都有聖誕節，每年也都得交換禮物（就連夫婦之間亦同，還記得美國作家歐亨利短篇小說《聖誕禮物》的感人故事嗎？），所以早在節日來臨以前，大家都會挖空心思地去尋找禮物，以期盼給對方一個意外的驚喜。

◆禮物種類

可以說是琳琅滿目種類繁多，但是大都脫離不了文具、圍巾、運動用品、裝飾品、書籍等實用又討好的物品，但是儘管如此小心翼翼，仍然常有弄巧成拙的事發生。有一部電影裡就曾描述當一位母親打開禮物發現是一支漂亮的鍋鏟時，當場就哭了起來，她覺得一年辛苦地在廚房中操勞，沒想到聖誕禮物居然仍與廚房脫不了關係，弄得她的家人手足無措、尷尬不已。

(三)其他應注意事項

◆聚會的禮物

不論是何種聚會，帶一盒糖果、巧克力或是一束鮮花等，都是不錯的小禮物，近年來帶酒赴會也愈來愈流行，所以不妨攜帶一瓶中等價位的葡萄酒前往，當然你帶的酒不一定會派上用場，因為主人原則上都會準備足夠的食物及飲料。還有些人，尤其是女性，喜歡帶食物前往，食物也是不錯的選擇，但是如果與其他的菜餚無法搭配的話怎麼辦呢？所以若沒有十足的把握，最好事先打個電話問一下比較保險。

◆慰問的禮物

前往探視病中之友人，多以鮮花相贈，希望藉著花的芳香與令人喜悅的色彩，讓沮喪的病人心情能變得好一些。但是要先瞭解醫院或病房是否有禁止的規定，有時某些可能引起過敏的鮮花是不准攜入的。如此，則不妨送一些水果，或者鮮花、水果已經太多了，送他一本很棒的書，藉以消遣無聊的日子，也是很不錯的禮物，當然一張措辭幽默的卡片或是誠心祝福的短箋，其意義是絕對不輸給任何一種禮物的。

◆禮物之退還

禮物既然可以收，當然也可以退。接受禮物等於接受他人之祝福，而當祝福的原因消失時，如婚禮取消等，禮物自然應該還給贈與者。

可以退還之禮物以金錢和沒有專屬性的禮物為原則，如果說收到的是一條已經繡了受贈者姓名縮寫的大浴巾，就無法退還了。男女朋友互贈之項鍊、手錶、戒指等，一樣會在分手時還給對方，表示雙方感情已經難再續。

◆小禮物

為了聊表謝意，或只是增進友誼，表達初次見面的友善等，均不妨以小禮物為之。所謂小禮物，望文生義，禮物體積一般都不怎麼大，價格也不太高，如我國的小宮燈、國劇臉譜小模型等都受到外國朋友極大的歡迎。精美的鑰匙圈、名片匣、書籤、墨水筆等小巧精緻的小禮物也頗受喜愛，隨身帶一些保證妙用無窮。遇到相處融洽的旅友、民宿的主人、邀你聚會的朋友等，均可以惠而不費地讓對方感受你的謝意與感激。

小禮物不一定必須用金錢購買，我認識一位自助旅遊玩家，就是在一小塊、一小塊宣紙上書寫《唐詩三百首》之詩句來饋贈海外異國友人，在贈送時還可當面解釋詩的涵義，一方面加深他人的印象，一方面提高自己的格調，一舉數得，何樂不為？想想看，是否有什麼其他新的創意呢？

〈小檔案〉送花的禮儀

「世間因為有花，使我們的生活更美更好！」

鮮花是生活中最佳的潤滑劑，而送花也是近年來更為流行的交際，送親人、送朋友、送客戶……，探病送、生日送、節日送、開幕送……，幾乎是無所不可送。送花已經成為現代生活中的一種禮儀，懂得在適當時機送上適宜的花，才能無往不利。

英語諺語中有：「Say it with flowers！」，意思就是說表達語意時以優美之辭藻為之，以達到聞者大悅之目的。後來「Say it with flowers！」又漸漸演變成「花之語」一詞，所謂花語也就是用花來表達涵義，以花來代表個人之情意。

花語源自西元714年的瑞典國王查理十二世，他根據民間傳說和花形花色等特性賦予各種花卉不同的意義。由於這種用花來表達心意的方式生動有趣，以後就廣為流傳至世界各地。不過由於各地風俗民情不同，再加上花卉種類日新月異，造成部分花語混淆不清，像玫瑰花幾乎每一個品種都有各自的花語。下面介紹一些婚喪喜慶適合的花卉，僅供參考。

‧婚禮：適合送顏色鮮豔而芳香者佳，可增進浪漫氣氛，表示甜蜜。

‧生日：適合送色澤淡雅而富清香者為宜，表示溫暖、清新，另以玫瑰、雛菊、蘭花亦可，表示永遠祝福。

‧喬遷：適合送端莊穩重的花，如劍蘭、玫瑰、盆栽、盆景，表示隆重之意。

‧探訪病人：送劍蘭、玫瑰、蘭花均宜，避免送白、藍、黃色或香味過濃的花。

‧喪禮：適合用白玫瑰、白花或素花均可，象徵惋惜懷念之情。

贈花是一門藝術，因為送花的目的是以花為禮，聯繫情感，增進友誼。因此什麼時候送什麼花，什麼場合選什麼花，都需要根據具體情況，因時因地因物件而精心設計。否則因考慮不周而鬧出誤解，反而失去饋贈禮儀花卉的目的。

四、電話之禮儀

(一)行動電話

由於話機費用以及通話費大幅降低，行動電話近幾年可以說是異軍突起，其功能也隨相關科技之進步而更加擴充。多家廠商競爭的結果，造成街頭巷尾幾乎是人手一支，隨時打、隨處打，每一個公共場所都可見到群眾呆立傻笑、互相通話的景象。以下是使用行動電話時的注意事項：

◆密閉空間

在電梯內、車廂中、餐廳內，由於聲音容易擴散至在場的每一個角落，所以除非必要，盡量不要主動打電話出去與人談笑閒聊，否則其他人的耳朵就要倒楣了，不得不被迫聽你個人的私事與評論。如果是他人打進來時，也應長話短說，必須盡量壓低音量，讓干擾減至最低，其他人心中一定會肯定你是有禮貌的。

◆收訊不清時

在都會中常會有收訊之死角，導致收訊不良或是通訊中斷，若遇此情形可以先行切斷，待會兒再繼續聯絡。不可大聲呼叫：「喂！喂！我聽不清楚，喂喂？」如此粗魯的通話方式會干擾其他人，也會讓人對你的基本教養產生懷疑。

◆上課中、演講會、音樂會、電影院等場合

在上述這些場合，於坐定後先立即暫時關機，或者改為振動式來電通知。若有來電時，應迅速離開現場，再開始與對方通話，一切動作以不影響在場之台上、台下所有人員為原則。

◆語音信箱

　　若去電時對方不能接電話或是收不到訊息時，電話會自動轉至語音信箱內，禮貌上此時應盡量留下訊息，否則會讓對方猜個半天，到底是誰來電？會不會有什麼事情呢？這種心情就好像一名沐浴中的人聽到客廳電話鈴聲響，匆匆從浴室中衝出，電話鈴聲卻剛好停止了，我們宜將心比心體會之。留言時以簡單扼要為原則，姓名、電話號碼、來電時間均不可遺漏。其中最容易被人漏留的就是時間，如此當對方欲回電話也不知你已來電多久，所以如果是比較重要的電話，務必留下時間。

◆國際漫遊

　　在國外旅遊時常可見日本女孩人手一支行動電話，待其國內親友去電時，可以隨時對話，又可以炫耀自己正身在巴黎、倫敦、威尼斯。神氣歸神氣，但是可別忘記不少國際漫遊是得雙方付費的，也就是打電話與接電話的人雙方都必須支付國際電話費，所以若有事情需要通知時，應盡量長話短說，真的說不完整時，可以用電話卡打回國內，其費用會省許多。每一家通訊公司的規定不一，最好在出國之前先詢問清楚會比較妥當。

(二)辦公室電話

1. 電話鈴聲勿超過三聲即需接起。
2. 首先報部門（姓名），再詢問對方事由。
3. 多用請、謝謝、麻煩你等字眼。
4. 語調應親切愉悅，語速應稍慢。
5. 轉接時應先確認接電話者是否在座位上或是否有空接電話再行轉接電話。
6. 如果對方是客戶或是主管時，通話完畢後務必要等對方先掛電話後自己才可掛電話，以示尊重。

五、E-mail之禮儀

還記得電影《電子情書》嗎？每當男女主角打開電子信箱時，螢幕上閃耀著you've got mail時那種興奮的表情嗎？沒錯！在電子郵件日益簡化、普及的今天，我們有愈來愈多的機會發收E-mail了，但是有些問題也相繼產生。

1. 若有附加檔案時，送信前務必用掃毒程式掃毒，以免不小心把毒信寄給親友，要是沒有把握時，不妨用貼文的方式代替附加檔案。有許多公司早已規定來路不明含附加檔之信一律刪除；超過某一容量也一律擋下，就是為了避免病毒肆虐或是占用太多網路頻寬。

2. 來歷不明的信件必須謹慎處理，若不確定最好刪除，以防萬一，因為就算先用掃毒程式掃瞄也不見得掃得出來，畢竟病毒是日新月異，而且包裝精細，掃毒程式不見得跟得上它們的腳步。

3. 轉寄不確定的信給他人時也宜小心過濾，否則一片善意卻換來厭恨。

4. 寄來的垃圾信是不道德的，盡量不要閱讀，也不要向其消費，以免落得為虎作倀。

5. 多址同步傳遞（以同一封信傳給不同的收件者時），請依密件副本方式傳遞，如此收信的人只會看見信的內容，而不會知道其他收件人是誰，他們的電子信箱又是什麼代號等，有心人是十分容易複製副件收信人加以利用的。

6. 寄件時務必註明主旨，以便讓收信者一看就知道來信的要旨。

7. 雖然是電子郵件，但是寫信的內容與格式應與平常信一樣，稱呼、敬語不可少，簽名則僅以打字代替即可。由於不是電報，所以也不宜使用簡略字節省時間，如用4代替 For；以u代替you，以n代替and

等，這些習慣是以前使用電報時由於其計費是用字數計算，字數愈少費用愈低，才被發明出來省時省錢的，現在則無此需要，否則收信者會覺得對方是一個奇怪的人，省來省去，所為何來呢？

〈小檔案〉商務E-mail小技巧

一、郵件的標題

標題的重點在於簡介內文，這是E-mail和一般信件最大的不同之處。要用短短的幾個字簡單扼要地概括出整封信的內容，讓收信者一目瞭然這封信的目的。這樣，收件人也能權衡輕重緩急，分別處理以及分門別類歸檔。下列是標題的注意事項：

1. 空白標題是最失禮的。
2. 標題要簡短不宜過長，且須與內文所言一致。
3. 標題要能真實反映內文的內容，切忌使用涵義不清的標題，或是無關的標題。
4. 一封信只針對一個主題。不要在一封信裡面寫了一大堆事情，真有必要就再依內容多發幾封E-mail吧！
5. 回覆對方郵件時，應當根據回覆內容的需要更改標題，不要RE來RE去一大串。

二、E-mail中稱呼與問候

1. 恰當地稱呼收件者。E-mail的開頭要稱呼收件人，這樣既顯得禮貌，也明確提醒該收件人，這封信是給他的，兩個收件人時應把其名字都列上；多個收件人的情況下可以稱呼ALL等。
2. 如果對方有職務，應按職務尊稱對方，如總經理；如果不清楚職務，則應按通常的先生Mr.、小姐Ms.稱呼之，但要把性別先搞清楚。
3. 如果不知其姓名時，可用Sir/ Madam尊稱之。
4. 不熟悉的人不宜直接稱呼名字，對級別高於自己的人也不宜稱呼名字，應該用全名前面依性別加上尊稱。
5. 如果對方是平輩或比較熟悉，可以只寫名字即可。也可以改用Hi或Hello來開頭。

6.結尾祝福最常見的就是Best regards、Best wishes等，但是結尾的祝福用語須與開頭的稱呼互相搭配，這也是我們常常忽略的地方。

7.不認識對方時：

稱呼：Dear Sir / Madam; Dear Sir or Madam; To whom it may concern。

結尾：Yours faithfully或是Yours truly。

8.認識對方但是還不十分熟悉時：

稱呼：Mr., Ms. Brown。

結尾：Yours sincerely或是Yours truly。

9.相當熟悉對方時：

稱呼：Dear Annie, John。

結尾：Best wishes、Best regards。

三、E-mail的內文

1.E-mail內文要簡明扼要，用字正確，文筆通順。

2.若對方不認識你，應先說明的自己的職稱、姓名以及企業名稱，以示對對方的尊重。

3.E-mail內文應簡明扼要地說明事情；如果內容較多，應只作摘要介紹，然後再用附件詳細描述。

4.內文行文應通順，準確清晰地表達，不要出現晦澀難懂的語句。段落儘量不要太多，每個段落也不要寫太長，注意E-mail輕薄短小的原則。

5.千萬不可出現錯別字和不通順之處，務必檢查文法與標點符號。

6.提示重要訊息。不要隨意使用大寫字母、粗體、斜體、有顏色字體等對一些訊息加強提示。適度的提示是必要的，但過多的提示反而會讓人抓不住重點。

7.如果有附件也最好在內文中提醒，並簡單說明附檔內容為何。

〈小檔案〉書信卡片法文縮寫

　　法文之縮寫的習慣是來自於早期外交體系溝通與高階社交交流，雖然現今較少見，但是如同名片折角般，我們多知道一些總是多少應有幫助的。

　　在社交文書上，偶爾會使用法文之縮寫來表達某些特定之意義，正如我們使用鑒、祈、謹，以及其他祝賀、致哀、感謝等之正式用詞一般，至於為何多使用法文縮寫而不使用英文呢？這是因為法文本身之特性，即一個字絕大多數只有一個含意，非常明確、清晰，所以以前在國際上之正式合約、公約、條約、公報等正式文書多會以法文書寫而放棄英文。當然由於英文現在已是國際語文，也有人使用英文表達這些特定之意義，但是不用縮寫而是用完整句子表達。

　　法文縮寫一般用於名片上，原則上以鉛筆，小寫字母為之，以下是一些常見之縮寫及其意涵。

1. 敬賀（p.f.＝pour felicitation）：有人結婚、生子、畢業、升遷或是其他可賀可喜之事均得適用，書寫時一律寫在名片上左下角空白處。
2. 感謝（p.r.＝pour remercier）：收到別人禮物、別人邀請聚會以及其他致謝之時機均適用。
3. 祈覆（R.S.V.P.＝Répondez s'il vous plait）：這個縮寫最為常見，一般見於請帖上，如果看見這四個字，就一定得回覆，因為主人會依據覆函以統計參加之人數，故務必知會主人，否則主人一律視為會出席。
4. 介紹（p.p.＝pour presenter）：如果你介紹某人去拜訪另一人時，他可持你給他之名片上書p.p.，代表是你介紹他前去拜訪的，我們國人也有此一禮數，但是只附名片而不在其上寫p.p.，而多是在名片後面書寫一些簡單之介紹詞來說明情形。
5. 弔唁（p.c.＝pour condolence）：如寄名片表示對對方發生之不幸事故表達深沉哀痛時可用之。
6. 辭行（p.p.c.＝pour prendre conge）：一般官員使用較多，當然長住國外者也或多或少會收到類似的辭行名片。

　　以上均為法文縮寫之常用者，當然，隨著英文日益普及化及國際化，也有愈來愈多的人以英文來表達相同的意思，只是英文多用短語，很少使用縮寫，這是因為英文裡縮寫字太多了，如果用縮寫，對方可能要猜個老半天還猜不出到底代表什麼意思。

六、視訊會議之禮儀

擁有良好的視訊會議禮節極為重要，可確保會議更有專業性、更有效率和產值。以下是視訊會議必須有的基本禮節：

(一)會議開始先介紹與會的每一個人

這就如實體會議或一般社交活動一樣，不會在未介紹兩個互相不認識的人之前就直接展開談話。視訊會議也是同樣的道理。務必在主持會議的一開始就介紹所有的人，讓所有人都知道到底有哪些人參加了會議，同時亦可激發參與會議的程度。

(二)背景保持整潔，亦可用虛擬背景

讓個人背景保持整潔看起來比較專業，如此才能降低他人分心的機會。如果背景無法選擇，虛擬背景功能是一個不錯的方式。

(三)選擇一個安靜的地方進行會議

另外選擇一個安靜的地方參加會議，並將背景噪音控制在最低程度，將有助會議進行。會議進行所有無關的動作務必暫停，例如講手機、敲鍵盤、飲食、甚至是與他人竊竊私語等，都會被麥克風放大，所以保持靜音也是避免干擾的選項。

(四)說話時要看鏡頭

談話時對著鏡頭可給予與會者感覺是在看著他們，如此可製造一個大家都有融入的氣氛。但確保將鏡頭對準在眼睛高度，如此就可以對著鏡

頭平視，而且須注意電腦與個人之距離，務必讓個人整個頭像都完整呈現出來，不要只剩半個人頭。

(五)關閉其他不相關程式並專注在會議上

有些應用程式的通知、鈴響和電腦上的應用程式可能會造成干擾，暫時關閉這些非必要的應用程式，將有助於提升與會者對會議的專注，且可避免會議被中斷。

(六)音訊和視訊設定

檢查麥克風是否設為靜音，以及鏡頭是否開啟，以確保所有人在你說話時都可聽到和看到你。一般而言，所有人在點完名（roll call）後，應把麥克風暫時關閉，待要發言時再打開，發言完畢後立即再次關閉。至於鏡頭否需要開啟則不一定，因為有些地方網路頻寬不夠，關掉鏡頭可讓網路更穩定，會議不會卡卡的。

(七)會議主持人應最後才離開會議

會議主持人的一般通則是等到所有人都離開會議後才斷線離開，以便在斷線前進行最後的交流。如果主持人自行提早離開，會給他人留下不好的印象。會議結束後，主持人也應向所有與會人員致謝，謝謝大家撥冗參加以及大家的貢獻。

Chapter
4

商務餐飲禮儀

一、正式餐會之禮儀

在商務交往中,我們有許多的機會與他人共同用餐或是同飲,由於中西餐飲禮儀有極大的不同,因此用餐的禮儀與習慣宜入境隨俗。譬如湯總是第一道就上桌而非最後才登場,這就與國內習慣頗為不同,此外還有許多地方也是我們必須知道的。

一般在國外的習慣多是以晚餐歡迎客人的抵達,正如我們所說的為客洗塵一樣,故有所謂歡迎晚宴(Welcome Dinner),晚餐後也多不會安排節目,以便讓遠到來客可以好好休息一晚,解除舟車勞頓。而客人會議完成或是參訪完畢時,多以午餐宴客,以便客人還有訪友購物,或是有充裕時間搭機返國,這就是歡送午宴(Farewell Lunch)。當然,還有一些開幕、閉幕、產品發表、簽約等的儀式之後會有簡單的飲食款待來賓,這就是雞尾酒會(Cocktail Party)。

無論晚餐也好,午餐也罷,參加者一般多是以正式餐會之規格著裝,當然有些規矩就不可不知了。

(一)進入餐廳時

不論是否已有訂位,在到達餐廳等待區時必須先告訴帶位人員總共有幾位,是否有預訂等,再在帶位人員帶領下依序進入,千萬不可自行闖入,隨便就座,不但給人粗魯無禮的感覺,並極有可能被服務人員請出餐廳外,十分難堪。如果沒有服務生幫助就座,男士應該主動為女士拉出座椅,待女士坐下來後才可以回到自己的座位坐下,一切動作自然優雅毫不造作,女士們則樂於讓男士有服務的機會。我在國外從來不曾看見女士自己拉出座椅就座。

(二)座位安排方式

　　正式餐桌排列方式多會在桌面上擺置各人名牌，必須依指定入座，原則上以主人位為尊，其次是主人的右手邊、左手邊，尊卑順序，離主人愈近則表示愈受主人的重視。而敬陪末座者多是離主人距離最遠者，所以外國人餐會時，誰是主客，誰是陪客，一目瞭然，絕對不會弄錯。如國內聚會時彼此謙讓、推辭的情形是不會發生的。

(三)自助式餐會

　　如果採自助式餐會，在取菜時必須注意，原則上由取盤處開始依序前進，先取用沙拉、開胃小菜等，再取用配湯，之後取主食與酒類，最後是甜點、咖啡、茶及甜酒等。取菜時最好酌量、分類取用，如取用海鮮時，避免同時又取肉類等，放在同盤內十分刺眼且會混淆味道，最好以其

他蔬菜等配菜來搭配使用。這一點由餐廳供應之餐盤有冷餐盤與溫熱餐盤兩種即可區分之。

(四)正式餐會

如果是正式的餐會，在開始用餐時主人多會用湯匙輕敲酒杯，表示有人要說話請大家安靜，待大家安靜下來後，主人會致詞歡迎大家的光臨，在介紹賓客後，也可能會請大廚師出場為大家介紹各種菜色，之後才開始用餐。

第一道菜須等同桌者統統上菜完畢才可以開始進食，用餐前一般會先說一句：Bon appétit!（祝您有好胃口！＝請用！）才開始。

(五)輪流取菜

若在餐桌上輪流以大餐盤取菜時，必須注意由主人開始順序取菜，由於用餐人數早已確定，務必酌量取用，如生蠔、乳鴿等只可一次取一個，避免後面的人面對空盤無菜可取，十分尷尬。所有人取菜之後，必須待主人開動，其他人才可跟進用餐。

(六)謝飯禱告

在基督教及天主教國家在用第一道菜之前會有謝飯禱告，此時必須低頭閉眼保持安靜，最後，與大家同說「阿門！」後才結束禱告開始用餐。禱告時不可東張西望，或是一副事不關己狀。

(七)用餐姿勢及注意事項

用餐時須注意姿勢，手臂不可張太開，妨礙鄰座，用刀切肉最好切一塊吃一塊，不要切得滿盤子堆滿了肉塊，不太好看。但是兒童例外，可

由父母幫其全部切好再一塊一塊吃。

　　一般來說，歐洲人進餐時雙手分持刀叉，左叉右刀切食使用，而美國人常常切好食物後把左手的叉子交給右手再用右手進餐，所以歐洲人喜歡嘲諷美國人不會用刀叉！

　　女士用餐前最好用紙巾（不可用餐巾）拭去口紅，以免餐具留下唇痕。咀嚼食物必須閉口，並避免發出聲音。若有餐具掉落可請服務生撿起來換新的，不可用餐巾加以擦拭後再使用。

(八)洗指碗

　　一般食用完生蠔、龍蝦、蝸牛等較有腥味的食物後，多會附洗指碗以便洗手指，為避免混淆起見，多會在洗指碗內放一朵鮮花加以裝飾區別，若當成飲用水一飲而盡，保證震驚全場。

(九)喝湯時

喝湯時應由內往外的方式用湯匙來喝,若盤碗的底層湯汁不易喝掉,可以傾斜方式取用,若小型湯碗可以拿起來用,但湯盤則不可離桌。

(十)吃水果時

必須用刀將水果切塊後,以叉取用,香蕉則須切段取用,不可剝皮後直接用口咬食,非常不雅。果核則應輕吐在叉子、餐巾紙或湯匙中再倒入餐盤內,直接由口中吐在餐盤上十分不妥。

(十一)敬酒時

必須先由自己右手邊的女性或是賓客先敬起,再依序漸敬漸遠。不可一下子東一下子西,非常不禮貌。女性除非是主人身分,一般不主動向人敬酒,有人敬酒時,若不想喝酒可以用果汁、礦泉水代替。此外,國外並無灌酒、拚酒等習慣。

〈小檔案〉在餐廳內的禁忌

1.用力拍裂濕紙巾,驚擾他人。在國內常見此行為,居然沒有人瞭解這麼做是十分粗魯無禮的。
2.口含食物,高談闊論。
3.抓頭搔癢、挖耳摸鼻、化妝擦粉。
4.玩弄、敲打餐具,拿餐巾在指尖上旋轉。
5.在公用食物盤中挑三撿四尋找自己喜愛的部分,好像在尋寶一般。
6.排隊取菜時不依眾人遵行方向,插隊、跳躍行進。

二、自助餐會之禮儀

自助餐會（Buffet）是非常流行的宴會方式，客人可以隨心所欲，依照個人的口味與嗜好挑選美食與飲料，依照個人的食量斟酌菜量，實在相當方便又不致浪費，主人在費心準備菜色時也可以比較不用太傷神，生怕顧此失彼，讓參加的賓客心中不舒服。另外就是既然名之為「自助餐」，當然服務人員也不必如正式宴會這麼多了，他們只需負責餐檯上之食物不虞匱乏，賓客使用過的餐具適時收走即可，而另外一項好處就是一般多沒有固定的座位，所以可以讓與食者自由認識交談，在拿飲料、取餐食時又常有互動機會，充分發揮社交的功能。以下是注意事項：

(一)座位

進入會場後，先不要急著找尋餐檯，首先找到座位，雖說沒有固定的座位，但是有時仍會為主人及貴賓留下部分座位備用，此時最好別逕自坐下，更不可以把放有Reserved的牌子移開，以免造成主人困擾。物品放妥後前往餐檯取餐時，請先將餐巾打開放在椅子上或椅子扶手上，表示此座位已有人坐了。

(二)取餐

先看一下餐檯採單排還是雙排，如果是雙排一定會有雙排的配套，如雙份餐具、雙排菜餚等，此時可依序排隊取用，習慣上第一次先取用沙拉、熱湯等當做前餐，配以麵包、乳酪等。第二次取主菜如肉類、魚類、海鮮類等，要記住一次拿一種，不要混在同一盤中，不但味道彼此影響，而且看起來也不太好看。一次不要拿太多，即使是想幫同桌的人一次拿足夠也是不妥的，如此也失去了自助餐的基本意義。

取餐時儘量避免把食物掉在餐檯上、湯汁灑在湯鍋外，湯杓用完不要放在湯中，以免下一個人用時會燙手。明蝦、生蠔等請酌量取用，幫後面排隊的人設想一下。如遇兒童、婦女掀蓋不易時，不妨適時出手協助。若食物即將用罄時，可告知服務人員補充之。

最後拿甜點、水果等，然後是咖啡、茶等餐後飲料，一般在餐檯旁有附設飲料Bar，可自行前往取用。

(三)餐具

不論是大小餐碟、湯盤、酒杯等，使用過後可留在自己的餐桌上，以便服務人員收走，每取一道餐應拿用一次新的餐盤，千萬不要拿著髒兮兮的餐盤去取第二道、第三道餐，這會讓其他用餐者倒足味口。

(四)用餐

同桌用餐者並不一定相識，此時不妨主動自我介紹以示友善，談話也以輕鬆、幽默之話題為妥，在輕鬆的氣氛下多開拓自己的人際關係，用餐的速度雖然沒有規定，但最好與同桌其他的人不要差距太大才是。

(五)暫時離座時

離座時必須對其他在座的人說聲「對不起」（Excuse me），然後起身把餐巾放在椅子上（不是放在桌子上，以免被誤認是已用完離席了），再去取用餐點。

三、下午茶之禮儀

　　英國人以前並不懂得喝茶，據說由17世紀開始，英國東印度公司在亞洲靠著大英帝國的船堅炮利撐腰下，壟斷了整個亞洲大部分地區的經濟與貿易後，自然而然也把原本屬於亞洲人民日常飲用的茶葉引進了英國。從此以後，不但只要有英國人的地方就有英國茶，而且也由於霸權的擴張，使得英國茶與法國咖啡齊名於世。

　　事實上，英國本身由於緯度過高，並不產茶，其所飲用的茶多來自印度北部山區，尤其是大吉嶺一帶以及斯里蘭卡（前名錫蘭，即錫蘭紅茶的產地）兩地所產的茶葉，而這兩地所生產的茶為紅茶，這也與我國及韓日等日常飲用的綠茶大不相同，而紅茶的飲用方式也與亞洲地區的茶道、品茗大相逕庭，各異其趣。

　　一般喝英國茶共有兩次，一次是享用早餐時一併飲用（但是並不稱為上午茶），另一次就是名滿天下的下午茶了。英國地處溫帶，冬季十分漫長而寒冷，下午茶據說是在1840年左右開始蔚然成風，及於全國而後全球，其起源並不可考，但是極可能與當地特殊的氣候有關。在工作了大半天後，如果能喝杯熱茶、吃一點餅乾或小點心等，再重新出發工作，不是一件愜意的事嗎？據說下午茶開始流行是起自中下階級的勞工團體，而下午茶又有一種稱為High Tea，雖說喝茶時間也是在四、五點左右，但是內容豐富許多，除了餅乾、點心外，尚有沙拉、乳酪、肉捲、火腿、魚等，非常豐富，而飲茶時間也比一般下午茶的十幾二十分鐘長了許多，多半喝了High Tea以後，晚餐大概也可以省下來了。

　　英國人很少邀人到自己家中做客，但與友人共飲下午茶則屬常見。而茶館也如英國的PUB一樣，不同階層、不同職業的人各有各的去處，很少故意亂跑，否則一入內就會引人側目、渾身不自在。

　　天氣好的時候，茶館會把座椅移到室外花園中，一方面天南地北地

閒聊，一方面享受鳥語花香及美味紅茶，實乃人生一大樂事。但如果是應邀至友人家中喝下午茶，則又另當別論，不但服裝必須正式（這是英國的正式社交場合之一），而且不可自己斟茶，一定要由女主人來替客人服務，因為這是女主人的權利與光榮，不可奪其丰采，否則必遭忌恨。

下午茶所使用的茶具也十分講究，不是達爾文家族企業Wedgewood的話，也一定是極其精美的高級瓷器，再配以純銀的小湯匙、小叉子等，均給人賞心悅目的感覺。據說，一個英國人即便再貧窮，家中也一定拿得出一整套相當體面的茶具，當然，如果這套茶具是有歷史的骨董，那就更可令主人話說當年了。

英國皇室日漸式微，早已不具任何的政治影響力，但女王仍為一般百姓的精神領袖。女王親民的方式之一，就是定期邀請倫敦市民共飲下午茶，這些市民事先都被挑選過，各行各業均有，而且很早就被通知準備赴會，能夠被邀請的人無不感到光宗耀祖、興奮莫名，老早就準備好了全套禮服，等待這一天的來臨。在白金漢宮的草坪上，女王將親自與她的子民共飲下午茶，握手寒暄、閒話家常，並合影留念，而市民們喝完皇家下午茶後，無不被羨慕的親友包圍詢問細節，言者光榮，聞者亦樂。

如果有一天下午三點左右，你看到三五成群的人們身著大禮服（頭戴大禮帽）大步走向皇宮，不時對經過的行人投以驕傲的眼神的，準是這一批人沒錯。如今女王雖然已經離世，但其親民愛民的形象將永留英國百姓心中。

〈小檔案〉紅茶趣談

我們都知道茶是中國人發明的，後來才分別由陸路及海路傳往世界各地。而無論是哪一國，茶不是叫Chah（茶的國語發音），就一定是叫Tea（茶的閩南語發音）。所以蒙古、俄國以及中亞一帶均稱茶為Chah；而由福建出口至日本、印度、歐洲各國的茶則叫Tea，十分有趣。

茶本來只有綠茶，也就是一般國家所謂的Chinese Tea，後來據說有一次中國運茶船前往英國途中，因為天氣潮溼高溫而發酵，英國人一試之下覺得口感更佳，從此以後就全部改喝發酵茶了。製茶技術幾經改進，終於產生了目前香濃醇厚的紅茶。西元1838年，英國人班克斯在印度的阿薩姆省發現了印度的原生茶樹，因此立刻大量推廣種植，如今印度已是全世界最大的紅茶產地。

印度紅茶不但產量大，茶中極品大吉嶺茶也是產在印度，大吉嶺位於喜瑪拉雅山山麓，氣候溫和，溫度、溼度均非常理想，在此地某些茶園所產之茶世界馳名，因為不但是茶的樹種好，取茶也只取茶心附近的四片茶葉，再以純熟的技術烘焙而成。別說喝了，就是放在舌頭上品茗，也可感到清香襲人，誠可謂人間極品。

至於其他部分的茶葉亦可製成次等紅茶，供給一般大眾消費，而製茶過程中產生的茶末、茶屑亦不可浪費，它們正是製造茶包的基本材料，如果你覺得這樣的茶味已十分美味的話，可想而知極品紅茶該有多香醇呢！

〈小檔案〉咖啡發明史

雖然我國自古以來是以茶為最普及飲料，但自西風東漸後，咖啡也隨著西洋文化一起進入了我們的日常生活當中，尤其是上班族與年輕的一代，更視咖啡為時髦與不可或缺之物。

據說在西元9世紀時，有一位阿拉伯的牧羊人卡爾弟發現他的羊群只要吃了一種綠色灌木的果實後，就會活蹦亂跳的精神亢奮，基於好奇，他也過來一試，結果和羊群一樣精神百倍，後來有一位回教教士看見卡爾弟經常和羊一起手舞足蹈，詢問之下決定把這項發現告訴清真寺的主持人，因為經常發生回教徒在寺內向阿拉祈禱時，因時間過長而不自覺的睡著，甚至還打鼾，令人非常尷尬。

這種飲料很快就傳開了，不久阿拉伯人幾乎人手一杯，由於回教禁酒，咖啡的出現有如神賜，於是大家就叫它「阿拉伯之酒」。酒在阿拉伯的發音就是咖韋，後來傳至歐洲後就變成咖啡了。

> 西元1585年，威尼斯駐土耳其大使約潘尼提出咖啡報告，敘述整個阿拉伯地區人人愛好咖啡，這種飲料具有提神的作用，報告提出的次年，威尼斯就出現了歐洲的第一家咖啡店。
>
> 由於阿拉伯的咖啡館到處林立，有些還附設賭場及歌舞秀，穆斯林的宗教領袖大驚失色，判定咖啡是魔鬼的飲料，下令禁止，但是埃及的哈里發非常喜愛咖啡，公開反對這項命令，咖啡才得以被繼續保存並發揚光大。

四、飲酒之禮儀

我國國民一向以豪飲而自豪，自古以來無論是騷人墨客、儒臣武將，甚至販夫走卒，人人均以能飲而留名為榮，若能得個「千杯不醉」之美名則更為躊躇滿志，喜不自勝，似乎已把豪飲與大丈夫氣概劃上了隱隱的等號。但是西洋飲酒文化與我們卻是迥然不同，大異其趣。

西方世界視飲酒為品酒，類似我國的品茗。不但講究飲酒的器皿（即酒杯）、酒壺，飲酒的場合、氣氛也十分重視，當然飲酒禮儀方面就多更多了。由觀酒、嚐酒、醒酒、聞酒，甚至還有聽酒之說（香檳酒）。至於酒莊的典故，哪一年份的什麼品種酒更是一門大學問了。什麼種類的酒宜配何種菜餚、何種乳酪，以及其他配料等都有一套見解。以我們一般對西洋食物烹調的水準而言，若想要澈底瞭解是非常艱難的。以下是一些西方飲酒文化的基本注意事項：

(一)酒杯的種類與功能

幾乎每一種酒都有適合該酒特性的酒杯，常常可以見到的就有啤酒杯、香檳酒杯、葡萄酒杯、白蘭地杯、威士忌杯、甜酒酒杯、雞尾酒杯等，不一而足，如果用錯酒杯會被認為連最基本的飲酒禮儀都不懂，這情形好比看見有人拿洗手間的衛生紙擺在餐桌上當餐巾紙一樣的粗俗。

　　不但酒杯的形狀各異，材質不同，連拿酒杯的方式也不一樣，譬如拿白蘭地杯時要用手掌握住杯子的下半部，以利用手掌的溫度讓白蘭地酒香揮發出來，增加酒的甜美。而握紅葡萄酒杯時則只可用手指輕輕握住杯柄部分，然後輕輕晃動杯中之酒，以利酒與空氣充分接觸，達到醒酒的目的。但若是手掌接觸到酒杯，其溫度反而會影響葡萄酒之風味。

　　紅葡萄酒如此，白葡萄酒則又另當別論，這是因為白葡萄酒在飲用前必須冷藏至某一溫度才是味道絕佳之時，為了保持佳釀，整瓶酒都必須放於有碎冰塊的冰桶之中，瓶外再加上白色餐巾，避免冰塊融化時會弄濕手，當然倒入杯中之酒不宜久置，因為溫度會漸漸影響酒之風味。

(二)如何點酒

　　許多正式的餐廳會有兩種菜單，第一張是菜單Menu，第二張是酒單Wine List。點完主菜之後侍者會將酒單送上，上面多會列有紅酒、白酒、玫瑰酒以及氣泡酒的名稱。

　　正式一點的場合多會有佐餐酒，也就是葡萄酒，侍者多經驗豐富，而且又關係著他們的收入，因為飲料、酒類的利潤是他們額外收入的一部分（另外一部分是小費），所以他們都會把酒單拿給主角，如果你正巧是主角，而剛好又不太會點酒，不用緊張，面對酒單欣賞欣賞，然後轉頭看看侍者，問道：你有什麼建議呢？（What do you suggest?）這些經驗豐富的服務人員只要看你主菜點的是多少金額的菜，心裡就已經有譜了，他自然會推薦一些風味與價格均相當合宜的酒給你。

(三)如何品酒

　　侍者於酒窖中取出葡萄酒後一定會拿到餐桌旁，雙手奉上，請主角當面檢查是否正確，什麼東西正確呢？係酒名、酒莊、年份等。檢查完畢立即當場開酒，開完後會先倒約1/5酒杯左右的酒在主角面前，請你嚐嚐

看味道對不對？此時須依下列步驟做方才正確：

1. 拿起酒杯對著燈光或窗外光亮處，看看杯中物是否色澤清澈亮麗，是否有沉澱物，若顏色混濁則八成已壞掉了。

2. 用鼻子就著杯口深呼吸幾下，聞聞看是不是有酒香傳出，還是傳來異味。

3. 之後一飲而盡，但不要喝下去，留酒在口腔中，體會它，感覺它，葡萄酒的醇甜香美就在此刻了。

4. 最後吞酒入腸，然後滿足地點點頭，說聲：Good！也完成品酒的儀式，此時侍者會為在座的每個人斟上美酒，而主角總是最後一個才輪到的。

五、敬酒與祝酒之禮儀

(一)如何敬酒

西洋人飲酒時也常敬酒，不過只敬不乾，也不興拚酒、鬥酒那一套，與我國的飲酒方式差異相當大。敬酒時必須由自己身旁的人開始敬起，而且一樣是女士優先，先由女士敬起，然後由近而遠逐一敬酒，直至敬完全桌的每一個人為止。喝酒時只以唇碰酒杯，然後飲下少量的酒即可，不必大口大口的喝，女士或有其他原因不飲酒的人可以以飲料代替酒，不算失禮。此外，除了女主人外，女士是不可以主動敬酒的，否則會給他人輕佻之感。

敬酒時應面朝對方，舉杯面露微笑看著對方，說聲：Cheers!或是Sante!（祝您健康）。能夠碰杯就碰杯，距離太遠無法碰杯時，僅須舉杯致意即可。

(二)如何祝酒

這種場面在電視、電影上常常可見，總是會有一人在人聲吵雜的宴會中，以小湯匙輕輕敲打酒杯，聽到這種噹噹噹的聲音時，表示有人要發言了，所有人均會安靜下來，此時這位仁兄可能會說：為了感謝主人的邀約，讓我們大家一起舉杯祝福主人全家健康等等，或是恭喜某人即將訂婚，或是誰才剛剛成為人父；當然也可以聽見：祝福女王、祝福國王等官式的祝賀語。

與人敬酒時，若距離在可以達到者，多以酒杯互碰，發出「鏘」的聲音方為得體，若距離較遠則可以點頭、舉杯方式敬酒，但是不可以隔桌敬酒，甚至如我國酒宴時大聲喧譁、划拳猜拳等均是非常不妥的，唯一可以大聲唱歌喧鬧的場所是在啤酒屋或是PUB及BAR。

(三)酌量飲酒

依個人之酒量適度飲酒可以助興，增加歡樂的氣氛，但注意不要飲酒過量以免失態，另外也不可勉強他人飲酒，否則可能引起對方不悅，失去了社交的意義。一般國外對飲酒過量均有罰則，許多飲酒場所外會附設酒精測量器，以一根吸管插入測量器中，然後深呼吸緩緩吹氣，立即可以得知自己體內的酒精含量，看看是否仍能繼續飲酒，能否開車等。

如果有飲酒過量的症狀出現，店員可以拒絕再賣酒給酒客，否則有觸法之可能，像國內喝到酩酊大醉的情形十分罕見。如果酒後駕車處罰極為嚴厲，警察會以現行犯處理，當場扣車、上手銬，帶回警局拘留，直到第二天酒醒後有人來做保為止，而該人之駕照極可能被停一年半載，而再犯一次的話就可能終生吊銷照了。酒醉駕車被逮捕者不但被重罰，而且在家人親友以及公司中將為人所鄙視，畢竟這是一件極不光彩之事。

六、英式PUB & 美式BAR之禮儀

　　西方人不只在正式餐會飲酒，在自己家中進餐也要飲酒，中午酌、夜晚飲，人數多寡亦不拘，有些地區甚至早餐的餐桌上也放有香檳酒，算是早餐酒吧！在工作之餘三五好友互相邀約，或是獨自一人亦可，前往PUB內小坐片刻，一杯在手，煩惱暫時拋棄腦後。相識與否均無妨，舉杯邀飲，閒話家事國事天下事，也是一大樂事。

(一)點酒

　　PUB內多販賣比較流行的酒類以及飲料，有威士忌、白蘭地、啤酒、伏特加，而BAR內則有比較多的調酒，也就是雞尾酒類，一般人都有自己嗜好及習慣性的酒，酒保也大致都知曉。年齡太輕者不得購買酒類，因為這是法律規定的；而每個國家規定的最低年齡也不太相同，大致上最小也得十八歲以上才算合法，酒保若懷疑你的年紀是可以請你出示證件的。

(二)小費

　　酒保的小費多來自客人付酒錢時不找零的零頭，而這些額外的收入也並非酒保一人獨享，必須和其他工作人員如端盤者、廚房工作者共同分享，所以在喝酒付費時可多付一些當作小費，否則酒保的臉色可能會相當不自然。

(三)交談

　　由於在酒吧內的客人彼此不見得認識，所以一有機會大家都會自由交談，此時電視機播出的新聞以及球賽等自然而然就變成了最普遍的話

題。而在英國、美加等地的酒吧更是分得很清楚，不同行業、不同社會地位、不同黨派、不同嗜好者常去的酒吧亦不同，否則進得門後，別人說的事都是你不感興趣，或是你的看法別人都表示不贊同的話，飲酒不是相當沒趣嗎？

在酒吧中外國人是相當受注目與受歡迎的，只要有人一開了頭，知道你是由台灣來的，保證沒一會兒就有不少人拿了酒杯圍過來一起參加龍門陣，沒來參的也會豎耳傾聽，對他們來說是多麼新鮮的話題啊！由台灣的經濟奇蹟（似乎這總是起頭的話題）談到921大地震，乃至台灣的半導體產業名震全球，這時候你會強烈的意識到，你就代表台灣在發言，你就是台灣。

(四)互相敬酒

在酒吧內大家可以說是「相逢自是有緣」，不分彼此，所以敬酒也是不斷的，此時由於非正式場合，所以最多只是Cheers（敬你！）而已，酒杯相碰也並非必要，只要一個互換的眼神，稍為點一點頭示意一下也就夠了，在某些國家流行一人請一輪，譬如五、六個人一起飲酒，第一輪酒由其中的一人付帳，待下一輪時自然會有第二人出面付帳，及至喝得過癮欲罷不能時，則可能再換一家酒吧繼續喝，當然此時買單的又另有其人了。

遇到酒客中的某人有了值得慶賀之事，如生日、升遷、得子等，會主動宣布請在場的人每人再續一杯酒，以茲普天同慶，而被請的人也會趨前舉杯祝賀，其樂融融。

(五) On the House（老闆請客）

有時客人已喝了不少酒，花了不少銀子，或是酒吧請老客人喝免費酒，名為On the House，意為本店請客，但也以一杯為限。也有時為了

給客人驚喜會突然宣布，所有在場者均可免費再飲一杯，當然是皆大歡喜了。

(六) Last Call（最後一杯）

酒吧快要打烊時，酒保會宣布：Last Call，也就是最後一杯了，再不點的就不能再點了，這也算是預先下逐客令，還沒喝完的人也會識相的加速飲盡杯中酒以讓酒保方便收拾打掃。

(七)酒吧禁忌

除了兒童不宜前往外，女士一人也不宜單獨前去，很少看見獨坐的婦女在飲酒，如此多會給其他人不當的聯想，而兩人以上就無妨了。男士一人獨往時多坐在吧檯，一方面可以與酒保閒聊，一方面也不會一人占了許多座位。

有些酒吧是同性戀專屬的，例如一對情侶闖進一家男同志酒吧，保證會吸引全場同志的目光，讓他們坐立難安，更別說開懷暢飲了。

(八)服裝

酒吧服裝會因酒吧的等級不同而異，如在五星級觀光大飯店內的酒吧或是極其著名的酒吧就必須穿著得體一點；在鄉村、小鎮上的酒吧自然可以隨意一些；海灘邊、露營區則更是隨君所欲了，短褲、露背裝，甚至比基尼都是合宜的。

還有就是球季時，支持同一隊的球迷匯聚在同一酒吧一起欣賞球賽並大聲加油（或咒罵），他們會穿與球隊同一色系的服裝以示支持，如果你身穿敵對球衣顏色的衣服誤入該酒吧時，會被視為挑釁，易生事端。

〈小檔案〉李鴻章的餐桌趣事

1895年甲午中日戰爭後，李鴻章代表清政府和日本簽訂了喪權辱國的《馬關條約》，遭到了全國人民的強烈批判和反對，致使李鴻章從他仕途的頂峰上跌落谷底，直隸總督、北洋大臣的寶座一一失去，失意閒居在北京東安門外的賢良寺內。

當時滿清政府以為列強凌我之處不過是「船堅砲利」而已，因此一面送優秀學子出洋學習，期「師夷長技以制夷」；一方面派遣李鴻章等親信大臣出國採購西洋之「利砲堅船」，寄望至少能在再次與洋人對仗時打個平手，不致慘敗。出國採購讓李宰相鬧了不少笑話，如「捧痰盂僕人隨侍在側」、「敢叫滿朝喝洗指水」等，至今仍為人茶餘飯後傳頌。

慈禧太后念李鴻章過去的功勞，為防止中國被西方列強所瓜分，1896年2月，決定讓閒來無事的李鴻章出訪歐美，於是李鴻章在晚年進行了一次環球訪問。

1896年3月18日，李鴻章在俄國駐華公使的安排下，在俄、德、法、英、美等五國駐華使館人員的陪同下，乘坐法國郵輪從上海出發，開始了他的環球訪問。經過一個多月的航行，於4月27日到達俄國港口城市奧德薩，然後再乘車先去彼得堡。記得高爾基的長篇小說《克里薩木金的一生》，其中描寫了李鴻章到俄國後，在彼得堡參觀博覽會時的一個小鏡頭。這位洋務派居然「呸」的一聲，在大庭廣眾下，前護後擁中，隨地吐出了一口痰。

1896年6月13日乘火車前往德國進行訪問。6月14日到達柏林，隨即前往皇宮晉見了德皇威廉二世，對德國干涉還遼和軍事方面對中國的幫助表示了謝意。次日，應德皇之邀，參觀德國軍隊。在德國期間，李鴻章兩次與德國外交大臣馬沙爾進行政治會談，還拜會了德國前首相俾斯麥。

依據國際慣例，德國前首相俾斯麥接待中國前宰相自是相當合宜的。當時德國為了拉攏巴結這位「軍事採購團團長」，安排李鴻章乘火車前往德國，下榻於柏林豪華的凱撒大飯店。德國方面款待殷勤，甚至連李鴻章喜歡之雪茄，常聽之畫眉鳥，也準備妥當。寢室牆壁上，高懸照片鏡框，左邊是李鴻章，右邊是德國前首相俾斯麥。

　　據說俾斯麥招待李鴻章到宮中參加國宴時，當天之餐點極為豐富，其中一道是烤乳鴿，李鴻章相當喜歡一隻接一隻就大嚼起來，根據西俗，一般用完生蠔、龍蝦等較為油腥的食物後，多會端上洗指碗以便洗手指。待洗指碗一上桌，李宰相正口乾舌燥之際，毫不考慮端起一碗清水一飲而盡。坐在他對面的老狐狸俾斯麥一看此景，稍一轉念，也端起面前洗指碗一飲而盡。此時作陪的文武百官面面相覷，不知如何是好，俾斯麥一使眼神，眾官員也只好閉著眼一同端起面前洗指碗一飲而盡。俾斯麥何等聰明，如果李宰相稍後發現他喝的是洗指水豈不尷尬難堪？如此餐會之氣氛將大打折扣，軍購之事也可能會受影響，因此只好硬著頭皮陪同李宰相享用洗指水。能叫德國滿朝文武喝洗指水的恐怕也只有中國的李鴻章一人了。

　　李鴻章後來訪問英倫，也有許多事情流傳下來，成為趣談。西俗在餐桌上吃烤雞，向來是不允許用手抓來吃的，先用叉按住，再用刀一小塊一小塊切割下來，但在光滑的餐盤上，肢解這隻滾來滑去的烤雞，是一種高難度的動作，李鴻章不理洋人這一套，毫不客氣地就用手抓起撕來吃。在座的主人和陪客，各各面露愕然之色，不知所措。一是出於禮貌，一是出於對貴客的尊敬，大家也就仿效李鴻章先生吃雞的方式。據說，此例一開，從此英國人在餐桌上吃雞的時候，可以直接動手而不必使用刀叉，並且美其名曰「宰相吃法」。

Chapter 5

職場基本禮儀

一、應徵信函禮儀

不論是剛剛才離開校園的社會新鮮人，還是轉換跑道的上班族，我們一生當中有相當多的機會去應徵新的工作，當然還有機會當主管或是老闆親自去尋找公司的千里馬，因此有許多應徵方面的禮儀就不能忽視了。

如果是小型公司徵人，若不是請人介紹，就是在報紙或網站上刊登徵人廣告，然後就靜待應徵者上門，再從中挑選適合之人才加以錄用，若無合適之人就再次刊登廣告一直到找到合適之人為止。

然而國內外大型公司的徵才方式就複雜且仔細多了，務必從可能的應徵者當中找出最適合該職務之人選，也因此從廣告文稿之撰寫，廣告媒體之選擇，廣告方式之決定，應徵場地之安排，應徵方式之敲定，篩選人才之原則，筆試、口試、錄取通知及在職訓練等，每一項都馬虎不得，所以每次一有徵人活動，人資部門（Human Resources）與相關部門都忙得人仰馬翻。

一般大企業徵才大都依下列方式進行：

1. 刊登徵才廣告（advertise the jobs）。
2. 開始接受應徵函（receive applications）。
3. 將應徵者分門別類（sorting the applications）。
4. 篩選較適合者（select the candidates）。
5. 調查應徵者資料，如學經歷、推薦信等（take up references）。
6. 面試（interview）。
7. 篩選出適任者（select appointee）。
8. 通知錄取者報到（inform candidates）。

撰寫應徵信時應力求簡潔扼要，要知道每次企業徵才廣告一刊出，會有許多的應徵函如雪片般寄來（現在多改用E-mail），HR部門要在極

短的時間篩選合適之人,如何吸引HR的目光就是key point。下列這些原則是必須注意的:

1. 採用傳統之格式較受歡迎(至少較不令人生厭),應徵函並非創意比賽,不可弄得花花綠綠的。
2. 若是以電腦打字也應注意不可有錯別字,文法、標點符號也要正確。簽名部分必須親自簽,千萬別學鬼畫符亂簽一通,格式工整的應徵函最少會有基本分數。
3. 所有欄位務必儘量填滿,空欄位太多會讓人有敷衍或是隱瞞之嫌。如果有照片欄位,一定要貼上近照,當然是大頭照(證件照片),除非公司另有規定。
4. 信封務必用標準信封,公司名稱、地址、收件者務必清楚正確,應徵函之摺疊也須注意,請整齊對折,但不可折到照片。

二、面試禮儀

(一)接到通知後

在接到面試通知後,若是E-mail通知,最好立即回信致謝並表示會如期準時參加面試云云,一方面讓通知者知曉,另一方面可藉此展示個人之禮貌與感謝。至於最常採用的電話通知,則一定要清楚告知自己之意願,並詢問清楚應攜帶之相關證件,當然致謝並表示會如期準時參加面試自是不可少的。

(二)先做功課

之後可利用時間上網瀏覽一下該公司背景及主要產品的相關介紹,

增加對公司的認知，如此在面試時可以與面試官有共同之話題。試想，當面試官面對一位對其公司之過去光榮事蹟、得獎紀錄以及未來願景均知之甚詳、如數家珍的應徵者時會有什麼想法？

(三)面試時

首先要注意介紹時的禮貌，如何大大方方的給對方留下深刻的印象？所以必須注意的不外乎坐姿、目光接觸（太頻繁會有咄咄逼人之感，太少則又失之心虛或是輕視）、遣辭用字、表達能力、專業知識等。

常常讓人忽略的是：進出房間的門開關狀態、坐椅之位置。每一個人都喜歡他人能夠隨手將物品恢復到初始原狀。Last but not least，務必向主事者表達謝意，如果能夠以不同方式表達更佳，此時應知態度誠懇比禮貌謝辭更有效果。

〈小檔案〉面試時須知

一、服裝儀容

無論男性女性，應徵時之服裝必須力求整潔大方，雖不必刻意打扮，但是髮型、服裝（包括外套、上衣、褲、裙、鞋襪及整體之搭配，如果沒有把握，寧可保守切勿新潮）、姿態、精神狀態、面試時之態度等，均是需要自我要求注意的。

二、準時赴約

準時赴約是最基本不過的禮儀了，尤其是面試。但是天有不測風雲，如果真的即將遲到了，務必立即與通知者取得聯絡告知實際情形並請求諒解，當然最重要的是懇請對方務必再給你一個機會，例如面試時間往後延等等。不過為了避免此種忌諱發生，提早三十分鐘出發吧！一般而言，應徵者除非身體不適或是突發狀況（如車禍），其他原因都是不被接受的。

三、等候時

可能是你獨自一人，也可能有其他競爭者和你共處一室。此時不妨主動與他人禮貌性的寒暄，一方面表達風度與善意，另一方也可能與未來的同事提早建立良好之互動。如果是獨自一人時，亦可利用時間瀏覽一下該公司的相關介紹，以便加強對公司的認識，無意間表達你強烈就職的意願。

★曾經發生的故事1

有一個非常知名的大型企業徵才，面試官故意讓前來面試的人員在同一個房間內依次等候面試，然後由玻璃窗內看看他們在做些什麼。有人閒坐發呆；有人一直滑手機；有人一再檢視自己的履歷表；還有一些人會利用時間瀏覽公司之專利、執照、得獎紀錄等，看起來與應徵無關之資訊。但是面試時主考官就會問這些小事情、小地方，這些人應答時當然也就坦然得多，自然也就大大的增加被錄取的機會。

★曾經發生的故事2

某知名的大型企業徵業務人才，面試官事先授權櫃檯接待人員要暗中觀察前來面試者的舉止態度，包含他們的言行、舉止、與其他應徵者的互動等。櫃檯接待人員暗中打的分數占個人總成績的20%。

(四)相關證件

我曾經遇過應徵者之必備文件完全未隨身攜帶，結果自然可知。一般公司均會要求應徵者攜帶相關證件，如畢業證書、資格證書（專門技術如電腦相關、會計師、領隊執照等）、推薦函等。相關證件指的是正本，請勿攜帶影本給他人檢查。

(五)後續追蹤

面試完後，有規模的公司的HR部門會先將比較合適的應徵者集合起來，然後通知這些人再次前來與該部門主管進行面談，以確定應徵者是否就是right person，並排出優先順序以便替補。因此後續追蹤是可以

的，但是技巧要相當注意，可以以感謝公司給予面試機會為由表達感激之意，並藉機強調自己的意願與適任性，雖然面試官心知肚明此為「項莊舞劍」，但是至少也增加了他對你的印象。

三、職場的服裝儀容

古有明訓「人要衣裝，佛要金裝」，一個人的外表在公共場合至為重要，除了服裝本身的材質、式樣，搭配的配件也必須合宜、整齊，另外，優雅的態度舉止，也可視為整體外表的一部分，不可輕忽。

(一)服裝規定

一般公司就算有公司制服也不會替還在試用期的新人量身做制服，以免半途走人或是試用結果不合格浪費公司的資源。但是有些公司會註明服裝準則（Dress Code），但無論男女，多是以簡單大方為原則，如果未註明，不妨請問一下通知你來報到的人，或是參照面試當天該公司的正式員工一般的穿著。

(二)儀容

務必做到整齊、清潔、精神、大方。還要注意一些小地方，如頭髮、鬍鬚、指甲等等。小地方常常被人忽略，但卻是他人評斷你的指標之一，尤其當你是新人時。服裝儀容說起來很簡單，只要平常養成習慣即可，但有些人就是會忽略，諸如眾人皆知打哈欠時必須掩口，可是這些難看的畫面卻一再出現在我們的周遭。

(三)儀容基本檢查（男女均適用）

隨時注意姿勢、髮型，是否彎腰駝背、妝沒化好、頭髮沒梳理好……，只要犯了下列任何一項，就足以讓人側目：

1. 頭髮是否梳理整齊？髮飾是否太顯眼？女性長髮是否往後梳好、綁好？頭髮的顏色是否染得太顯眼？
2. 眼鏡是否清潔？
3. 女性是否有掉妝或是化妝不均勻？
4. 女性口紅顏色是否合適？
5. 注意口腔衛生，是否有口臭？注意是否有狐臭等體味？
6. 手指是否乾淨清潔？指甲是否太長？女性指甲油是否有脫落？指甲油的顏色是否太濃或太紅？
7. 服裝是否穿得太邋遢？是否有皺摺或污漬？裙子是否有脫線？扣子是否都扣好？
8. 肩膀上是否有掉落之頭髮或頭皮屑？香水是否太濃或太刺鼻？
9. 褲襪顏色是否不協調？是否有破洞？可多準備一雙以備不時之需。
10. 鞋子是否擦拭乾淨並保持光亮顏色？

四、職場基本禮儀

(一)電話之禮儀

電話是人類有史以來使用最頻繁的通訊設備，不但聯絡了人類的情感，促進彼此的交流，也是目前社會上不可或缺的生活必需品。雖然電話已發明多年，普及率又是如此之高，但是仍然有不少人不太懂得電話的基本禮貌，所以也可以這麼說，只要聽聽電話的交談內容，即可以判斷一個

商務禮儀
BUSINESS ETIQUETTE

90

人的教養水準以及社會化的程度。各大企業、公司，尤其是服務業，電話更可以說是生命線，因為有相當多的客戶都是以接電話者的態度來判斷這家公司值得信賴的程度。

◆電話鈴響

接電話時不要讓電話鈴響太久，有些公司硬性規定，電話鈴聲超過三聲以上未接就屬失職，將遭嚴厲訓斥。

◆首先報上自己的部門與姓名

拿起電話後，首先報上自己的部門以及姓名，以便電話的另一端知道此時是誰在聽電話。如果電話是直接接到，則要先報上公司名稱，讓對方知道電話打對了，若經由總機轉至部門則沒有必要再報一次公司名稱，否則對方可能會一陣疑惑，此時報上部門名稱或自己的姓名即可。

在電話中稱呼自己時，千萬不可以將自己的頭銜加上，如董事長、總經理，甚至是先生、小姐等，因為這些頭銜都是社會上的尊稱。但是在國內卻經常可以聽見：「你好！我是李小姐，我想要找XXX先生聽電話」，或是：「喂，我是張董事長，請幫我轉XXX」。

一般人多見怪不怪，積非成是，稍微有點Sense的人可能為之驚訝不已，別說是董事長、總經理、立委、議員，其實先生、小姐亦屬尊稱，不宜自稱。

正確的說法應是：「我是陳建國，請幫我轉XXX」，接電話的人若是認識來電者則自然應以尊稱稱呼，如：「喔，陳校長您好，請稍後」。

◆電話中的聲音

說電話的聲音應適中，愉快中帶有極願意與對方交談的意思，任何人都希望電話的彼端傳過來愉快、親切的聲音，若聽到的是心不甘情不

〈小檔案〉錯把尊稱當自稱

　　稱呼自己叫做自稱，一般多用謙稱；稱呼別人則應該用尊稱。頭銜則是稱呼別人必須注意的禮貌。但是自稱時萬萬不可使用尊稱，否則就會鬧笑話了，以下所述即是一例。

　　多年以前，有一位女性部長前往新竹科學園區參與科技廠商座談會，席間廠商代表發言相當踴躍，提出各種問題希望政府能幫忙解決。

　　女性部長聽完之後面帶微笑，充滿熱誠的對聽眾說：大家的問題「部長」都聽到了，各位放心「部長」一定會盡力幫大家解決……。

　　一般人似乎並未注意，但是部長自稱是部長，這可是件奇聞，因為錯把「尊稱」當「自稱」，怎可自稱是「部長」？

　　另外有一次友邦元首來訪，有一位地方級民意代表因為粗魯無禮而使該元首受窘，事後竟然當眾對著媒體辯稱：「本席」其實是出於好意……云云。一位地方民意代表竟在議會以外自稱「本席」實在是極大的笑話，我國民意代表之素質可見一斑了。

　　此外，在我們日常生活中此類之笑話卻處處可聞，如在辦公室裡電話會談中，常常可以聽見「你好，我是××公司的李小姐」或是「我是××公司的張先生，我要找○○○」，更有甚者「Hello，我是王經理，請你幫我找○○○」等相當錯誤的自我稱呼。正確的稱呼應是：「您好，我是王建國，請您幫我找○○○」，對方聞言應會回答：「王經理，你好，我馬上……」；或是「我是××公司的張小鈴，我要找○○○」，對方聞言應會回答：「張小姐，妳好，目前他人不在office，我等會兒……」，以上才是比較妥當的自稱方式。

　　所以以後不可再以「先生」、「小姐」、「經理」、「總經理」等自稱了。

　　只有一種情形例外，那就是軍中，因為軍中屬於階級嚴格劃分之特定團體，所有人員一律以職稱自稱以及稱呼其他人，因此並無謙稱及尊稱之問題。至於學校中，國人習慣以老師當尊稱以及自稱，如：「你好，我是三年五班的王老師……」，在國內也就罷了，這在國外時亦不妥。

願、音調低沉、公事性的回答，心情一定不會好。如不少公司員工在電話中常有：「喂，找誰？你哪裡？等會兒！」等相當鄙俗無理的情形。

◆注意基本禮貌

多用「請」、「謝謝」、「麻煩你」等字眼，少用命令句。語氣則盡量婉轉，一方面顯示你的個人水準，一方面讓聽的人樂意為你服務。國內有不少公司，電話接得亂七八糟，常常可以聽見員工滿腔不耐地回答來電：「你哪裡找？他不在，你待會再打！」連一句：「請問哪裡找？要不要留話？」都不會說，讓打電話的人一聽就後悔打了這通電話，更別說是下次再打了。

◆插播電話

若正在通話中又有另一通插播電話時，應先請第一通談話者暫時等待，然後告知第二通來電者現在正與人通話中，可否待會談完之後再覆電給他，然後再繼續與有優先權的第一通電話交談。

當然若是後來的電話非常重要，或是你不太想和前一通的人繼續交談，則可以相反的順序為之，並不失禮。

◆代為留下訊息

若對方找的人目前不在場，則可以代為留下訊息，以便其人返回時可以回電。訊息務必留清楚，對方姓名、電話號碼、目的以及來電時間等，最好都記載清楚。一般來說，在對方來電二十四小時內必須回電方才妥當，因為不回覆來電等於是讓對方罰站等待與你交談一般，非常不禮貌。

◆打錯電話時

不必生氣，不可口不擇言，有時可能不是對方的錯。只需告知

「Sorry, wrong number！」即可。而打電話來的人若心中懷疑，也可以先詢問對方是否是自己撥通的電話號碼，若不對，則應道歉然後掛斷，不可以粗魯地反問對方：「喂！你們那裡的電話號碼幾號？」

◆長話短說

　　盡量精簡內容，以達到簡明扼要之程度，無論在家中或是辦公室，一直占著電話線總是不妥當的，若真的有那麼多的事要談，為什麼不約出來見面一敘？

◆電話中突然有人到訪

　　電話交談中，若有人來訪，則當然以造訪者為優先，你可以告訴對方目前正有客人，不方便與對方久談，可以留下對方姓名、電話後再行覆電即可，但可別忘記回電。

◆避免干擾他人

　　打電話時請注意個人作息之習慣，避免干擾他人生活，國際電話也必須注意時差問題，最好選擇一個雙方都適合的時間較佳，否則可以E-mail代替之。

◆避免大聲交談

　　行動電話是一種非常實用的通話工具，但在使用時請注意身處之場合，如在公共場所，像是地下鐵、巴士等地時，可能由於人聲嘈雜或是收訊不良，不自覺地就會愈說愈大聲，以致旁邊的乘客耳朵都遭受無妄之災，可憐的他們不得不強迫自己聽一個不相干的人談他的公事、私事、無聊事！所以若是真的收聽不清楚時，可告知對方你待會兒再回電，別一直大聲嚷嚷：「喂？喂？你聽得到我嗎？」

◆開車禁用手執聽筒

開車時禁用手執聽筒通話（可用耳機式），在許多國家已變成法律了，違者將受重罰，若是臨時接到電話又無耳機時，也請先靠路邊暫停以便通話，不要一面談話一面開車，非常危險，而且因為你會不自覺地放慢車速，以致影響後方車輛的行車速度。

(二)其他辦公室禮儀

◆上班穿著

既然是出外工作，那麼服裝就是一項基本的要求。公司屬性不同可能會有不同的穿著期許，例如網路業大紅大紫之際，美國矽谷之科技人標準服裝就是一件T-shirt外加一條牛仔褲（或是休閒褲），但是當網路一夕變天後，這些身著大學生服裝的過氣新貴也就不得不重新接受社會規範再度穿起西裝打起領帶了。所以乾淨的襯衫、領帶、長褲及皮鞋應該是最基本的要求。女性則力求大方整潔，勿暴露煽情，當然亦不可每天牛仔褲一條數十年如一日，穿著得體應該是最佳指導原則。

◆辦公室言語

眾人皆知說長論短是辦公室忌諱，除此之外，私事過多、言語曖昧、肢體語言誇張、言不及義等也是令人厭惡的，其中又以打情罵俏亂開黃腔為最。任何一個有制度的公司都不會准許職員有上述這些不像樣的舉止。

曾有一家公司的總經理為了員工之間冷漠以對、鮮有互動而大傷腦筋，經過幾次會議討論後覺得「都是制度惹的禍」，由於公司屬行新的責任制，造成部門互推責任，互踢皮球，有些人拿著雞毛當令箭，有些人是一切「依法辦理」，產生了新的官僚制度。

　　其實，這並非是絕對之起因，同事間打招呼本是最自然不過的事了，大家都是為了公事，一切討論只是為求最佳結果而已。若有人對其他同事冷漠以對，如隱形人般視而不見，這是其個人家教及修養問題，公司或主管若再不要求就會造成此一現象。

　　筆者當主管時也曾發生類似狀況，在與對方主管溝通後，舉辦了一場兩個部門的餐會，然後煞有其事的重新介紹早已互相相識的員工，大家強忍著笑配合演出，從此以後再也沒有冷漠的情形了。

◆公司資源

　　有一種員工是最令老闆恨之入骨的，那就是浪費公司資源者。所謂浪費就是指能省不省，不該用卻用。如亂打私人長途電話，Copy時錯紙一疊。其他小如白板筆帽沒蓋好導致筆雖有墨水卻無法用；洗手間的擦手紙一次抽四、五張；動作粗魯導致一堆公司器材損壞；電燈、冷氣該關不關造成無謂的浪費等。等到公司某天要裁員時，你猜老闆會先裁誰？所以最佳節省之道就是將心比心，在公司如在家中，器材小心使用、能源能省則省。

◆商務機密

　　以前的公司不太瞭解「商務機密」的意義，現在科技發達，公司的小事都可能變成競爭對手悉心收集的情資，藉以研判分析。因此幾乎所有公司都有極其嚴密的措施避免機密資料外洩。所以現代商務機密最可能外流之管道反而都是──不小心，因此，在辦公以外絕對不談論（E-mail也不可）公司之事，無論人事、技術、瓶頸、客戶、營業額等，均應絕對避免。

◆公共設施

　　有不少公司位於商業區或科技園區，由於人數不是很多，所以都是兩三家或是數家公司共用洗手間、茶水間等公共設施。此時應顧慮公司以

外他人之使用權，如洗手間使用後沖水，保持清潔；茶水間應保持乾淨隨時清理，以免下一位使用者皺眉；禁菸場所（如樓梯間、電梯旁等）請勿吸菸等。注意公德心之發揮，敬人者人恆敬之。

五、職場善習與惡習

(一)職場的善習

「思想決定行為，行為形成習慣，習慣決定性格，性格決定命運」，好習慣會使成功不期而至。下列好習慣是成功必備的：

◆積極思維的好習慣

當你在實現目標的過程中，面對具體的工作和任務時，你的腦裡去掉了「不可能」三個字，而代之以「怎樣才能」時，可以說你就養成了積極思維的習慣了。

◆高效工作的好習慣

一個人成功的欲望再強烈，也會被不利於成功的習慣所粉碎，而變成平庸一族。所以說「思想決定行為，行為形成習慣，習慣決定性格，性格決定命運」。要想成功，就一定要養成高效率的工作習慣。確定你的工作習慣是否有效率，是否有利於成功。因此務必按照自己的既定目標，有計劃地做事，這樣可以提高工作效率，快速實現目標。

◆養成鍛鍊身體的好習慣

一是要有健康第一的意識，有了這種意識，你就會善待自己的身體、自己的心理，而不會隨意糟踏自己的身體；二是要注意掌握一些相關

的知識；三是定期去醫院做身體檢查；身體覺得有不適的地方，應及早去醫院檢查。鍛鍊既要針對特定工作姿勢所能引發的相應疾病有目的地進行，以防止和治療相應的疾病，更要把鍛鍊當作一種樂趣，養成鍛鍊的習慣。身體鍛鍊，就像努力爭取成功一樣，貴在堅持。

◆不斷學習的好習慣

　　每一個成功者都是有著良好閱讀習慣的人。世界五百家大企業的CEO至少每個星期要翻閱大概三十份雜誌或圖書資訊，一個月可以翻閱一百多本雜誌，一年要翻閱一千本以上。如果你每天讀十五分鐘，你就有可能在一個月之內讀完一本書。一年你就至少讀過十二本書了，十年之後，你會讀過總共一百二十本書！想想看，每天只需要抽出十五分鐘時間，你就可以輕易地讀完一百二十本書，它可以幫助你在生活的各方面變得更加富有。當然，網路上的資料也是非常實用的，所以這裡所說的書是泛指資料。

◆謙虛的好習慣

　　一個人沒有理由不謙虛。相對於浩瀚的知識海洋，任何博學者都是微不足道的。謙虛不僅是一種美德，更是一種人生的智慧，是一種透過貶低自己來保護自己的計謀。

◆自制的好習慣

　　任何一個成功者都有著非凡的自制力。現代社會，人們面臨的誘惑越來越多，如果人們缺乏自制力，就會被誘惑牽著鼻子走，偏離成功的軌道。

◆幽默的好習慣

　　有人說，男人具有幽默感就像女人具有漂亮的臉蛋一樣吃香。沒有

幽默感的男人不一定差，但懂得幽默的男人一定是一個優秀的人，懂得幽默的女人更是珍稀。

◆微笑的好習慣

微笑是大度、從容的表現，也是人際交往的通行證。在歐美先進國家，人們見面都會點頭微笑，即使是第一次見面的陌生人，讓人們相互之間感到很溫暖。因此，讓我們報以相互的微笑吧！

◆敬業、樂業的好習慣

從古至今，敬業是所有成功人士最重要的品質之一。敬業是對渴望成功的人對待工作的基本要求，一個不敬業的人很難在他所從事的工作中做出成績。

(二)職場的惡習

◆經常遲到早退、請假

上班或開會經常遲到嗎？遲到是造成老闆和同事反感的種子，它傳達出的資訊：你是一個只考慮自己、缺乏合作精神的人。

◆藉故拖延

雖然你最終完成了工作，但拖延使你顯得不勝任。為什麼會產生延誤呢？如果是因為缺少興趣，你就應該考慮一下你的擇業；如果是因為過度追求盡善盡美，這毫無疑問會增多你在工作中的延誤。社會心理學專家說：很多愛拖延的人都很害怕冒險和出錯，對失敗的恐懼使他們無從開始動手。

◆怨天尤人

「失敗的人找藉口，成功的人找方法」，不斷找藉口幾乎是失敗者共同的標籤。一個想要成功的人在遇到挫折時，應該冷靜地對待自己所面臨的問題，分析失敗的原因，進而找到解決問題的突破口。

◆一味取悅他人

一個真正稱職的員工應該對工作所發生的問題向上級說明並提出相應的解決辦法，而不應該只是附和上級的決定。對於管理者，應該有嚴明的獎懲方式，而不應該做「好好先生」或是「Yes-man」，這樣做雖然暫時取悅了少數人，卻會失去大多數人的支持。

◆傳播流言

每個人都可能會被別人評論，也會去評論他人，但如果津津樂道的是關於某人的流言蜚語，這種議論最好停止。世上沒有不透風的牆，你今天傳播的流言，早晚會被當事人知道，又何必去搬石頭砸自己的腳？所以，流言止於智者。

◆隨意責備他人

每個人在工作中都可能有失誤，當工作中出現問題時，應該協助去解決，而不應該一味責備。特別是在自己無法做到的情況下，讓自己的下屬或別人去達到這些要求，很容易使人產生反感。長此以往，這種人在公司將沒有任何威信可言，也不會有任何友誼。

◆出爾反爾

已經確定的事情卻經常變更，就會讓你的下屬或其他同事無從著手。你做出的承諾，如果無法兌現，會讓你在大家面前失去信用。

◆傲慢無禮

這樣做並不能顯得你高人一等,反而會引起別人的反感,因為任何人都不會容忍別人瞧不起自己。傲慢無禮的人難以交到好朋友,而人脈就是成功之脈,養成這種習慣的人很難取得成功。

六、公司會議禮儀

(一)會議前準備工作

可能是部門內部會議,也可能是跨部門會議,例如一項新產品即將推向市場時(Launch to the market),一定會有好幾次的跨部門會議,業務部、企劃部、財務部、研發部、工程部、公關部等均少不了。因此會議籌辦者必須確實瞭解哪些部門的哪些人一定要出席或是列席,如果有人出差或是臨時有要事無法出席時應找何人替補。

其次決定開會的日期及時間,再來就是會議的地點,有些公司有好幾個會議室,確定開會人數後再決定會議地點,太大或太小均應避免,方便性(對所有參加者)與不受打擾也須列入考慮。

再下來就是會議內容,也就是議程(Agenda)。議程是會議之精華所在,務必安排順暢妥當,而且必須合理。議程時間之分配也須妥善,無果沒有把握,不妨與各參與部門事先討論。如果有安排午餐或是茶點,也必須在議程上列出。

(二)開會通知

一切準備完成後,就是開會通知了。一般公司至少會在七天之前通知所有與會者,如果大型或是十分重要的會議更會提早通知大家以便準備。

在國外，幾乎所有參加者都是有備而來，務必希望在有限的時間內充分完整地表達己見。有許多台灣中小企業的老闆開會是興之所致，自己閒閒沒事幹時臨時召集人馬開個會是很常見的。更有甚者還會將休假中的員工召回，然後開個員工聽訓似的無聊會議以便展示頭家之權威。

中外會議最大的不同是：外國會議之目的在「解決問題」，能夠十分鐘開完的會就不會拖到十一分鐘；國內會議則多在「宣達上令」，說明政策、方向等，時間一般都相當長，因此有人戲稱：本公司什麼都缺，就是不缺會議，從早開到晚，週一開到週五。

◆再次確定

發完開會通知後，相關部門多會在開會的前一、兩天再度與參與者確定，確定他們知道會議之時間地點及與會。

◆場地、器材檢查

會議前務必再次檢查所有相關器材，尤其是會議室之前有其他人使用過後。仔細檢查空調、麥克風、投影機、白板筆、雷射筆、Note Book等，如果有問題可立即解決。此外，桌椅及地板之清潔亦須一併注意。

◆會議記錄

會議前一定會指派專人擔任紀錄，該人職司簡潔記錄會議中之各項發言與決議，並在會議結束後將會議記錄提供給每人參考並簽名確認之，以為下一次會議之依據。

〈小檔案〉辦公室戀情

對於繁忙的現代上班族來說，工作幾乎占了生活一半以上的時間，而在如此長時間與密切接觸下，異性工作夥伴日久生情的狀況也越來越普遍，這就是俗稱的「辦公室戀情」。

其實，辦公室戀情就如同在學時期之「班對」、「校對」一樣，只不過是異性由於有機會接觸，自然而然發生的愛戀罷了。可是辦公室戀情為何特別引起他人之議論與注目？為何一般公司企業多不鼓勵此種事發生，有些公司甚至明令禁止之，這可能與戀情影響所及絕對不止於兩人而已，感情好也就算了，至多不過讓一些周邊的暗戀者失望，但是若感情生變，極有可能連雙方之上司、部屬及其他同事統統牽拖下去，不但造成辦公室氣氛詭譎，連帶公司之作業均可能受到影響。

辦公室是個嚴肅的場所，感情卻是很私人的，所以最好不要將工作攪在這種「地下情」。俗語說「紙包不住火」，時間久了眾人不知也難。我曾經眼見過幾次「辦公室戀情」，如膠似漆時眾人不過開開玩笑消遣一番，但是一有勃谿發生，難免影響情緒。此外，如果一方是使君有婦或是羅敷有夫，一旦東窗事發保證公司雞犬不寧。

據說有一家公司的老闆發生辦公室戀情，他是已婚者，卻偏偏愛上自己的助理，最後居然與老闆娘（公司的業務經理）離婚。但是老闆娘自認是公司創始者之一，於是來個打死不退，仍然在公司任職，每天照樣與前夫開會，但是兩人從不說話，所有事情一律用紙條來回傳遞，五分鐘可以解決的事，往往得來回傳個十數次紙條，累壞了下面職員，也變成同業的笑柄。果然，不到一年該公司就關門大吉了。

辦公室戀情一旦分手，兩人要嘛就刻意繞道，要嘛就視對方為空氣，雙方都感到尷尬。分開的兩人不但要面對彼此，還會讓人長期在背後議論，也是很多人的憂慮，所以戀情曝光時，最好請調不同部門。免得感情波折影響自己，也影響同事工作情緒。

此外，如果跟公司主管或老闆談情說愛，也常常會被同事在背後議論，不是說什麼攀龍附鳳，就是說少奮鬥十年云云，甚至還可能會有更難聽的話流傳。這種敏感尷尬的氣氛，往往會損害公司的專業形象，也影響同事的工作情緒。正因如此，一些企業明文禁止這種事發生，至少同部門的同事不可以談戀愛，要談就先調部門再說。

　　要發展辦公室戀情，會如火中取栗般危險與艱辛。通常辦公室戀情最大的阻力來自老闆和上司。過分親密的個人關係自然不利於正常業務、工作的開展，如工作中卿卿我我、該加班時卻雙雙開溜、沒緣沒故兩人一起請假等，自然會影響工作；一方的成敗得失，也會影響到另一方的情緒和狀態；更有甚者，若一方辭職，另一個很可能也會馬上把老闆Fire，這些都是很多現代企業中所忌諱的事情，也因此有不少公司明令或是暗示禁止同事戀情。

　　看完以上文章，聰明的你，應該明白該怎麼處理「辦公室戀情」了吧！

Chapter

6

接待客戶禮儀

　　如何讓客戶不只是滿意，而是讓客戶感動？本章主要討論的是接待客戶來訪的基本禮儀，如何讓客戶感到賓至如歸？由機場接機開始，機場至市區的乘車禮儀，以及考慮宗教信仰下外賓餐飲之安排等等。此外，與外賓相處時保持何種適當距離、重視客戶個人隱私等等也是必須注意的，當然促進交流的送禮技巧也會提及。

一、接機禮儀

　　有朋自遠方來，不亦樂乎，何況如果來的朋友是與自己的公司有商業上往來的人呢？一般公司企業對於外國貴賓前來本國參觀訪問，一定會用最高之禮遇來接待，舉凡接機、交通、住宿、餐飲、參觀拜會、商務會議、休閒娛樂及其他特殊要求等等，務必做到賓至如歸，讓來訪之賓客收穫良多且留下最好的印象，有助於雙方日後之商務交流，擴大彼此利益，以下就是在接待外賓方面應有之禮儀及注意事項。

(一)機場接機

　　賓客來台前我方應會將前往接機人員之名單、身分、手機電話號碼等相關資訊告知來賓。接機前應再次確認貴賓總共人數，以便決定接機人數以及交通工具、住宿、餐飲之安排。其次要確認來訪者之班機編號以及預定抵達時間，是否所有人都搭乘同一班機前來等等。

　　抵達的當天，接機人員應該在班機預定抵達的時間稍早抵達，以便來賓一抵達機場，即使尚未出關，也可以與接機人員手機先聯絡上，方便確定出關之時間與確實地點。

(二)接機服裝

接機人員應著正式服裝以迎接賓客，如有公司制服則應著公司制服以示代表公司，女性則應適度化妝打扮以迎接嘉賓，若在機場有獻花或是掛花環之儀式，應由女性代表為之較妥。

一般接待必須攜帶以下物品：

1. 迎賓牌或布條（團體用）：方便來賓一出關就可認出接機者。
2. 名片與識別證：一接到來賓立刻將自己之名片遞給來賓，其上應有行動電話以及公司電話，以利有緊急事情時聯絡之用。識別證則是讓賓客辨識接機者之身分。
3. 雨傘：如果出關至機場停車處須步行，或是抵達市區下車後可能要步行者應備雨傘以防驟雨。
4. 礦泉水或飲料：以便貴賓乘車途中飲用。
5. 翻譯人員：如果接機代表本身語言欠佳，最好帶一隨身翻譯人員，讓來賓一抵達就可以順利溝通交流，也可以幫貴賓在機場事先處理一些事情。

(三)機場交通

應事先安排接機之交通工具，如果是另有司機者也應先確定交通工具之狀況、行李是否放得下、座位之排定等，宜先加以規劃以免臨時慌亂，如果來賓中有殘障人士也應先為其預做準備，如輪椅者、有特殊疾病者應準備有應變方案，以防臨時發生緊急情況時可以立刻送醫急救。

(四)證照、機票及換錢

必須確定來賓的簽證之效期沒問題，並且再確認其離境之班機，以免因改變行程影響下一站之安排，如果可能的話，代其影印相關證件，以免不慎遺失時仍得以順利出境。最好請來賓在機場兌換一些本地錢幣以方便使用。

(五)出境後搭車前

確定來賓是否有去洗手間之需要，並告知前往市區約需多久時間。

(六)機場至市區途中

接待人員應適度為來賓介紹本地的基本情形，如天氣、人口、交通、商店營業時間等，儘量以輕鬆、幽默的方式表達，打開友誼的橋樑，亦可先行將次日行程告知，但應注意察言觀色，如果賓客已露疲態，則應讓其稍事休息，不可一直喋喋不休讓人吃不消。

(七)住宿安排

賓客來訪之前其住宿應已訂好，如果是公司招待者，則應選擇地點佳、安靜、治安良好的飯店接待之。抵達飯店後應為其辦理住宿手續，

並告知飯店之相關設施，如三溫暖、游泳池、餐廳等，以方便其自由使用。離去之前也最好提醒其隨身攜帶飯店之卡片以備不時之需。

二、乘車禮儀（依靠右行駛為準）

(一)搭計程車（或有司機開車時）

　　小轎車的座位，如有司機駕駛時，以後排右側為首位，左側次之，中間座位再次之，前座右側殿後。最常見的情況就是搭乘計程車，而座位主次方面，駕駛右後方為首位，其次是駕駛正後方，後座中間位置則排第三，副駕駛才是最低的位置，因為要負責跟司機指路，確認路線，甚至開車前、到達目的地後還要幫右後座主管開門。後座中間位置除非不得已儘量不要安排人坐，以免其他人感到擁擠不舒適。

(二)主人親自駕駛

　　由主人親自駕駛時，以駕駛座右側為首位，後排右側次之，左側再次之，而後排中間座為末席。乘客只有一人時，應坐在主人旁邊。若同坐多人，中途坐前座的客人下車後，在後座的客人應改坐前座，此項禮節最易疏忽。

(三)七／九人座車

　　接待團體客人時，多採用旅行車接送客人。旅行車以司機座後第一排即前排為尊，後排依次為小。其座位的尊卑，依每排右側往左側遞減。但是有例外情形，若是七／九人座車的中間是拉門（sliding door）時，則第二排最左之位子才是最高階的，這是因為最右的位子是活動

的，人員上下車時都要翻起摺疊以利進出，因此最高位左移至邊位。

(四)大巴士

一般遇到有國外團體來參訪時，多會以大型巴士接送，如此可以控制整個參訪之時間，並且比較安全。以下是有關大巴士乘車之禮儀：

◆座位

原則上司機後方若是有欄杆或是隔板與第一排座位隔開時，這一排是最尊位。隔壁座位多是留給接待人員坐的，因為一方面上下車與司機溝通較為方便，另一方面是危險度較高，不宜給來賓乘坐。其他排座位則是愈往後排愈低階，最後一排當然是地位最低的。

◆飲食

車內均禁菸、禁飲（礦泉水OK）並且禁食，包括零食在內，以保持車內清潔及空氣清新。

◆上下車順序

貴賓以先上、先下（較其他團員）為原則。接待人員則是最後上車、第一個下車以便引導。

◆換證與接待

公司應事前與安全部門聯繫，並有專人等候接待。大巴士可直接停在接待處，參訪團可直接進入。避免在大門處被不知情的警衛攔查，不太禮貌。

三、外賓餐飲安排

除了公司請客、聚餐外，接待外賓一般是不會招待其餐飲的，外賓必須自己負責安排，但是接待人員可以提供一些本地有特色之餐廳以為其參考。當然事先瞭解其宗教信仰，如印度教不吃牛肉、回教不吃豬肉、猶太教不吃無鱗之海產，以及其人本身之禁忌或是其他宿疾過敏等問題也是必要的。

注意文化背景，正確安排飲食

當外賓來訪時，你想要表現自己熱心款待通常會邀請他們到外面用餐，為了確保他們能享受餐點，應該小心地選擇適合外賓的食物及適合風俗文化的餐點。

在選擇餐點時細心地注意外賓的宗教信仰和飲食習慣是很重要的。能確保選擇的餐點是否適合外賓最好的方法，就是去問你的外賓。你可以問外賓是否吃素，尤其是來自很多吃素人口的國家，像泰國或印度。因為宗教或文化，你的客人也許不吃特定的食物，最好就是直接問他。

印度人通常不吃牛肉，所以如果你的客戶是來自印度，直接問他是否吃牛肉。回教文化因遵循伊斯蘭教義，在宗教信仰上他們不吃豬肉，所以可以直接問他吃不吃豬肉。

信仰回教的外賓，也可能跟著回教的齋戒月，齋戒月期間，回教徒嚴格地遵循宗教習俗，從清晨到傍晚，不允許吃任何東西。如果你有回教的客戶來台灣適逢齋戒月，你可能要問他：你是否在齋戒？如果是的話，記得不要邀請他們吃午餐，反而他們會很感激有一頓豐富的晚餐，因為他們一整天沒吃，當然會很餓。

你也要選擇讓外賓覺得好吃的食物。雖然在台灣的海鮮很好吃，但

不是每個人都喜歡海鮮，尤其不是居住在鄰海或湖泊的訪客，所以你應該問他們是否吃海鮮。有些人喜歡辣的食物，有些人也許不喜歡，或者吃辣會有腸胃問題。

從菜單上選餐點，我們通常會問外賓他們想吃什麼，有時候客人會說，我喜歡每樣東西或我什麼都吃，然而這並不是真的，總會有某些食物是你的外賓不喜歡吃的，所以當你的外賓說「我什麼都喜歡吃」時，你最好問：「有什麼東西是你不喜歡吃的嗎？」，否則可能就會點到客人不喜歡的食物。

在外賓到達前，可以參考一些文化上的指南書，讓自己瞭解你的外賓可能不吃什麼類型的食物。問對了飲食問題，可以確保外賓開心地用餐，你也可以很自信地當個好主人。

〈小檔案〉伊斯蘭教齋戒月

齋戒月是回曆法的第九個月，阿拉伯人稱之為Ramadan，視之為一年中的神聖月份。全球穆斯林在這一個月中白天禁食，還有特別的禱告及誦讀《古蘭經》。齋戒月是穆斯林極為聖潔活動的月份。

齋戒月的開始是根據新月出現天空的時刻及天文學的計算而定。大部分的國家都會有專司宗教事務的機關，以電視、電台以及擴音喇叭正式宣告齋戒月的開始，為期三十天。

穆斯林在齋戒月中每日禁食的時間，是從第一線曙光出現起到日落止。他們用禁食的行為表示對阿拉的信仰及敬拜，藉此壓抑欲望及增進靈性。全球各地穆斯林集體禁食，他們認為在阿拉之前人人一律平等。在這聖月中，他們不但禁食，還要禁絕一切邪惡或是不好的思想、行為、情緒及言語，包括罵人、計較、貪財、猥褻舉止等。

禁食幫助人體會貧民的感覺和體驗飢餓的滋味，教人分擔不幸者的痛苦，令人感謝阿拉的厚賜。雖然成年人必須禁食，然而八歲以下的兒童、病人、孕婦等是可以在白天正常飲食的。

經過三十天的禁食期，在齋戒月結束之日要慶祝一天，謂之開齋節（Eid-ul-Fitr）。這一天眾人聚集一處獻上感恩的禱告。傳統上他們要穿新衣，互相探望親友，交換禮物，吃應景的美食，街上到處都是人，好像其他國家過新年一樣。

〈小檔案〉猶太人的食物Kosher Food

一般來說，我們在接待外國客戶時，若有招待其餐飲，最令人頭痛的不是印度人，也不是回教徒，而是虔誠的猶太教徒，以色列來的客戶幾乎都是虔誠的猶太教徒。猶太教徒只吃Kosher Food，規矩非常多。

什麼是Kosher Food呢？

Kosher Food就是「符合猶太飲食戒律的食物」，Kosher這個字本身的意思就是「適合的」。不符合Kosher Food的任何食物都是不可以吃的。

第一項，奶類與肉類同一餐不可一起吃，也就是吃肉就不能再吃奶類食品，吃奶類食物就不可有肉類共食，不可以把奶跟肉一起食用。所以據說在以色列，提供肉食的餐廳，通常不提供加奶的咖啡、含有鮮奶的冰淇淋以及奶油蛋糕就是一例。

第二項，只有某些肉類、家禽類與魚類是可以吃的。肉類必須偶蹄，有趾並且反芻的家畜才能吃，像是牛，羊等。豬肉就不可以吃，但其道理跟回教是不同的。魚類不算是肉類，但是必須是有魚鱗的魚才算魚類。所以蝦蟹（包括龍蝦）等海鮮類因為無鱗因此是不可以吃的，市場也買不到。家禽方面，雞、鴿吃穀類的為「可食」，肉食性猛禽為「不可食」。所有蔬菜、水果、穀物皆為「可食」。

第三項，規定所有Kosher的肉類都必須經過聖經的規定來屠宰者才可食。其精神應該是「以最迅速及最人道的方法來宰殺動物」。另外不但宰殺時手法必須乾淨俐落，還必須放血、去脂肪後才可食用。

Kosher的規定很嚴，但是很特別的是：蝗蟲、蟋蟀、駱駝都可以吃。

四、尊重個人隱私

尊重個人隱私已經逐漸成為一項國際交往的慣例。在接待工作中，接待人員必須對其予以高度的重視。所謂「個人隱私」，在一般意義上是指某一個人出於個人尊嚴或者其他方面的特殊考慮，而不願意對外公開、不希望外人瞭解的私人事宜或個人祕密。尊重個人隱私，在此主要是指接待人員在與外賓相處時，一定要注意對外賓的個人隱私權予以尊重，不得涉及外賓的個人隱私問題。

(一)個人隱私問題

在接待工作中尊重外賓隱私的原則，主要是接待人員養成莫問隱私、保護隱私的習慣。與外賓進行交往交談時，接待人員不可任意打聽外賓的個人隱私。按照常規，以下方面的問題均被外賓視為是不宜告人的絕對隱私：

◆年齡大小

在許多國家，人們都將實際年齡視為自己的機密之一，絕對不會主動將其告知於人。究其主要原因，在於外國人普遍忌諱老。他們的願望是自己應當永遠年輕。在他們眼裡，老了就失去了機會，老了就會告別社會的舞台，而年輕則意味著自己充滿了活力與希望。

◆個人收入與財產

個人的收入與財產問題是最不宜直接打探的個人隱私問題。普遍看法是：每個人的實際收入與支出，通常都與其個人能力、社會地位存在著一定的因果關係。因此個人收入與支出的多少，十分忌諱別人的關注。不僅如此，除了直接的收入與支出之外，那些可以間接反映出個人經濟狀況

的私人問題，諸如銀行存款、股票收益、納稅數額、住宅大小、車型、服飾品牌、渡假地點、娛樂方式等等，因與個人的收入與支出密切相關，所以也是不歡迎外人打探的。

◆健康狀態

　　人們普遍將個人的健康狀態看作是自己的重要資本。身體健康，意味著自己前程遠大，建功立業的機會很多，並且可以在社會上贏得廣泛的支援。如果身體狀態欠佳，則意味著自己日薄西山，前途渺茫，不僅失去了個人發展的許多機會，而且也難以在個人事業上取得各方的支持。正因為如此，當與外國人交談時，不宜涉及其個人的身體狀況，如健康與否、身高、體重等問題，更要諱疾忌醫，不可與之交流有關求醫問病的任何事情。

◆婚姻狀態

　　在國外，此類與婚姻、家庭直接相關的問題，都是人們在交談之中諱莫如深的。對此，外國人的見解是：家家都有一本難念的經，隨意向外人打探此類家庭問題，極有可能觸動對方的傷心之處，傷害其自尊心、自信心，令人感到難堪。在部分國家，向異性打探這類問題，不僅會被對方視為無聊之至，而且還有可能會被對方控告為性騷擾，甚至因此而吃上官司。

◆政治與信仰

　　各國的事情應由各國自己負責，各國人民都擁有自行選擇本國發展道路的決定權。合作的成功、雙方的友好，必須不強調政治主張的不同，以友誼為重、以信任為重、以國家利益為重。有鑑於此，接待人員在與外賓交談時，通常不宜對外賓的政治見解、宗教信仰表現出過多的興趣，更不宜對其政治見解、宗教信仰等妄加評論，也不宜唯我獨尊，蠻橫

無理地將自己的立場、觀點或一知半解強加於人。

◆無關之私人經歷

英雄莫問出處，在國外普遍流行。它是指與他人進行交往時忌諱打聽其個人經歷。若是一而再、再而三地刨根究底，細查其來歷，往往會給人居心叵測之感。一般而言，接待人員與外賓交談時，除非對方主動告知，私人經歷問題不宜向外賓打聽。

◆生活習慣

個人習慣與別人毫不相干，所以完全沒有為外人所瞭解的必要。他們認為，倘若對他人的個人生活習慣過分地感興趣，不是別有用心，就是看上人家了，因而都是很不正常的。有關個人飲食、起居、運動、娛樂、閱讀、交友等方面的生活習慣，都在其祕不示人之列。

(二)保護雙方隱私

接待人員除了要做到莫問他人隱私之外，還應當努力做到保護隱私。只有在這兩個方面都做好了，才可以說是真正地懂得了尊重隱私。所謂「保護隱私」，在此特指接待人員在接待工作中應盡力不傳播、不洩露隱私問題。換言之，就是要主動採取必要的措施去維護個人隱私。

就具體內容而論，要做到保護隱私，需要兼顧保護自己的個人隱私、保護我方人員的隱私、保護外賓的隱私與保護其他人士的隱私這些方面的內容。

◆勿談個人隱私

接待人員必須具有必要的自我保護意識，並在實際工作中採取相應的措施。保護自己的隱私，乃是接待人員自我保護的一個重要方面。接待

人員必須牢記，與外賓交際應酬時，千萬不要對自己的個人隱私問題直言不諱，甚至有意無意地廣而告知。

即便間接地這樣做，也是不允許的。如果在接待工作中，接待人員動不動就對別人大談特談自己的個人隱私，並不會被外人視為為人坦率，而是可能被人視為鄙俗淺薄、沒有教養，甚至會被理解為別有用心、聲東擊西。

◆保護我方人員的隱私

在保護自己的個人隱私的同時，接待人員還必須注意到保護其他人員的個人隱私問題。同時兼顧到這兩方面，我方人員在接待工作中才不至於失去自尊。保護我方其他人員個人隱私的具體措施就是不允許向外賓主動傳播、主動洩露、主動擴散其個人隱私問題。與外賓交談時，一方面，我方不宜以此類問題作為交談的話題；另一方面，當外賓涉及此類問題時，我方均應予以委婉迴避。

◆保護外賓的隱私

由於種種原因，接待人員往往會對一些外賓的個人隱私問題有所瞭解，但接待人員必須清楚：自己的這種特權絕對不可濫用。不論是所瞭解到的外賓的個人隱私，還是外賓主動告知的其個人隱私，不管是在公開場合還是在私下，接待人員都切切不可將其向外界披露，否則就會有悖於自己的職業道德，更會失去外賓的信任，甚至惹出麻煩。

◆保護第三方人的隱私

在接待工作中，對其他人士的個人隱私，接待人員也有保護的義務。對接待人員而言，若對其他人士的個人隱私暢所欲言，甚至無中生有，或道聽塗說、以訛傳訛，不僅有失身分，有損人格，而且還會給外賓留下不佳的印象。

五、送禮的技巧

　　饋贈作為社交活動的重要手段之一，受到古今中外人士的普遍重視。饋贈作為一種非語言的重要交際方式，是以物品的形式出現，以物表情，禮載於物，起到寄情言意的無聲勝有聲的作用。得體的饋贈，恰似無聲的謝意與敬意，給交際活動錦上添花，給人際之間的感情和友誼注入新的活水。

　　然而送給誰（Who）、為什麼送（Why）、如何送（How）、送什麼（What）、何時送（When）、在什麼場合送（Where），是一個既老又新的問題，因此，我們只有在明確饋贈目的和遵循饋贈基本原則的前提下，首要弄清以上6W才能真正發揮饋贈在交際中的作用。

(一)饋贈目的

　　任何饋贈都是有目的的，或為鞏固友誼，或為祝頌慶賀，或為酬賓謝客，或為其他，但大多脫離不了以下數種：

　　1.以交際為目的的饋贈。
　　2.以維繫人際關係為目的的饋贈。
　　3.以酬謝為目的的饋贈。
　　4.以公關為目的的饋贈。

(二)饋贈的禮儀

　　要使對方愉快地接受饋贈，並不是件容易的事情。因為即便是你精心挑選了禮品，如果不講究贈禮的藝術和禮儀，也很難使饋贈成為社交助力，甚至會適得其反。那麼，饋贈時應注意哪些禮儀呢？

◆禮品的包裝

　　精美的包裝不僅使禮品的外觀更具藝術性和高雅的格調，並顯現出贈送者的文化和藝術品味，既有利於交往，又能引起受禮人的興趣，從而令雙方互動愉快。好的禮品若沒有講究包裝，不僅會使禮品遜色，使其內在價值大打折扣，使人產生平凡無奇之感，而且還易使受禮人忽視禮品的內在價值，而無謂地折損了送禮之初衷。

◆贈禮的場合

　　贈禮場合的選擇是十分重要的。尤其那些出於酬謝、應酬或有特殊目的的饋贈，更應注意贈禮場合的選擇。通常情況下，當著眾人之面卻只給一群人中的某一個人贈禮是不妥的。因為那會使受禮人有公然受賄之感，而且會使沒有收到禮的人有受冷落和受輕視之感。

　　給關係密切的人送禮也不宜在公開場合進行，因為既然是關係密切，送禮的場合就應避開公眾而在私下進行，以免給公眾留下你們關係密切完全是靠物質支撐的感覺。只有禮輕情重的小禮物才適宜在大庭廣眾面前贈送，因為這時眾人反而可以變成你們真摯友情的見證人。如一本特別的書、一份特別的紀念品等，最好當著受禮人的面贈禮。

　　贈禮是為了鞏固和維持雙方的關係，因此贈禮時應當著受禮人的面，以便觀察受禮人對禮品的感受，並適時說明禮品的功能、特性等，還可向受禮人傳達你選擇禮品時的獨具匠心，從而激發收禮者對你的感激和喜悅之情。

◆贈禮時的態度

　　除了親切友善的態度，落落大方的動作再加上禮貌的語言表達，才是令受禮方所樂於接受的。那種作賊式的偷偷摸摸把禮品置於桌下或房間某個角落的做法，不僅達不到饋贈的目的，甚至會適得其反，引人反感。

商務禮儀
BUSINESS ETIQUETTE

◆贈禮的時間

　　一般說來，多在相見或道別時贈禮。商務場合多半是在來訪者參觀完成後，離去前贈與小禮物。人數多時可以以雙方代表為之。

◆受禮者之禮儀

1.受禮者應在讚美和誇讚聲中收下禮品，並表示感謝。一般應讚美禮品的精緻、優雅或實用，感謝贈禮者的周到和細心。
2.雙手接過禮品後，視具體情況或拆開看或只看外包裝，還可提出請贈禮人介紹禮品功能、特性、使用方法等請求，以示對禮品的喜愛。
3.只要不是賄賂性禮品，一般都不要拒收，那會很失贈禮人面子的，可以伺機回禮或是轉贈他人就是了。

六、國際交往中的贈禮習慣

　　由於各國文化的差異，以及社會、宗教的影響和忌諱，送禮成了一種複雜的禮儀。如果運用得當，送禮能鞏固雙方之間的關係；運用不當則有礙於業務聯繫。選擇適當的禮物、贈禮的時機以及希望收禮人會作出何種反應，都是送禮時要注意的關鍵問題。世界各國由於文化上的差異，不同歷史、民族、社會、宗教的影響，在饋贈問題上的觀念、喜好和禁忌有所不同。只有把握好這些特色，在交往饋贈活動中才能達到目的。

(一)亞洲國家的饋贈

　　亞洲國家雖然因社會的、民族的、宗教的情況有很大不同，但卻在饋贈方面有很多相似之處。

1. 形式重於內容。對亞洲國家人士的饋贈，名牌商品或具有民族特色的手工藝品是上好的禮品。至於禮品的實用性，則居知識性和藝術性之後，尤其是日本人和阿拉伯人，非常重視禮品的品牌和包裝。對日本人而言，越是形式美觀而又無實際用途的禮品，越受歡迎，因為日本人有送禮的癖好，送他這樣的禮品，他可以再轉送他人。

2. 崇尚禮尚往來，而且以自己的慷慨表示對他人的恭敬。在亞洲，人們都認為來而不往是有失尊嚴的，這涉及到自身形象。因此，一般人都傾向於先送禮品予他人。而且，收到禮品後，在回禮時則常在禮品的內在價值、外在包裝上更下功夫，以呈現自己的慷慨和對他人的恭敬。

3. 講究饋贈對象的意義。選擇和饋贈禮品時十分注意饋贈對象的意義，這是亞洲人的特點。一般說來，送給老人和孩子禮品常常是令人高興的，無論送什麼，人們都樂於接受。但若是送他人妻子禮品，則需考慮交往雙方的關係及對方的忌諱；如阿拉伯人最忌諱對其妻子贈送禮品，這被認為是對其隱私的侵犯和對其人格的侮辱。

4. 忌諱頗多。不同國家對禮品數目、顏色、圖案等有諸多忌諱，如我國、日本、韓國等對4字有忌諱，把4視為預示死亡、厄運的數字。而對9、7、5、3等奇數和6、8等數字頗為青睞，對9及9的倍數尤其偏愛（但日本人不喜歡9）。阿拉伯人因為信奉回教故忌諱動物圖案，特別是豬等圖案的物品，而日本人則忌諱狐狸和獾等圖案。

◆日本

盛行送禮，探親訪友、參加宴請都會帶禮物，接受禮物要雙手，不當面打開禮物，當接受禮物後，再一次見到送禮的人一定會提及禮物的事並表示感謝，送的禮物忌送梳子，因為梳子的發音與死相近，另外對裝飾著狐狸和獾的圖案的東西甚為反感，狐狸是貪婪的象徵，獾則代表狡詐。一般人不要送菊花，因為菊花是王室專用花卉。另外，選擇禮物

時，要選購名牌禮物，日本人認為禮品的包裝與禮品本身一樣重要，因此要讓懂的人把禮物包裝好。

◆阿拉伯國家

伊斯蘭教徒不能送人形禮物，也不能送酒、雕塑和女人的圖片，因為他們認為酒是一切萬惡之源。在初次見面時送禮可能會被視為行賄；切勿把用舊的物品贈送他人；要送在辦公室裡可以用得上的東西。盯住阿拉伯主人的某件物品看個不停是很失禮的舉動，因為這位阿拉伯人一定會認為你喜歡它，並一定會要你收下這件東西。

阿拉伯人一般都是贈送貴重禮物給別人，同時也希望收到同樣貴重的回禮。因為阿拉伯人認為來而不往是有失尊嚴的，不讓他們表示自己的慷慨大方是不恭的，也會危害到雙方的關係。他們喜歡豐富多彩的禮物，喜歡名牌貨，而不喜歡不起眼的古董；喜歡知識性和藝術性的禮品，不喜歡實用性的東西。忌諱帶有動物圖案的禮品，因為這些動物圖案違反伊斯蘭教義。送禮物給阿拉伯人的妻子被認為是對其隱私的侵犯，然而送給孩子則是受歡迎的。

(二)西方國家的饋贈

歐洲國家一般只有在雙方關係確立後才互贈禮物。贈送禮物通常是交往行將結束時才進行，同時表達的方式要恰如其分。高級巧克力、一瓶特別好的葡萄酒在歐洲也都是很好的禮物。登門拜訪前則應送去鮮花，記得花要提前一天送去，以便主人把花布置好。而且要送單數的花，同時附上一張手寫的名片。西方國家與東方國家不同，在禮品的選擇喜好等方面沒有太多講究，其禮品多姿多彩。

1.實用的內容加漂亮的形式。西方人對禮品更傾向於實用，一束鮮花、一瓶好酒、一盒巧克力、一支手錶，甚至一同遊覽、參觀

等，都是上佳的禮品。當然，如果再講究禮品的牌子和包裝，就更好了。

2. 贈受雙方喜歡共享禮品帶來的歡愉。西方人饋贈時，受贈人常常當著贈禮人的面打開包裝並表示讚美後，邀贈禮人一同享受或欣賞禮品。

3. 講究贈禮的時機。一般情況下，西方人贈禮常在社交活動行將結束時，即在社交已有成果時方才贈禮，以避免行賄和受賄之嫌。

4. 忌諱較少。除忌諱13這個災難之數和一些特殊場合（如葬禮），禮品的種類顏色等有一定講究外，大多數西方國家在禮品上的忌諱是較少的。

◆英 國

英國人一般送價錢不貴但有紀念意義的禮物，切記不要送百合花，因為這意味著死亡。收到禮物的人要當眾打開禮物。在英國應避免感情的外露，因此，應送價格不高的禮品，由於花費不多就不會被誤認為是賄賂。合宜的送禮時機可選在晚上，於餐廳用完晚餐或劇院看完戲之後。英國人也像其他大多數歐洲人一樣喜歡高級巧克力、名酒和鮮花。對於裝飾有客人所屬公司LOGO標記的禮品，他們大多數並不欣賞，除非主人對這種禮品事前另有考慮。

◆法 國

初次見面時就送禮是很不恰當的，應該等到下次相逢時。禮品應該表達出對他的智慧的讚美，但不要顯得過於親密。法國人很浪漫，喜歡知識性、藝術性的禮物，如畫片、藝術相冊或小工藝品等。應邀到法國人家裡用餐時，應帶上幾朵鮮花。但菊花是不能隨便贈送的，在法國只有在葬禮上才用菊花。還有避免杜鵑花以及黃色的花，不要送核桃，因為核桃是不吉利的。

◆德國

「禮貌是非常重要的」，故贈送禮品的適當與否要悉心注意，包裝更要盡善盡美。玫瑰是為情人準備的，絕不能送給客戶。德國人喜歡應邀郊遊，但主人在出發前必須做好途中細緻周密的一切安排。

◆美國

美國人愛送禮、勤送禮，禮品是他們日常支出的一個重要部分。據統計，美國每年人均送禮支出為二千美元，約占日常開支的十分之一。在美國同樣也是禮多人不怪。

美國適合送禮的場合非常多，如情人節、母親節、感恩節、耶誕節、新年等各種節慶日自然是送禮高峰期，而在平時，親朋好友和同事的婚喪嫁娶、生日或紀念日、畢業升學、小孩出生、升職跳槽等都是送禮的理由。

美國送禮特點是輕鬆務實。在美國，初到他人家裡作客，帶一點禮物肯定使主人更加高興。但禮品的價值和形式並無一定之規範，簡單隨意、略表心意即可。一張賀卡、一束鮮花、一瓶紅酒、一盒點心或者一本新書，價值從幾美元到數十美元，均可被看作是一份表達心意的好禮，收禮者可以欣然接受而不會有任何心理負擔。

如果相交不深，初次出手便是一份價值不菲的高檔禮品，反而會使人感到壓力，從而不免揣測送禮者的真正意圖。多數人贊同對於相知不深的人送禮價值不超過二十美元為宜。

美國人不看重禮尚往來，收禮者並無義務投桃報李，回贈同等價值的禮品，只需寫一張內有謝意的紙條、卡片，或直接打個電話、發短訊道謝即可。此外，處處講實際的美國人非常在意禮品的實用性。

美國送禮文化的另一特點是公私分明。親朋好友之間私人性質的禮尚往來沒有多少拘束，但在工作場合，送禮或收禮稍有不慎便可能觸犯規

定，情節嚴重的還要丟飯碗、吃官司。

美國的政府機構和公司企業對職員的禮物收受都有詳盡而嚴格的規定。美國公務員要遵守所謂的20/50法令，即每次可以接受價值不超過二十美元的禮品或饋贈，且一年之內累計收受的禮品價值不得超過五十美元。如果發現有公務員違規，一經查獲將嚴厲懲處。美國一些大企業的相關規定更為嚴厲，例如美國郵政公司對於員工每次因公收受禮品的價值上限是十美元；甚至有些公司是完全禁止員工收受任何禮物。

◆俄國

送禮是俄羅斯人際關係中的一個重要方面，但禮品的實際價值並不像挑選禮品本身那樣重要。小巧而有新意的紀念禮物、旅遊紀念品都極受歡迎。俄羅斯人認為，接受禮物者會感到幸福，而送禮者將會得到百倍幸福。不過，俄羅斯在送禮方面也有很多注意事項。

俄羅斯人送禮和收禮都極為講究，忌諱別人送錢當禮物，認為送錢是一種對人格的侮辱。但他們很愛帕來品，外國的糖果、菸、酒、服飾都是很好的禮物。如果送花，要送單不送雙，雙數是不吉利的。如3、5、7朵玫瑰或者康乃馨也是不錯的禮物，奇數在俄羅斯被視為吉祥的數字，花朵成雙的花束是用以悼念亡者的。

十字架一類的飾物屬於禁送品，因為對於俄羅斯東正教徒來說，十字架是每人必備的，每人心中只能有一個十字架，再送就是多餘。另外手帕也應避免，按照俄羅斯的習俗，手帕是用來擦眼淚的，因此不宜作為禮物。俄羅斯人若是收到手帕時，要象徵性地給送禮人幾個盧比，表示把手帕買下了。俄羅斯人接受禮物時，要當場打開禮物，贊許一番，並表示謝意。如果禮物是鮮花，要馬上插入花瓶。若是客人帶來了食品飲料，會當眾把它打開，放到桌子上，請大家一起品嘗。

◆拉丁美洲國家

　　拉丁美洲人民是個注意送禮品的民族，他們既喜歡送禮也喜歡收禮。他們對家庭生活和血統的重視、他們的和藹可親和使你感到舒暢的熱情，以及對男子漢氣概的崇尚，均在其送禮品的習俗中展現出來。人們高度重視友誼，歡迎那些能夠賞識其個人品質和愛好的禮物。

　　黑和紫是忌諱的顏色，這兩種顏色使人聯想到四旬齋。刀劍應排除在禮品之外，因為它們暗示友情的完結。手帕也不能作為禮品，因為它與眼淚是聯繫在一起的。可送些小型家用電器，例如一台小的烤麵包爐。在拉丁美洲國家，徵稅很高的物品極受歡迎，只要不是奢侈品。禮物一定要特別而精緻，酒類、巧克力、果醬及辦公用品都很合適。歐洲的產品被認為是優質的，特別是皮革製品或K金飾品。

七、宴請客戶禮儀

(一)挑餐廳準則

　　外國客戶喜好或許難以捉摸，但各國的飲食習慣多半可由其宗教信仰得知，應該要事先掌握才能賓主盡歡。

　　從早期的No MSG（不要味精），到現在很多外國人會指定更為健康的無麩質（Gluten Free）餐點，也有不少人對海鮮過敏；甚至素食也有分Vegetarian（一般素食）和Vegan（絕對素食），最好先詢問對方的習慣以便事前可從容準備。

<小檔案> 無麩質飲食法（Gluten-free diet）

就是嚴格戒斷含有麥麩的食物，如義大利麵、披薩、啤酒、燕麥、起司、三明治、蛋糕、麵包、餅乾與蛋糕等精緻食物。而改以馬鈴薯、玉米、蔬菜、肉類、豆類、堅果、乳蛋、海鮮、米類等為主食。

(二)安排餐廳

各國客人有不同的喜好。例如日本人習慣媒體介紹過的知名餐廳，所以鼎泰豐、點水樓等名店絕對OK。至於美國客戶通常較開放，可以挑戰的食物也更多，尤其是本地食物（local food），他們都很有興趣嘗試一下。比如火鍋、臭豆腐、烤鴨等。至於歐洲客戶則不大相同，法國人非常注重用餐環境與餐具的清潔程度。

一般來說，許多歐美人士只敢吃去頭去尾的魚排，看到整條魚出現（紅燒魚）會感到驚駭，但義大利人毫不介意，喜愛整條吃。

此外，許多外國人也不吃生的食物（日本人例外），但蔬菜類是可以的。

至於餐廳的選擇檔次不見得一定要非常高，但一定要選擇乾淨、衛生的，如果客戶因為吃頓飯身體出了狀況，之前的努力可能要扣分，甚至失去客戶。

一些導致過敏的最常見食物包括牛奶、雞蛋、花生、芝麻、核桃、杏仁等堅果，以及魚、蝦等海鮮類，須特別留意。

(三)菜色的選擇

在點菜之前最好詢問客人的禁忌，你可以問：Is there anything you don't like？此與客戶的身體健康有關。主要來說，菜餚會不會使客人過敏都需要考慮。西方人的體質跟國人有些不一樣，如果上了含有雞蛋、海鮮這些材料的菜餚，說不定就會讓客戶渾身不舒服，甚至一口都不敢吃。

(四)宗教禁忌方面

印度人不吃牛肉（No Beef），伊斯蘭教國家不吃豬肉（No Pork）、不飲酒外，對食物有明確的規定，只吃合法（HALAL）處理的食物，這是因為在處理的過程中，非常注意清潔衛生，因此亦被稱為清真食品。一般而言「禁止吃自然死亡的動物、動物血液、豬肉以及未經誦經而宰殺的動物」。猶太教則只吃符合猶太教教規的食物（Kosher Food），與伊斯蘭教的清真食物相似但更嚴苛。

(五)餐具

外國人一般不會使用筷子，所以如果要招待客人的餐廳沒有提供刀叉，記得詢問客人是否自備刀叉，如果客人沒有準備，不妨請餐廳事先代為準備，以免臨時找不到餐具會很尷尬。

(六)公筷母匙

在餐桌上不允許拿著刀叉或是筷子到盤子裡夾取食物，所以公筷的使用非常有必要。最好是詢問客人是否願意嚐嚐某道菜，在客人確認之後再讓服務人員幫忙用公筷夾到客人盤子裡。

Chapter

7

商務拜訪禮儀

一、住宿飯店之禮儀

在國外住宿時，不論住在豪華大飯店、一般旅館、青年旅社，甚至民宿，都有許多機會與外國旅客直接面對面接觸，而個人的言行舉止與生活習慣，均影響他人對國人的印象，不可不慎！

(一)飯店大廳

大廳為住宿旅客、來訪賓客使用最頻繁的公共場所，一般都設有沙發座椅等休憩區，主要供來往旅客暫時性的使用。

有的還設有酒吧區，如果是坐在酒吧區內最好點一杯飲料，若只是入內聊天，雖不至於被人請離，但若是剛好有其他旅客欲使用，而座位被等待會面的人占滿而無位可坐時，總是不好。

另外在大廳內必須服裝整齊，切忌著拖鞋閒逛（但如屬前往泳池或是三溫暖則例外）；此外，在大廳避免大聲喧譁、高聲談笑，且在等待區內不宜一直霸占不走，影響他人等候。

以上所言指的是一般商務飯店，如在夏威夷等地的渡假休閒飯店，則泳裝、拖鞋並無不可。若有大件行李，最好也請服務員代為送至房間內，不可為省小費而自己在大廳內如逃難般地大搬家，十分難看。

(二)房間內

歐美房門多屬自動反鎖型，拿到房間鑰匙時應先試一下較保險。如果粗心大意，出門時先在房內按下門鈕關上門，如此一來就算有鑰匙也無法開門，必須勞動飯店經理持特別鑰匙前來處理，十分麻煩。所以安全鈕只有在房內有人的情況下才按下去，另外，如再閂上安全鐵鍊則更加有保障。

夜晚有人敲門時，宜先在門內窺視鏡中看一看來者何人，再決定是否開門，較為安全。

(三)浴室

浴室內若無排水孔，則沐浴時最好將浴簾放在浴盆內遮蓋嚴密後再行沐浴，以免浴水外溢，弄溼地板不好處理，踏腳墊可以放在浴室門口，以免弄溼房間內的地毯。浴室牆壁上有些會有一條細繩索上附警鈴，這是為了客人有緊急事故發生時，如心臟病突發等，作為求救之用，沒事不要亂拉，否則可能在洗澡洗到一半時，會有人破門而入前來搭救，到那時可就精彩了！

(四)付費電視

電視分為付費及免費兩種。付費電視一般在電視機上方有一盒子上有A、B、C、D等按鈕，如果按下任一按鈕（表示選擇某一影片）則須付費，但多有二至三分鐘免費試看時間，按下按鈕後其上還會有「確定」及「取消」的按鈕，可以試看後再行決定。如果有不小心誤按的情形，在次日結帳時可以明確告知櫃檯人員自己並未偷看，一般的飯店多會持相信客人的態度，註銷收費單，但客人必須簽名以示保證。

(五)迷你冰箱

房間內有付費飲料提供房客方便取用，其內之果汁、汽水、可樂及酒類均十分昂貴，非不得已盡量不要取用。有些飯店則冰箱內空無一物，主要是讓房客自由購物冰凍之用。

(六)房內電話

　　房間內多有直撥式電話可供旅客使用，一般來說，市內電話屬免費或是收費低廉，主要是給旅客聯絡事情方便之用。而長途電話或國際電話的費率就相當高，因為除了成本外，還要再加上頗高的飯店利潤，之後還得再加上政府的附加稅等，東加西加就不得了了。

　　要打電話最方便的莫過於使用電話卡，國內電信局也有販售國際電話卡，但是並非適用所有國家，購買時宜先查明。其他國家也有售電話卡，多依金額不同而可使用的時間長短也跟著不同，有些撥號前尚須加密碼者，雖然比較麻煩，但是價格會便宜不少。

　　當然也可以在出國前先開國際漫遊，但是需要先弄清楚，國際漫遊的費率以及國際漫遊可以涵蓋的國家，一般來說愈是大規模的電信公司國際漫遊涵蓋（有簽約）的國家也愈廣。

(七)電話計費

　　有些地區的電話是由接線起計費，不論對方正在通話中，或是無人接聽，超過了五、六聲以後就自動計費了，此時應立即掛斷，待會再試。

　　有些人不明瞭此一情形，認為飯店在伺機敲詐，所以也常有糾紛發生。實際情形是飯店必須付費給當地的電話局，但卻又無法向客人收費，可說是有苦難言。

　　還有些人明明打了電話，第二天離開飯店時卻故意趁亂忘了去結帳，造成飯店不少的損失，因此有些飯店乾脆就把電話上鎖，如果有房客要求使用電話打長途或是國際電話時，必須親自前往櫃檯要求開放，並且必須預付一小筆押金，才可接通外線，當然如果是外面打進來或是房間對房間、市內電話等，是不受限制的。

(八)插座

　　吹風機、電動刮鬍刀等的插頭多在浴室內，其插座上會標示著多少電壓，這些插座是有限制的，也就是只適用一般低電量之電器，如電動刮鬍刀、攝影機的充電器等，如果以這類插座去插電湯匙、電鍋等用電量大的電器，就可能因超過負荷而發生危險（須注意台灣是110V，世界上大部分國家是220V）。

　　事實上就連房間內其他的插座，如電燈、電視機都不見得適用電水壺等電器，曾經有我國旅客在房內燒茶，結果引發了一場小火警，雖然無人受傷，但是房內的地毯卻報銷了，最後賠了八百美元才了事。賠錢事小，若因而發生意外或是吃上官司可就划不來了。

　　有些人喜歡自備電器在房內泡茶、泡麵，甚至烹調食物，此點須特別注意，因為在房間內「聚餐」，不但會讓房間內髒亂不堪（尤其是有些鋪有整片地毯者），很難收拾，就算小心翼翼，但是如海鮮類食物氣味也是不太容易散去，最好能替下一位房客多著想。

(九)吸菸

　　在辦理住宿手續時，一般都會詢問住客是要吸菸房還是非吸菸房，如果是在非吸菸房時就不可在房間內吸菸，因為一來房間內並無菸灰缸等器皿，再來吸的味道會嚴重影響下一位不吸菸的住客，這是非常不妥的。

　　如果是吸菸族卻分到了非吸菸房，那就到樓下找一個可以吸菸的地方，等過完癮後再回房去吧！

　　如果飯店是全館禁菸的時候，切記不可在房內吸菸，如果被抓到，罰金可以高達四百美金以上。

(十)房間內的物品

除了是屬於消耗性的物品,如小肥皂、洗髮精等,或是有標示免費贈送者之外,全是屬於飯店的財產,不可以擅自帶走,所以無論是浴巾、浴袍、拖鞋、雜誌、花瓶、掛畫、毛毯等,都請使用完後留在房間內。

有些收集者只是拿酒杯、菸灰缸等小東西,有的則是把大件物品當成紀念品塞進大皮箱內,這不是笑話,真的發生過。

(十一)環境保護

歐美國家為了共同維護全球的環境保護,現在已把以前在洗手檯上一小包一小罐的香皂、洗髮精等清潔用品,一律改為一大罐附著在牆壁上的洗手、洗髮多用途清潔液,如此做倒不是為了省錢,而是可以避免一塊香皂只用一次,一罐洗髮精只用一半等浪費的情形,再加上其外的包裝、容器等,都是無謂的浪費以及環保垃圾,所以這種先進的做法已日漸普及全球了。

(十二)行李小費

初抵飯店,辦理完手續進駐房間後,宜付小費以示感謝行李員,原則上是一間房間付一美元,若行李真的太多時則不妨多付一些。

離開飯店時,只須將行李放在門外(有些是門內)即可,待完全辦完離宿手續,準備登車離開時,再付小費給服務人員也不嫌遲。

(十三)特別服務

有特別服務要求,如多送一條毛毯、枕頭、毛巾,或是熱開水、冰塊、吹風機等時,不妨給一點小費以示對額外的服務表示感謝。

(十四)床頭小費

小費可在每日離開飯店時放在枕頭上或床鋪上即可，這是給替你打掃房間的清潔人員的，不要放在床頭的矮櫃上，否則可能會被服務人員誤認為客人忘記帶走的零錢而不敢拿走。

(十五)馬桶

浴室內有兩套馬桶時則請留意，其中一套看起來比較奇怪的是專供女性生理期洗滌之用，千萬不可因好奇而上去一試，到時候排泄物怎麼沖也沖不掉，就會令人尷尬不已了。這種馬桶在歐洲較常見，有些美國人也不知如何使用，有人把它用來泡衣服、洗衣服，有些人則把它放滿冰塊用來冰啤酒。

(十六)拖鞋

房間內一般無拖鞋，即使有也是薄底拖鞋，這種拖鞋是房間內專用，不可穿出房門外，更不可穿去大廳，甚至游泳池、健身房，否則必成眾人注目的焦點。

(十七)逃生門

逃生門一般只能由內往外開，以便遇火警時可以方便逃生，但是無法由外打開，這就是為了防盜。比較進步的逃生梯是設在牆外，以免火災產生的濃煙嗆傷人，如果為了安全想要試一試逃生門時，要注意別把自己關在門外了，否則只有一樓一樓地往下走，走到最底層才得以脫身，如果很不巧閣下的房間又是在第三十層樓時，不知要消耗多少卡路里？

(十八)保持安靜

若是親朋好友一起住宿,而房間剛好又是比鄰或對門時,互相談天說地是很愉快的,但是不要打開雙方的房門就倚門對話起來,可能你們聊得很愉快,但是附近的房客就得被你們干擾了。

房間內之音響、電視機,就算不是在睡眠時間也不要開太大聲,如果要開派對,應該是到樓下的酒吧內。

二、商務拜訪之禮儀

在社交禮儀中,為了敦親睦鄰或是增進友誼,人與人之間互相拜訪交流是當普遍的,在商業互動中,公司為了維持並增進與客戶的關係,或是拉近與潛在客戶的距離,也經常會邀請海外客戶前往其企業所在地參觀訪問,一方面藉機展示其企業之實力與品管、研發、管理等方面進步的一面,給予客戶良好的印象以及更佳的信心;另一方面則可藉招待客戶之機會,與客戶建立良好的關係,使公司與客戶之互動更頻繁,關係更穩固,藉此不僅將客戶套牢,也得以使公司之生存多一分保障。

接待客戶,一般大型企業多是由公關部門負責的。

(一)專設公關部門

一般大型企業、集團多會有專責部門負責接待海外客戶,也就是所謂的公關部門,專責迎客、待客、送客之繁瑣事項,而公關部門內之職員多有下列幾項特徵:

◆外貌出色

不論男女,雖然說不上是個個俊男美女,但一定是經過公司篩選過,

外貌清秀，脾氣溫和，禮貌週到，使人一見就會有親切、愉快的感覺。

◆服裝整潔

　　大型企業多會有制服，一般多是男士深色西服、淺色系襯衫，再加上一條公司斜紋領帶；女士則是同色系之套裝、高跟鞋、淺色襯衫，外加一條公司設計之領巾。無論男女站在一起多會顯得端莊正式且出色，給人印象極佳。

◆語言能力佳

　　英語是國際語言，所以每一接待成員均可說流利英語，此外，成員多能說第二外語，如國際常用的德語、法語、義大利語、西班牙語等等，甚至日語都有不少人能說得不錯，至於中文，就只是簡單的寒暄、客套話之類，如：「你好嗎？」、「謝謝！」、「再見！」等。

◆專業知識強

　　公關人員除了必須對企業之文化、歷史、精神、宗旨等基本觀念熟悉外，公司之產品、部門、海外分公司等也知之甚詳，如果有客戶提到某項產品時，除了相關部門之介紹人員得以介紹外，每一成員也或多或少能參與談論，藉以增加與客戶的互動。因為海外分公司與該地前來之客戶關係更是密切，如果瞭解海外分公司之主管及分公司之歷史、產品等，與客戶談話時的題材就可以豐富許多，距離也因此得以拉近。

(二)公司邀訪

　　在確定邀訪對象後，公司相關人員會要求確定來訪者之名單以及詳細資料，所謂詳細資料應包括中英文姓名、職稱、負責業務之簡介、經歷、聯絡電話、地址、電子信箱等，以備邀請單位製作名牌，派遣適合接待及解說人員等工作。名單確定後最好不要隨便更動，如果有不可抗拒的理由，也應事先與邀訪單位聯絡，告知實情，有可能的話可以以職務相同之人代替，以免使對方之安排重作調整。

(三)抵達後參訪前

　　參訪人員抵達該地或附近後，邀訪單位一般多會主動展開聯絡，以再次確定第二天之參訪人員、交通工具、參訪人數、開會人數、用餐人數等細項，較具規模的企業多會派一聯絡員至參訪者下榻之飯店進行事前溝通，並告知第二天之開始、結束時間及地點，如果司機路不熟，他們甚至會親自駕車帶領司機以求順利準時到達。

　　到達公司後首先換領參訪證，這些參訪證事先已備妥，待訪客抵達大門時即由接待人員一一為訪客發放配戴，至參訪活動完全結束後再歸還。

(四)參訪行程

　　參訪行程開始前一般多會有一簡短之簡報，介紹該公司之歷史、組織概況、主要產品、未來發展等，先讓來賓有一初步之認識。之後開始參觀，細心的公司甚至會有兩種行程，如有配偶隨行者，先生參觀訪問之行程，太太也會隨行參觀瞭解，待先生與公司有相關會議時，太太如果在場不但無趣而且會影響先生開會之情緒，因此邀請單位在群芳大致參觀公司完畢後，會派女性職員陪同娘子軍前往附近之百貨公司、商店街、市場等逛街購物，等到先生會議完畢後再一起至餐廳共同參加主辦單位之邀宴，各取所需，皆大歡喜。

(五)到離時間

　　一般而言，在申請參觀時對方多會要求提供團員的姓名、職位、公司名稱等資料，以便判定來訪者的身分再安排適當的參觀路線。如果要參觀一些特殊地方，如無塵室等，還會要求提供身高、體重等個人身材資料，以利提供適合之服裝與裝備，如反光背心、頭盔、防靜電鞋、無塵衣等等。

　　參訪前一天最好再與工廠做確認，確認接待窗口以及到離時間。抵達時間不宜太早，以免對方還沒準備妥當或是前面還有其他訪客正在參觀；當然更不可以遲到，遲到不但令人不悅也可能要重新調整參觀路線，相當麻煩。所以最好就是準時抵達，準時道別。所謂準時抵達是指提早約十分鐘左右是最佳的，一方面讓主方知道你已抵達可安排身分相當者前來迎接，一方面可以開始通知參觀各站客人已到準備示範與說明。至於離開時間則務必準時，甚至稍微提早五至十分鐘都是合適的。

　　因此為了能準時抵達務必要事前先做功課，確認對方工廠所在地以及由哪一個大門進出？是否需要攜帶證件？司機對路況是否熟悉？寧可早到不要遲到。如果真的發生事情無法準時抵達，務必要先用電話聯繫對方

窗口,然後告知預計抵達時間才不失禮。千萬不要悶不吭聲讓對方望穿秋水,不知貴客何時蒞臨?

(六)送行

來訪外賓完成所有參觀、拜會與會議行程後自當返國,在其已確定離境日期後,接待人員應如接機時一般,將交通工具等再做確定。依規定,個別旅客最少應於飛機起飛前兩小時抵達機場,辦理離境手續,所以接待者應將市區至機場之交通時間從寬計入,以免臨時路上有交通事故時措手不及誤了班機,留下遺憾。

至機場後應協助來賓搬運行李、辦理手續,並提醒其人在來訪期間是否有購買之紀念品或是公司、廠商等贈送的紀念品不可隨身攜,只能放在大行李箱中。最後送來客至機場移民關入口,代表公司感謝其到訪,如果對方為了表示謝意,欲給接待人員小費時千萬不可接受,可告知這是應盡的本分,也是個人的光榮。至於對方若是贈送小禮物,則稱謝收下並無不妥。

當然在離別時之合影、握手,甚至擁抱也應是主隨客意而為之,最後祝其一路順風,來日再敘云云。

三、參觀時的禮儀與禁忌

貴賓來訪,參觀拜會應是重頭戲,在安排上更是盡心盡力,除了涉及業務機密外,應儘量滿足外賓之要求,也就是見到該見到的人,看到該看的事。

外賓抵達後,應視其停留之時間與預定參觀拜會的單位、人物做一完整綜合的規劃,尤其要注意的是路線的安排,例如有一些單位距離本地較遠則應考慮安排交通工具,或時間緊迫可建議其放棄,或是請受訪單位

派員前來會面即可。會面人物方面之安排雖應盡力配合客人，但也應考慮
受訪者之個人情形，以免對方雖覺不妥但不便拒絕，所以事前之磋商是必
須的。

　　以下是參觀拜會時之注意事項：

(一)確認聯絡窗口

　　如果參觀一個公司不同之單位，或是參觀不同之單位，接待人員
必須確定每一單位之窗口，確定該單位之受訪人物、參觀地點等均無問
題，參觀拜會之時間為幾點到幾點、該單位之接待人員是何人等等。

　　最容易發生之失誤是聯繫銜接方面，來賓已結束了上一站的行程但
下一卻仍未準備妥當，或是臨時找不到人，因此當來賓仍然在上一站訪問
時，總接待人員就應與下一站之接待人員聯繫，以確定接待無虞。

(二)服裝

　　接待來賓一律應以公司制服為主，否則也應著正式服裝以示盛重，
如果參觀場所有較特別者，如無塵室時，也應事先準備參觀者足夠之特殊
服裝，並視需要協助其穿脫。

(三)專業解說

　　個別接待單位之接待人員應安排瞭解該單位運作之專業人員負責介
紹，如果專業人員語言能力欠佳，則應安排翻譯人員在場，以方便來賓完
全瞭解解說內容。

(四)會議及演講

　　如果在訪問中有會議及專題演講舉行，則應依國際正式會議之慣例

來舉行，如會議之用語、流程、主席、司儀、來賓介紹，並讓來賓事先知
道議程及流程起迄時間。

(五)贈禮

公司一般都會有饋贈來賓禮物作為紀念品之習慣，希望帶給來賓較
佳之印象，當然來訪者也多會備有相當之禮物以答謝接待單位之費心，必
須要注意的是這些互贈儀式應在公開場合舉行，以示公司對公司之友誼象
徵。至於贈品，由於對象是公司，所以應以能夠在公司展示為原則，至於
給個人的小禮物則應以有紀念性且價錢不高者為佳，以免給其他人賄賂之
聯想。

(六)商業機密

公司交流，雙方人員互相學習本是常事，但是如果來賓希望參觀一些
較新型之產品或是研發中之計畫，若有商業機密顧慮時，可委婉地以其他
理由拒絕，如該型在其他地方研發並不在本地，或是該單位正在整修、安
置新機器等，最好不要直接告知原因以免對方認為其信用受到懷疑。

如果公司同意讓來賓參加一些較敏感的單位時，則應事先告知公司
之相關規定，如禁止攝影、拍照、記錄等，以免資料不小心外洩，只要事
先誠懇告知，當場提醒或禁止一般是可以被對方接受的。

有一次我與某些專家前往瑞士某大化學公司觀有關汙水處理的技
術，事前已被告知嚴禁拍照或攝影，但有一隨行之博士技巧地以手錶之馬
錶功能計算其一些機具工作之頻率與時間時，立即被陪同人員委婉示意禁
止，當然博士相當識趣立即停止計算。

四、參觀時的行程安排

參觀訪問之行程安排大致上會有簡報、參觀與會議。

(一)簡報

以影片或幻燈片替參觀者做一簡單完整之概略介紹，內容是有關公司歷史、理念、成長過程，以及公司之現況和發展計畫等，配合簡報，邀請單位多會準備一份公司簡介之書面資料，以便訪客可攜帶返國當做參考。

(二)參觀

簡報完畢後會有專人陪同參觀公司之主要部門，不過為了不打擾公司正常運作，一般都是在工作場所外大略參觀，除非有特別情形（如訪問前指定）才會入內參觀，如果是參觀工廠，會準備安全頭盔，如果是參觀無塵室，會有無塵衣、手套等備用。

(三)會議

參觀完畢後，會安排專業人士之解說，一方面解答訪問者一些問題，使之對公司產品及生產製造過程更加瞭解，另外也會對公司新的產品以及即將推出的產品做一預先介紹，以收宣傳、廣告之功能！當然，主辦單位也會準備產品型錄介紹以供參訪者取得最新的第一手資料。

〈小檔案〉參觀工廠

有一次我去瑞士一間自動化的工廠參觀，行前對方即一再要求務必準時，也因此我們提早了三十分鐘即抵達，但是我要求司機在抵達工廠前先在路邊空地稍等二十分鐘然後再前往，在預定參訪時間前我們的車子抵達大門口，對方接待人員已經在門口恭候：Perfect time!

首先握手寒暄一一致意，然後分發資料與識別證，並提醒我們工廠內嚴禁煙火、拍照、錄影，並要求所有人依照識別證上之吊繩顏色（我們那次是藍色）依照場內地上所繪之藍色行進路線進行參觀（同時地上還有紅色線、黃色線以及綠色線，依據廠方認定機密度等級不同而區分）。

參觀的重頭戲是機器人製作馬克鋼杯，只見兩個機器人分工，極其精確地在短短二十分鐘內就把一捲不銹鋼片壓製拋光成我們日常用的馬克杯。當然離走前每人都獲得一個精美的不銹鋼馬克杯，廠長還特別對大家致謝，並稱：回台後希望大家能每天用此馬克杯喝咖啡或是茶，也隨時記得他們機器人是多麼的精確與效率！

五、餐會與道別

經過了簡報、參觀、研討等活動後，一般會進入最後一項活動——餐會。餐會多在所有活動完成後才舉行，當然也有以午餐方式招待來賓，以方便訪客參觀完畢後即可早一點返回飯店休息，不必一定要等到晚餐時

間。但是不論午、晚餐，一律是正式餐會之安排。

(一)飯前酒

餐會開始一般會以飯前酒方式進前，主人會以威士忌、馬丁尼、雪萊酒等，配以橄欖、蝦仁、乳酪、魚子醬加餅乾、雞蛋切片等小點心饗客，當然不會喝酒的也可以改喝果汁、可樂等軟性飲料。

飯前酒一般在正式宴會開始前半小時至一小時，待宴會開始時，主人會邀請客人進入宴會廳，此時尚未飲用完之酒類及未吃完之點心是不可以帶進宴會廳內的，只需留在當場，自然有人會收拾。

(二)正式餐會

一般都會在餐桌上放置名牌，所有人均須依名牌就座，不可以隨便更換座位，因為主人原則上都會在客人與客人間安排接待人員以方便為客人服務或是陪客人聊天，增加彼此之認識，這也是社交之主要目的。

(三)簡短致詞

在上菜前主人會先行簡短演說，歡迎有朋自遠方來，並祝來賓事業成功順利、健康永駐等，而賓客也會利用此一時機舉杯答謝主人之招待，表示獲益良多，雙方之友誼更加邁進一大步之詞，也有些人會在此時贈送主人紀念品，同時對於接待人員也會以口頭或小禮物表達感謝之意。

當有人演說時會有另一人先以小湯匙輕輕敲打酒杯以示大家安靜，聞此噹噹聲響則必須立刻停止與鄰座之交談，專心聽說話者之內容並予以掌聲、笑聲回應，不可自顧自地與他人繼續聊天或低頭喝酒。

(四)佐餐酒

　　宴會之佐餐酒大多是紅葡萄酒、白葡萄酒、玫瑰酒等，飲酒須與所用之主餐配合，眾人皆知海鮮、魚蝦配白酒，白酒是放在冰筒中冰鎮，瓶外包覆一條白色餐巾以免弄濕手。牛、羊、豬則配以紅酒，紅酒是採用室溫，飲用前必須先醒酒，醒過之酒口感更加怡人。

　　要注意的是不論紅酒、白酒，沒有人會在酒中加冰塊的，因為葡萄酒一加冰塊其風味盡失，只能算在喝冰水了，另外也有在一餐當中同時飲用紅酒以及白酒的，此時原則上是白酒先上，紅酒後上，淡酒先上，醇酒後上。至於香檳酒一般都是在餐後上水果、甜點時方才飲用香檳酒的。

　　斟酒之順序應該先請主人試酒，待試酒無誤後再先行依主賓之順序為所有座客斟酒，最後才又回到主人座為主人斟酒，待主人酒杯斟妥後，方可一起舉杯互祝，萬不可自行擅自飲酒，如此行為相當不禮貌。斟酒時除了啤酒等軟性飲料外，一般最多只會斟個半杯甚至更少，不宜斟滿。

(五)敬酒

　　敬酒時必須由自己身旁之女賓敬起，先右後左，依次逐坐敬才合禮儀，不可以跳過中間人直接向較遠座之人敬酒，要注意的是，女性一般不主動敬酒，遇有他人敬酒而自己又不方便飲酒時可以用其他飲料代替，雖不飲但是動作必須做出來方才合禮。

　　主人敬主要來賓酒時，其餘在座者均應起立舉杯同表祝福之意，被祝福者可以坐在原位不必起立，但一般多會起立表示謝意，但是不可與眾人一起舉杯祝酒，否則就變成自己祝福自己了，豈不怪哉？同樣道理，當客人向主人致敬舉杯敬酒時，主人也不必起身還禮，杯子放在桌上就好了。但是現在有不少主人在客人敬酒時會立即回敬，也因此變成一起舉杯互敬了。

如果地主國仍有王室制度者，第一杯酒多會敬女王、國王等，此時亦應從眾舉杯示意。

(六)飯後酒

正式餐會完畢，主人會邀客人進入交誼廳喝咖啡、茶以及飯後酒，飯後酒多為甜酒類，如白蘭地、蘭姆酒、甜酒、薄荷酒等，一般多在桌上擺上各類甜酒，由客人自行斟酒取用。

(七)道別

宴會完畢，酒足飯飽之際也是該分手道別時，依慣例，主人是不會開口告訴訪客該說再會的時間到了，但是依據程序表，客人多會識相地在差不多的時間起身再度向主人致謝，期待下一次再相逢，也非常歡迎主人有機會至自己國家參觀遊覽，屆時也可略盡地主之誼以招待主人者。

主人當然也會表示期待再相會之意，且非常珍惜此次之聚會，祝福大家一路平安，後續行程順利等，而合影留念也多在此一道別前最是恰當。

六、小費之禮儀

有人說在歐美國家是小費的世界，其實幾乎全世界都是小費的世界。

多年以前我曾經前往瑞士旅遊，有一天在某一名勝地區午餐，點完餐後waitress續問是否要點些飲料？由於中午時沒人想喝啤酒，甜的飲料也沒興趣，於是告知：No, thank you!沒想到該名waitress立即板個臉去跟經理抱怨。由於他們講德語我們聽不懂，但是由其舉止與表情可知其相當不悅。於是我用手勢請經理過來瞭解發生何事。經理委婉解釋餐廳服務人員薪資不高，主要靠客人點飲料以及小費來當作收入。聽完說明後我立即

請該服務人員來，告訴她我們不習慣中午喝酒或是飲料，拿了張美金十元的鈔票給她，說：Bring us some table water, please! Waitress聞言滿心歡喜立即去辦。

其實不只是餐廳的服務人員，在國外一般只要是有幫你個人提供服務的人員都會期待小費。例如：幫你提行李的porter、幫你打掃整理房間的room maid、計程車司機、遊覽車司機、遊艇駕駛、劇院帶位人員（如果你遲到）、夜總會服務員、化妝室服務員、寄存大衣服務員、導覽人員、酒吧bartender、看鞋人員（中東與印度地區）等。

在歐洲因為旅遊風氣早已超過百年歷史，小費文化根深蒂固，給得自然，拿得當然。在美國付小費的風氣也很盛行。一般來說，當你得到別人的服務時就應該給小費，但是小費究竟應該給哪些人呢？

1. 坐船或火車時應給小費，但長途汽車（如灰狗巴士）和飛機則不必。有次我去參加地中海郵輪行程，一上船領班就依建議先付十歐元小費給room maid。

2. 搭機或輪船、火車時對幫你提行李的porter應付小費，但存取行李櫃檯不用付小費。

3. 在旅館時，對幫你提行李或打掃房間的服務員應付小費，但對櫃檯的服務人員則不必。

4. 在餐館時，對上菜的服務人員應給小費，但對經理則不必（他們由service charge中分紅），但是帶位領班另當別論，例如你想要有view的好位置時。

5. 乘車時計程車司機應付小費，但公共汽車司機則不必。

6. 理髮師、美容師應付小費，但售貨員則不必。

7. 員警、海關檢查員等公務人員絕不可付小費。

8. 餐飲小費占總費用的15%-20%左右，表示對服務滿意。其他服務人員一次約2-3美金，五星級飯店則是5美元起跳。計程車司機可以以不找零方式為之。

許多國家均有向服務人員付小費的習俗。小費，含有一定的禮節性，它在一定程度上表示顧客對服務人員的謝意。相傳小費之風源於18世紀的倫敦，當時有些飯店的餐桌上擺著寫有「保證服務迅速」（to insure prompt service）的碗。當顧客將零錢投入碗中後，清脆叮噹聲必得到服務員迅速而周到的服務，久而久之，遂形成小費之風。

　　由於各國、各地、各行業小費的數額沒有統一規定，所以顧客宜入鄉隨俗，酌情而付。瑞士的飯店餐館不公開收取小費，而司機則可按明文規定收取車費10%的小費。在法國付小費是公開的，服務性的行業可收不低於價款10%的小費，稅收也將小費計入。

　　在北非及中東地區，收取小費是理所當然的事，因為對許多從事服務的老人與孩子而言，小費可以說是其全部收入，如遇顧客忘卻付小費，他們會追上去討取的。

　　有一次我去埃及旅遊，住在一家尼羅河畔的五星飯店，第二天清早起來準備先下樓去附近走走時，居然發現一名老者站在門外。我好奇問他為何一大早就站在這裡？他回答是來準備打掃房間（其實應該是怕房間小費被他人拿走）。我聽完就直接把小費給他，他也欣然道謝離去。

　　另一次在巴黎的Moulin Rouge夜總會欣賞表演（也就是名滿全球Kakan舞的發源地），桌上冰桶擺著上好法國香檳就是沒人來幫你開香檳，不用多說，手中拿起一張10歐元的鈔票空中一揮，十秒之內服務就到。沒錯吧？To insure prompt service!

(一)小費給多少？

　　在國外接受了服務卻不給小費是非常不禮貌的，因為小費對於服務人員來說很重要，服務人員很大一部分收入都來源於小費。

　　當然，給小費的目的還有一個，就是它能讓你用餐時更舒適，並避免很多麻煩，關於這一點，旅居法國的美食家Peter Mayle很有心得：終於

有機會和你的夢中情人共進晚餐時，千萬不要以為只需要在一家豪華大飯店訂位就可以了。再豪華的大飯店也有不好的座位，例如領班故意帶你去廚房入口最近的座位，這樣你就能一邊進餐，一邊欣賞杯盤摔碎、廚子亂罵的噪音了。而且你別指望服務會快一點，這已經是通行的慣例了：最接近廚房的桌子一定是最後一個得到服務的。為了避開這幾張桌子，就要在餐廳領班迎候你時趕緊把小費準備好塞給他。

(二)怎樣給小費？

1. 在餐廳就餐時，顧客需要付給服務人員的小費通常為消費總額的15%-20%左右。

2. 很多人在消費之後付帳時，常說不用找了（keep the change）！這就等於告知服務人員，不用找的那部分錢可以留做小費，這是付小費常用的一種方法。如用簽帳卡支付，可在帳單上寫下含小費在內的總額後再簽名。

3. 要注意的是有些餐廳會將服務費（service charge）直接列入帳單。但小費不等同服務費，服務費是顧客所付的附加費，一般為消費的10%左右，會列在帳單的最底下。一般如果帳單上已列出了10%的服務費，顧客一般還是要另外付小費的，因為服務費是給所有餐廳工作人員一起分的（如廚師、清潔工、洗碗工等）。

4. 在西餐廳裡，很多人將小費放在桌面，或是將小費直接遞給服務人員，或是將小費放在餐巾上或壓在用過餐的盤子底下，這樣服務人員來收拾桌面的時候就會自行取走。

5. 如果你碰見高級餐廳洗手間的清潔人員，或餐廳裡的演奏樂手，付他們小費也是一種約定俗成的規矩。

Chapter

8

國際會展禮儀

近年來全球貿易急遽加速，國與國之間的經濟互動也大幅提高，這是國際貿易活動蓬勃發展之現況，隨著貿易互動增加，對貿易有重大助益之展覽會也在全球各地紛紛舉辦，由於展覽會的大量舉辦，因此有一些在展會上的相關禮儀我們是必須知道的。

首先，先瞭解一下世界主要國家國民之特色與禮儀，以下所述只是概括性的，提供讀者參考，因為其成長背景、家庭教育以及其個人的工作行業會有所不同。

〈小檔案〉高語境和低語境文化

高語境文化（high-context culture）和低語境文化（low-context culture）是由人類學家愛德華‧霍爾（Edward T. Hall）於1976年所提出。

後來此詞被用以說明不同文化在日常交流中的不同表述方式。

在高語境文化中，說話通常有弦外之音，許多事並不直接說明白，而藉由其他的非語言方式，如眼神、面部表情、肢體語言、文化傳統、約定俗成等，讓對方瞭解或是自行解讀。

因此用字遣詞和用語的選擇在高語境文化中是很重要的。也就是說高語境的文化對於說話時的聲調、面部表情、情緒的微妙變化、周圍的細節都能成為溝通的一部分，如此會給予聽者的就不僅僅只是語言內容的表達了。

高語境文化說話時較含蓄、迂迴、委婉，注重群體和諧，話中有話。例如：中國、日本、韓國、法國、希臘、阿拉伯諸國等。

在低語境文化中，溝通者需要更明確、精確地傳達詞意，而用詞的精確選擇在低語境文化中也比較不那麼重要了。

低語境文化在溝通時就直接表現在語言本身，語言本身強調力求精確，讓聽者不需要再多加揣測即可清楚知其含義。特色是溝通直接、重視個人主義，注重具體細節，凡事直接表達，較少非語言的溝通。

低語境國家有美國、加拿大、德國、瑞士、英國、澳洲、紐西蘭、芬蘭、瑞典、挪威、丹麥等歐美國家。

那麼，與語境不同的國家人民溝通時應如何處理才不會造成誤解與隔閡呢？

　　須注重表達方式、重組詞語。也就是盡量用對方聽得懂的話來說，例如與美國人交流時最好就用：Yes means yes, no means no.這種直白表達方式最佳。不要過多的修飾或是太過委婉，反而讓對方無法瞭解你真正的意思。也就是必須句句分明，說話務求精確、完整。

　　反之亦然。例如與日本人溝通時務必多加注意禮貌用語與語調，甚至是站姿和位置，以及眼神、手部、腿與腳等身體語言，甚至是換名片與握手的方式。否則會讓對方覺得你太過直接、不懂禮儀，讓溝通的氛圍與效果都大打折扣。

　　不過必須一提的是：所有的文化都是相對的，語境文化也是如此。對日本來說，英國與美國兩國都屬於低語境文化，然而英國對於美國來說，英國就屬於高語境，美國就是低語境，沒有一個國家是絕對的，都是相對的。

一、世界各國商務禮儀

(一)美國禮儀

1.一切行為都以個人為中心，個人利益是神聖不可侵犯的。

2.忌諱涉及個人私事，如年齡、婚姻、收入、宗教、政黨、健康。

3.喜歡單打獨鬥做生意。

4.不大講究穿著，以寬大舒適為原則。

5.實事求是，Yea means yes, no means no。

6.喜歡直接稱呼他人名字，視為親切友好的表示。

7.較無階級觀念，較少用頭銜。

8.總把「請」和「謝謝」掛在嘴上，善於微笑。

9.訪問前必須先預約，最好在即將抵達時，先電話告知。

10.熱情好客，剛認識就有可能被邀請去餐敘旅遊，甚至家中做客。

11.做客時最好帶上一些小禮物，如本國特產或葡萄酒之類。

12.準時守信，相當重要。

13.喜歡表現自己的不拘小節、隨和與幽默感。

14.重視女士優先。

15.說話單刀直入，力求結果，要求效率。

16.商談時重視數字與成果，較不重人情。

(二)英國禮儀

1.重視稱呼、穿著、品味。

2.重視女士優先。

3.不喜歡討價還價，認為這是很丟面子的事情。

4. 13是不吉利的，忌諱四人交叉式握手。

5.善於互相理解，能體諒別人。

6.凡事讓人留下好印象，紳士風度處處可見。

7.懂得寬容（live and let live）。

8.嚴守時間，遵守諾言。

9.傾向墨守成規，矜持莊重。

10.喜歡有文化有素質的人。

11.很少發脾氣、能忍耐，不願意與別人作無謂的爭論。

12.做事很有耐心，絕不面露焦急之色。

13.待人彬彬有禮，講話十分客氣，「謝謝」、「請」字不離口。

14.說話委婉，不使人感到有命令的口吻。

15.注意English、Scottish、Welsh的區別。

16.禮物有知名巧克力、名酒、鮮花、特色工藝品，不宜贈送有公司
LOGO的紀念品或是一般生活用品。

(三)法國禮儀

1. 重視人際關係,在尚未成為朋友之前是不會跟對方做大生意的。

2. 商務宜穿保守式西裝,拜訪絕對要預約。

3. 作決定的速度較慢,忌諱數字13。

4. 喜愛花,生活中離不開花,喜歡玫瑰,不喜歡菊花。

5. 香檳酒、白蘭地、香水、糖果、巧克力等均是好禮品。

6. 喜愛喝咖啡的習慣。

7. 嚴守時間,學幾句法語會話更受歡迎。

8. 法國人爽朗、熱情、幽默,喜歡交談,特別愛好美食、藝術、音樂、舞蹈。

9. 對法國文化、飲食、藝術品味自豪。

10. 一般握手禮,還有擁抱禮、吻頰禮。

11. 避免暑期商務活動。

(四)德國禮儀

1.禁談有關納粹任何事情。

2.守時、守法、守分、時事求是。

3.較嚴肅，較直接，單刀直入。

4.說一些德語很受歡迎。

5.視浪費為罪惡，討厭浪費的人。

6.午餐極為簡便，晚餐較佳。

7.送高品質的物品對方也會喜歡。
威士忌受歡迎。對禮品的包裝紙
很講究，但忌諱白色包裝。

(五)日本禮儀

1.日本人事事顯得慢條斯理。

2.對自己的感情常加以掩飾不易流露。

3.不喜歡對抗性、針對性、指責性和急躁性的言行。

4.與日本人打交道的商務過程中，沒有耐性常常會鬧得不歡而散。

5.面子是日本人最重視的東西，往往一句話、一個小動作，會使事情
陷入僵局。

6.多禮又細膩的日本人相當重視送禮（以及精美的包裝），拜訪他人
時常帶些禮物。送一些地方特產和工藝品會受歡迎，忌諱綠色，認
為是不祥的顏色，還忌諱荷花圖案。

7.不在意自己收到的是轉送的禮物，因此可轉送自己不需要之禮物。
送禮哲學：喜愛紅酒的人，就不要送他紅酒，因為對方會馬上知道
送禮者懂不懂紅酒。

8.談話時目光應置於對方的肩與胸之間。

9.多行握手禮、鞠躬禮。

10.拜訪時要避開清晨、深夜及用餐等時間。

11.拜訪前務必事先約定，突然拜訪極為失禮。

12.交換名片應由身分低的人首先遞交。

13.在數人同時拜訪時應依階級逐次交換名片。

14.進入日本民宅前要脫鞋，鞋要整齊地放好，鞋尖朝向門的方向。

15.男性不宜一人到單身女性房間去拜訪。

16.飲酒時，讓客人自己斟酒是失禮行為。

17.斟酒時要右手拿著酒壺，左手托著壺底，但千萬不能碰著酒杯。

18.客人要右手拿著酒杯，左手托杯底接受對方斟酒。

19.客人接受第一杯酒為禮節，婉謝第二杯酒不失禮。

(六)韓國禮儀

1.在稱呼上多使用敬語和尊稱，很少直接稱呼對方的名字。

2.大部分韓國人會講英語

3.對日本人沒有好感。

4.安排座位宜注意。

5.穿著上不會過於前衛，是莊重保守的。

6.韓國男子的酒量都不錯，對燒酒、清酒、啤酒往往來者不拒。

7.用餐時不宜高談闊論，吃東西時嘴裡響聲太大也是不宜的。

8.民族自尊心很強，反對崇洋媚外。

9.男尊女卑，女人不可以走在男人的前面。

10.坐下時，女人與晚輩要坐在男人（主管）的後面。不可以在其面
前高聲談論。

11.與長輩、上級握手時，伸出手來之後須先以右手握手，隨手再將
自己的左手輕置於右手臂下或是扶住腹部。

(七)泰國／東南亞禮儀

1. 考慮面子，喜歡融洽的氣氛中進行商務。泰國是微笑之國，他們對外國人特別和藹可親。
2. 做生意基於對個人的信賴，契約書往往被輕視。
3. 眾目睽睽之下與人爭執，咄咄逼人的表現會被人認為是最可恥的行為。
4. 左手被視為不潔淨，所以交換名片、接受物品都必須使用右手。
5. 拜訪大公司或政府須先預約，準時赴約是一種禮貌。宜持用英文、泰文、中文對照的名片。
6. 泰國人認為頭部被他人觸摸是奇恥大辱。
7. 在泰國人面前盤腿而坐或以鞋底對著人是極不禮貌、極不友好的表示。
8. 泰國人一般尊稱Khun（先生、太太、女士）在名字前。
9. 泰國人見面時不握手，而是雙手合十放在胸前。
10. 發脾氣是極為失禮的，特別是公然地發脾氣，泰國人認為這是卑劣的儀態。

(八)印度禮儀

1. 牛被視為聖獸，不吃牛肉。
2. 一般印度廟禁止非教徒進入。
3. 禁用左手，伸左手是對別人的侮辱。
4. 繞廟而行務必順時鐘方向。
5. 一般多用雙手合十禮及握手禮。
6. 女性不握手，不要碰觸女性。
7. 說YES用搖頭。

8.吹口哨是冒犯人的舉動。

9.種姓制度（caste）。

10.印度人喜歡在前額中間點吉祥痣（tika）。

11.素食人口很多。

12.相當愛國，敬重偉人、名人。

13.切忌在印度人面前談論其貧窮。

14.愛喝紅茶，較少飲酒。

15.在色彩方面喜歡鮮豔的顏色，黑、白色和灰色不受歡迎。

16.印度商人善於營商，急功近利，喜歡親眼看到樣品，喜好經濟實惠的商品。

17.商務談判喜歡細細研究，費時較久。

18.商務拜訪宜選擇10月至6月，暑期酷熱豪雨。

19.做客時可送特產或糖果為禮物。

(九)伊斯蘭教禮儀

1.不要用左手去觸碰食物、打招呼、遞東西。

2.不可用食指指人或方向。

3.穆斯林不吃豬肉，不飲酒。

4.只吃HALAL Food。

5.男女分際極嚴。

6.禮物不可有人或動物圖案，不可馬上打開禮物。

7.頭部、背部被視為神聖不可侵犯的。

8.坐時切勿腿大大分開、蹺著二郎腿和露出腳底。

9.入清真寺女士需穿長袍及戴頭巾，男士禁止背心短褲，需脫鞋。

10.餐會時不吃不喝是對主人的不尊敬。

11.宴會是社交性的，不要討論商務。

12.離開這個國家時一定要答謝主人。

13.齋戒月（Ramadan）白天禁食。

14.每天五次朝拜。

15.星期五、六是休假日。

二、參展人員之禮儀

　　首先我們先來談參展公司的員工禮儀，一個有制度的公司如果決定參加某一個展覽後，到展覽真正開始的這一段期間需要開很多會，修正很多內容。由攤位位置、攤位裝潢、展示品的選擇、運送、報關、參展人員挑選訓練、文宣印製、客戶邀約、舉行座談會、產品發表會等，事項繁多。其中涉及專業的部分，各參展公司自會有所取捨，在此我們要討論的是員工應具備的禮儀。

　　能夠被公司選派出來參加公司極其重要的展會員工，理應是相當優秀的人員，公司希望藉由員工的努力介紹、說明、推銷，進而增加新的客戶，擴大公司的業績績效，所以一般在人選方面自然是精心篩選，選出之人必定也須先經過相當程度的訓練，務必確定其對公司產品能澈底瞭解，在向客戶解說及回答問題時不致發生錯誤，影響公司之形象。

　　專業能力十分重要，參展人員在展會內代表公司，其言行舉止也是非常重要，以下是員工必須注意的事項。

(一)服裝儀容

　　參展人員在每天前往會場前必須仔細檢查自己的服裝儀容，服裝是否清潔、平整，鈕扣是否完好，拉鍊是否正常，其他如男性之髮型、鬍鬚之刮剃；女性之髮型、化妝、服裝等是否妥當。如果展會後有餐會或酒會

時，是否已攜帶備用服飾更換（歐美國家一般女性在「會後會」均會避免穿著與白天展會相同之服裝），無論男性或女性，務必使自己看起來精神奕奕，朝氣蓬勃，給人一見就有好印象。

(二)參展時間掌控

原則上最好在展會開始前三十分鐘抵達，以便展會前之布置、整理工作，在展會的首日更應提早，以免臨時缺東缺西，亂了手腳。展會完畢必須把所有東西歸位，重要物品上鎖或攜回飯店保管，客戶資料單必確實填寫，客戶名片收妥，明日所需用物品確定且列清單後方可離開，但是也不宜太晚，以免影響大會工作人員清場之工作。

三、展覽期間之禮儀

一般由攤位主管負責安排調度，無論在任何情況下，攤位不可無人看守而大唱空城計。參展人員絕對避免擅自離崗、閒坐聊天、看報喝茶、與隔壁攤位人員聊天、打情罵俏、舉止輕浮、吃零食等不應有之行為。

(一)個人儀態

參展人員其主要工作就是能在人潮中發掘出潛在客戶，為公司之營利提供貢獻，根據調查，70%的參展買主都是前往展會希望能夠發現新型的、自己需要的產品，而其中大多數並不一定會和那些公司簽約，因此在參觀時接待解說人員之表現自然是十分重要的。

一個好的接待人員，除了服裝儀的容基本要求外，面對客戶時的目光接觸方式、手勢、身體語言、個人空間，以及話題切入方式、談話技巧

和專業知識等，無一不是給客戶信心及良好印象之重要因素，如何能在自然、親切的對話間，瞭解客戶真正的需要，從而推薦公司的產品的確是一門學問，許多公司參展時只注意硬體、軟體之品質，而忽略了參展人員之訓練，這是相當可惜的。

(二)名牌與名片

參展人員一律須將名牌依規定配掛，名牌應該清楚掛出，不可放入口袋中或是藏在外衣裡面，更不可以故意掛反，當然也不可以借用他人的名牌，尤其是在與客戶做介紹時，以免對方產生疑慮。

名片此時叫做Business Card，也就是商務名片，商務名片只是個人基本聯絡資料的卡片，因此無需華麗與刻意精心設計，但是其數量一定必須足夠，否則即為嚴重失禮，此與社交場合是不一樣的，至於交換名片的方式，東、西方相當不同，西方人是用一隻手的大姆指與食指拿住名片遞給對方或是放在桌子上；東方人（尤其是日本人）多是兩手恭敬地將自己的名片奉上，接受他人名片時也是一樣。

(三)參展人員餐飲

原則上即便是工作人員也應前往大會指定之地點用餐，如果情況不允許，至少也應在客戶看不見之場所，如儲藏室等地方用餐才是。千萬不可一面用餐一面招呼前來參觀之觀眾。

我曾經參與一個由公家機關與民間企業合組之電訊業代表前往新加坡參展，民間企業之員工多兢兢業業十分盡責地參展，但是公營機構之員工一到中午十二點就大方拿出公家發的便當在攤位內之客戶洽談桌上用起餐來，不僅如此，餐後竟然把給客戶坐的沙發併起來供午休之用，我驚訝之餘上前詢問，對方竟答覆：我在國內辦公室每天均如此啊！上面又沒發中午加班費給我，我當然該休息就休息啊！

(四)攤位迎客

有經驗的參展人員都知道，當有參觀者對你展出之產品表現出興趣時，不必急著向其解說產品，應該待其稍為自由瀏覽，再伺機稍作說明，等對方表現出進一步興趣時再詳細解說，否則訪客一上門就口若懸河說個不停是很容易把人嚇跑的。

當然如果對方有意願多瞭解時，邀坐、奉茶（咖啡）、產品展示是不可少的，自然交換名片、說明後之產品簡介以及公司小贈品均是不可少的。

(五)小贈品

小贈品是公司用來給一些潛在客戶之紀念品，員工千萬不可以私自取用而假裝已分發完畢。有一些參觀者是衝著小禮物而來，此時職員應該以經驗來判斷，如果是則設法技巧打發其離去，否則參展時光只是應付來要小禮物之人潮就應接不暇了，當然如果公司是要以贈送小禮物來製造人潮的效果時又另當別論了。

(六)嚴禁跑單幫

有些參展人員趁出國之便，會帶一些國內之物品，伺機在會場出售以圖謀利，這種情形以落後地區較為嚴重，曾經有人在電子展會場兜售蝴蝶標本、木雕等，這種行為會嚴重影響公司形象，如果被大會查獲，其影響就更大了。

(七)展覽品銷售

在正式及有規模的大型展會，一般都是不准參展公司在會場內有當

場現金交易行為，因為此類之展會規定只能展示公司之產品樣本，僅供向客戶說明及展示，客戶如果有興趣，可以現場下單訂購，或展後再聯繫，不可以把展示品當成商品以零售方式處理。

　　有些展會規定可以在展會後將展出品以特價方式出售，尤其是一些體積較大或較重之物件，不過一定要合法處理，切忌為了貪小便宜而觸法，許多國家對於外國廠商之逃漏稅罰則是相當嚴重的。

(八)展會結束

　　大會規定有展會布置時間，每日進場、退場時間，以及最後一天的撤展時間，參展人員必須遵守大會規定。

　　展覽期間內一定是比參觀者早到晚退，否則參觀者發現攤位空蕩蕩無人接待，心中一定會猜疑是否公司發生了什麼問題？有些參展公司在最後一天為了趕飛機返國，或是發現人潮沒有預期中的多，就提早收攤返國，只留下一個空的攤位以及攤位上大會標示的公司名稱，這是相當不好的負面做法，應避免之。

(九)參展禁忌

　　參展人員代表公司參展，有一些行為是不可的，因為如此會破壞公司形象，影響客戶的信任度。

1.在攤位飲食。但咖啡、茶、礦泉水是OK的。
2.彼此沒事閒聊、談笑。
3.滑手機、講私人電話、手機看影片。
4.倚門、靠牆姿態不佳。
5.走道攔客介紹解說。應請參觀者進入攤位再行介紹。

四、聆聽演講之禮儀

知識傳遞頻繁的今日，儘管有電視、電台、網路等多種方式來傳達及報導訊息，可是還是有不少人依然喜愛那種臨場感和親身參與的樂趣。有些演講會是被工作的機構派遣前去，有些則是依個人的需要、興趣等自行前往，但同樣地，有些禮儀是不可不知的。

(一)準時抵達

如果演講場地是第一次前去，則必須提早到達，以便找到正確場地和自己的座位。想一想，在大夥都坐定傾聽演講者演說之際，突然有遲到者冒失闖入，這不但會影響到其他的聽眾，同時也會影響台上的演講者。所以有些正式的演講會都會有守門的工作人員，一待演講已開始則立刻關閉入場處，遲到者只能在場外聆聽由擴音機傳出的現場實況，一直要等到中場休息時方得入場。

若真的遲到而仍然可以入場時，最好暫時坐在後排無人處，以免找座位擠來擠去造成他人的不便，待中場時再坐回自己的座位或找尋更佳的座位。

進場後請立即關閉行動電話等聯絡工具，或改為振動式，以免震驚四座，怨聲四起。

(二)不要吝嗇掌聲

對台上的主講者來說，受到台下聽眾的鼓勵與認同是十分重要的，

再有經驗的演講者，面對一群漠然的聽眾時，也是很難維持高昂興致的。在如此情形下，精彩動人的演講是不太容易出現的，所以，適時運用掌聲讓台上的人使出渾身解數吧！

(三)不要中途離席

中途盡可能不要離席，不論是上洗手間或回覆來電，或另外約會的時間到了必須離開。如此會令台上的人心情受影響，以為自己講得不夠好，所以有人要走，台下的人同樣也會被干擾。所以，真的可能會有上述情形發生時，也請在演講的中場休息時間離開，否則就在進場時選擇最後面的座位，以期傷害減至最低。

(四)如何提問題

若是屬於會中可由聽眾自由提問之演講，問題務必與當天演講之主題相關，並請盡量簡明扼要，不可藉機炫耀自己之學問知識而冗長發言。請記住，台上的人才是主角，前來聽演講的人是為了他，而不是為了你。如果自認言語表達沒有把握，可以用發言條的方式請演講者回答。

(五)保持安靜

演講進行或他人發問時請保持安靜，不要台上台下講成一片，影響到前後左右鄰座。

(六)禁止飲食、攝錄影

所有會場幾乎都全面實施禁止飲食，請不要做一個大家都討厭的人。另外，國際上十分重視著作權，最好先問清楚是否可以自由拍照、錄影、錄音，可否使用閃光燈等。

(七)服裝

參加演講會的服裝一般以整潔為原則，在這種場合穿著最好不要太過炫耀、招搖，女士之香水及首飾也請節制，若喧賓奪主而變成眾人的焦點並不合適。

五、談話內容之禮儀

(一)合宜的話題

初次見面或是不十分熟識的朋友經介紹而認識時，少不了在寒暄過後繼續進行一些話題，在這種場合，談話的內容就必須加以注意，盡量避免一些只有少數人士有興趣的話題，以免其他人只能無奈地聽下去，索然無味地等待聚會的結束。

一般以天氣、各地的風俗民情以及有趣的事情為佳。例如，在飲酒時可以談談我國的酒類，以及飲酒文化與西洋有何異同，或是各國的節日情形等，讓眾人皆有參與及表達的機會，同時也可增長彼此的見聞。當然如果是以各地名產或是佳餚作為話題，也是很討好的談話內容。

避談政治、宗教等可能人人立場不同的話題，有些人基於禮貌並不會當場與你爭論，但在心中一定十分不舒服，可能你無意中得罪了人而不自知，這自然也失去了社交的意義。

(二)風趣幽默的談吐

風趣幽默的談吐一向為眾人所歡迎，但注意不要一直是one-man show，讓其他人也有發言和參與的機會，說笑話時也盡量避免宗教、政治性的笑話，若有女士在場，也應避免黃色笑話，以免讓人覺得輕浮。

(三)避免太私人的問題

避免詢問他人穿著、飾物等之價格,此點與國內女性頗為不同。儘管可以對他人的打扮加以讚美,但應適可而止不可太誇張,免得對方以為你在暗諷他。此外,不可談及他人之年齡,尤其是女士,請注意:女人也不可以問其他女人的年齡。

(四)避免小圈圈

切勿形成小圈圈,社交的目的就是讓大家彼此認識、彼此熟悉,若是只和自己熟識的人交談,不但無法達到交誼的目的,也會令人討厭。若不幸有這種情形發生時,不妨藉著去加點酒、上洗手間等方式脫離小團體,再伺機和其他人士交談。

(五)不可竊竊私語

這是一種不禮貌的舉動,會讓人有別人當著你的面說你壞話的感覺,若真的有私事要交談時,可以找一個人較少的地方或角落私下交談即可。

(六)使用國際語言(英語)

有不同國際人士在場時應一律使用英語,因為在場的所有人都有聽與說的權利,不可將之排除在外,否則極為失禮。

為什麼英語才是國際語言呢?因為世界上60%以上的信件是用英語書寫,50%以上的報紙雜誌是英語的。英國和美國在文化、經濟、軍事、政治和科學上的領先地位,再再使得英語成為一種國際語言。英語也是與電腦和通信(IT)聯繫最密切的語言,大多數程式語言都與英語有聯繫,而且隨著網路的使用,使英文更普及至全世界每一個角落。

(七)適時保持安靜

當主人或賓客發言時，所有的人都必須立即安靜下來，以示尊重，待發言完畢後才可再繼續彼此未完的話題。千萬不要如國內喜宴一般，台上的人大聲嚷嚷，台下的人各說各話，似乎各不相干，這種情形在國外是絕對看不見的。

六、委婉用語

在社交中為了避免談話時太直接或是為了避免尷尬，常常會用修飾方式來表達此一效果，這就是「委婉語」（euphemism）。委婉語的好處是聽到的人知道說者要表達的意思，而說者也可以用比較文雅的代替詞表達意思又不會給人粗俗之感。

英文裡有不少委婉語，如提及死亡、生病、女性生理、性等方面多會以代替語為之。英文之委婉語叫做euphemism，這個字是源自希臘語，eu是好的意思，phemism是言語之意，整個字的意思就是「好的言語」之意。

受過良好教育的人，尤其是女性，有一些字是絕不可以說出口的，一旦出口必定震驚四座，他人對其觀感一定會大打折扣，所以必須十分謹慎小心，以下是一些常用的委婉語。

(一)廁所

很少人用W.C.這兩個字，一般多用bathroom（浴室）、restroom（休息室）、toilette（洗手間）、ladies room（女士間）等來代替，更文雅的說法是「補補妝」。

(二)粗話

　　一般女士是不可說任何粗話的，但是為了表達不滿、憤怒、不屑等情緒，是可以用一些無傷大雅的委婉語來表達，如「Damn it」是可以說成「Darn it」，正如中文裡說「他媽的」不文雅，但是可以說成「他母親的」或是「問候他母親」；「Shit」常在電視中聽見，也是粗話，但是可以說成「Shoot」就比較不會太難聽；「Fuck」這個字更可怕，所以就有人說「Fork」來代替；「Son of Bitch」一般將之縮寫成「S.O.B.」代替。

(三)上帝

　　信仰基督教或是天主教的國家是不准許隨便稱God或是Jesus，如果有人在口語中不斷地把此兩字當成口頭語時，必定惹人厭惡，如Oh, my God!或是Oh, Jesus Christ!都是不妥的，如果一定要說，就說成Oh, my gosh或Oh, my goodness來代替！

(四)死亡

　　一般用with God（回到上帝身邊）、pass away（離去了）、no longer with us（不再與我們同在）等代替。

(五)女性相關

　　乳房應為breast，但是僅用中性chest來表示；內衣褲underwear有時以unmentionable「不可提及」來代替；生理期則用friend（朋友）或auntie（阿姨）來代替。

(六)花邊新聞

事關個人之名節，一般僅用affair或是最多用love affair表達即可。

(七)異味

一般僅用「有味道」（smell），表示發出臭味，但是smell也同時可以表達香味之意，端視說話者表情而定。

(八)懷孕

可以用one is on the way（有一個人正在前來的路上）、expecting（令人期待的）等表示，這是正常合法的懷孕，如果是未婚懷孕等就必須用an accident（意外）或是in trouble（有麻煩）來代替。

有一個懷孕案例：婦產科醫生滿臉笑容，對著前來驗孕的女士說：「史密斯太太，我有一個好消息要告訴妳！」滿臉愉悅的女士：「喔，是嗎？什麼好消息啊？不過我是史密斯小姐，不是史密斯太太。」此時醫生立刻變臉嚴肅道：「是嗎？史密斯小姐，那我恐怕有一個壞消息要告訴妳了。」

One is on the way

Chapter
9

公開發表會禮儀

　　有經驗的企業都曉得如果善加運用媒體，可以達到相當令人驚喜的成效，可以在最短的時間內使公司的知名度、產品、企業形象均大幅提升。所以無論各種大型企業會設法在新產品問世、新合約簽訂、新合作夥伴結盟，或是公司有一些重大訊息要發布時，均會舉行記者招待會，廣邀報紙、雜誌等平面媒體，以及廣播電台、電視台、入口網站的媒體人員參加，以期更迅速、廣大的宣傳效果，當然，企業也十分清楚，如果記者會的內容沒有新聞性，或是太過廣告化的話，媒體是不太可能照單全收的，就算記者交稿至編輯，也有可能被刷掉的。

　　所以聰明的公關公司與公司公關人員都會將新聞稿的內容設法與時事、名人、政府政策連在一起，以增加記者會內容曝光的可能。以下是舉行記者招待會應注意的事項：

一、邀約媒體

　　在公司、企業確定召開記者招待會後，會由相關人員擬定其預定之規模，也決定地點之大小、位置、設備、器材，以及最重要的——邀請哪些媒體？

　　要決定邀請哪些媒體，首先要明確知道記者會的內容才決定邀請對象，如科技公司新產品發表，就一定會邀請工商記者，或是財經記者（如果是上市公司），以及相關雜誌或是相關電台、電視台之專業記者前來，絕不可能去邀請一些綜藝、音樂、藝文方面的記者，反之亦然。所以確定發布內容後，針對擬邀媒體發出邀請函是首要之工作。當然，如果手上有一份正確而且分類明確的媒體名單就十分重要，所以相關人員平日與媒體保持持續與良好之互動是絕對必需的。

(一)邀請函

原則上邀請函必須在一週之前寄達媒體手中,如果是大型記者會則必須更加提早,以利媒體主管安排前來採訪之人員,而前來採訪之記者也比較方便安排自己的時間與路線。

除了與媒體的良好關係外,邀請函之內容也是十分重要的,因為媒體多會由其內容判定其重要性,而決定是否派人前往採訪或決定派遣人員。

如前所述,邀請函之內容除了必須明確地列出日期、時間、流程、邀請貴賓名單等外,最重要的就是記者會之目的,這就必須由企劃人員費心撰稿,在簡短的內容裡面吸引媒體之興趣而前來與會。當然在邀請函上也需註明是否有酒會、餐會一併舉行,以及停車證和停車指引等。

(二)電話確定

在邀請函寄出後,預估媒體已收到時,必須用電話再確定對方確實已收到邀請函並已知道記者會之事,順便也可以請問該媒體會派何人前來,並設法取得採訪人員之個人資料,如手機、電子信箱等。在記者會的前一天,再以電話直接與可能前來之採訪人員聯絡,一方面提醒,一方面事先致謝。在記者會開始報到後會議開始前,若仍未見採訪人員,可以再次以電話聯絡,如此一來,除非該採訪人員真有突發要事,一般只是會晚點抵達,總是會到場的。

二、記者會事前準備

記者會事前準備之工作為地點之確定，所需器材、新聞稿、文具用品、桌椅擺設、會場布置等分述於後：

(一)地點

視可能出席人數而決定其場地大小，會場太大而來賓太少則顯得冷清且有浪費之實（如果是租用場地）。另外，地點之交通方便性、停車方便性、內部設施是否完善，如電腦、照明、音響、動線、空調、電源及網路（供記者直接發稿用）等，均是記者會是否成功的重要事項，事前一定要到現場檢查、試用，必須與場地負責人討論研究，以確定場地在當天不會發生任何的狀況。

(二)會場座位及布置

必須確定主持人、貴賓席、司儀、文字記者、攝影記者、電視記者、採訪麥克風、電台錄音機相關位置與足夠空間、座位間之空間、進出場之動線及預備座位等，若記者會上有慶祝簽約或結盟會等開香檳或葡萄酒等儀式，則酒瓶、酒杯等擺設之位置也應一併考慮。其他如會場指示牌、座位牌、鮮花、胸花及其他裝飾品等也須事先備妥。

(三)所需器材

在記者會當天，有可能用到的器材如投影機、音響、電視機、白板、白板筆、雷射筆、麥克風（主講者、司儀、發問者必須足夠）、螢幕以及展示品、筆記型電腦、延長線等，應事前檢查完成，並在開會前一小時安裝完成並測試OK。

(四)新聞稿、文具用品

新聞稿是發放給所有前來採訪人員每人一份的,如果有媒體真的不克前來也可以在會後再迅速交付以利發稿:其內有文字新聞稿、電子新聞稿(拇指碟)、原子筆、便條紙、流程單、公司簡介、禮物兌換單等。

(五)小禮物

很多公司企業為了吸引記者前來並留下良好印象,多會在記者會準備小禮物在會後發給媒體,雖說是小禮物,但是有時價值並不低,由公司小贈品到精美純皮筆記本、名片匣、鋼筆對筆、其他精美禮品等,當然如果是休閒產業也可能發免費住宿券或是餐券等,不過原則上是不會發現金、禮券等禮物,以免予人賄賂之嫌,也不會贈送男士或女士專用的物品,如領帶、絲巾等。當然更不會送一些體積過大的贈品,以免記者會後還須抱著禮物回公司交稿。

三、流程掌控

一般記者會之時間十分緊湊,所以在流程安排時就必須盡量縮短各個項目的時間,如主持人開場、貴賓致詞等,均設法能簡短就簡短,能夠以三分鐘完成的致詞就不要拖到五分鐘,因為要把時間留給當天的主角,也就是記者會的主要目的——簽約、結盟或產品發表。

流程一旦確定後,在當天必須依照時間表確實實施,就怕前拖後拖,這一事前流程之討論、模擬與當場之掌控也就格外的重要。如果沒有發生任何意外的事件,那就一定要照流程走,所以與主持人說明時間與當場時間之控制是必需的。

(一)防止意外發生

意外狀況可以導致記者會的延遲、秩序的混亂，甚至記者會之失敗。以下是注意事項：

1. 器材之備份，如以電腦、投影機之展示說明，除了必須確定其品質之穩定優良外，最好再準備一套同樣品質的備用器材，以免臨時發生故障，無法操控。
2. 電源及線路：記者會當天會使用較大之電力，如冷氣需全開、音響、燈光、錄影器材等有些耗電量大，所以必須與場地負責人確定用電無慮，以免臨時跳電。另外，網路之暢通也須確定，以避免臨時無法上網之尷尬情況。

(二)人員安全管制

避免不相干之人士入場或是發問，影響記者會之品質，如果發現奇怪人物在場應立即加以詢問，必要時可以立即請其出場，以免發生失竊或是鬧場之事情。

(三)發問時間

在記者會主要題目完成後，多會安排記者媒體發問，此時必須注意的是，不可以大小眼，避免只請知名度較高之記者或是規模較大的媒體發問而不太理會小型媒體，必須一視同仁公平地對待。

此外，為了避免發問時間無人發問之尷尬，可以事先與比較熟悉的記者聯絡，請其在記者會時幫忙帶頭發問，有些公司企業甚至會幫記者設計問題，以在一問一答中達到宣傳、報導之目的，這就是所謂的「套招」。

(四)安排專訪

有時會藉著記者會之便再邀請記者專訪公司之主要人物,或是相關之專家學者,以利由另一角度達到增加公司正面形象之目的,專訪一般只有一家媒體負責,這時在選擇媒體時就必須格外費心,一定以力求避免得罪其他媒體為原則,當然性質不同之媒體也可以做不同角度切入之報導,只要主題略為修正,是不會彼此衝突的,如報紙、雜誌、電台、電視台、網紅等。

(五)事後追蹤

記者會開始前,必須確認所有媒體手上都有一份完整之資料。在記者會結束後也必須與記者確定他們的資料完整,並且沒有任何疑問,當然拜託他們儘速發稿也在此時了。

記者在發稿後一般多會主動告訴主辦單位稿子已送上去了,大概會在哪一天公諸於世,相關人員必須列入記錄以便追蹤,如果當天確實出現則一定要再度加以致謝,如果並無出現,可能是因為稿擠或是其他原因,也應以電話關心,以圖有補救之機會。

四、剪綵之禮儀

每當公司行號或是機關團體有一些特別重大之喜事時,多會有剪綵儀式之安排,例如商店開張、公路通車、公園啟用、大廈完成以及其他代表新場所正式開始使用時,多有剪綵儀式。剪綵時有下列注意事項:

(一)服裝

由於邀請前來剪綵之貴賓可能不只一人，有時可能多達五、六人共同剪綵，因此為求整體美觀一定會告訴貴賓著正式服裝，甚至還可以請其穿著深色或淺色之正式服裝以求一致、美觀。

工作人員之服裝則應是公司制服為主，但負責協助剪綵之小姐則服裝必須加以區隔以示隆重。在我國禮賓小姐多著顏色亮麗之旗袍，國外則多著單色之女用禮服，而且會在髮型、服裝方面力求一致，原則上每一位剪綵貴賓身旁應有一名禮賓小姐在其旁協助剪綵，因此如果有四人共同剪綵，就應有四名服裝一致之禮賓小姐相伴。

(二)座位安排

原則上僅為貴賓及剪綵者安排座位，當然如果空間夠大，是可以多安排一些觀禮者座位，剪綵者之座位一定是最靠近彩帶，以方便其就位、剪綵及復位。

(三)場地布置

應有橫幅布條上書明剪綵典禮之屬性為何，讓人一目了然，其次應有麥克風以便致詞時使用，當然由於剪綵是屬於喜慶之事，因此一般如典禮拱門、汽球、花籃、彩帶、茶點、背景音樂等均是必備的。

(四)剪綵用具

首先是剪綵用的彩帶，一般多為紅色或是粉紅色。在每一位剪綵者之前會有一彩球，平均分布在彩帶之總長度上。另外要準備胸花，以便事先配戴在剪綵者之胸前。其他還有剪刀以及剪刀托盤，剪刀必須選擇鋒利

者,最好事前先試剪過,以免剪綵者臨時剪不斷彩帶會相當尷尬,托盤上最好鋪有紅色絨布,剪刀可以選擇金色者,如此搭配將顯得隆重且喜氣洋洋。

(五)剪綵人數

一般剪綵之人數可由一人至多人不等,但是很少超過五人以上。原則上主人及主賓站於中間之位置,以右為尊,每人之距離須等距。

(六)剪綵典禮

剪綵儀式前多會有主辦單位致詞,然後多會介紹一同參與剪綵之貴賓,也會有貴賓致詞。致詞完畢後司儀會宣布剪綵儀式開始,此時與貴賓相同人數之禮賓小姐會先邀請其負責的貴賓一起至定位(有時也會有兩位禮賓小姐協助一位貴賓剪綵的情形),手捧托盤,內置剪刀、白手套。主人則會邀請剪綵貴賓就定位。

剪綵前一定會請所有參加剪綵之貴賓戴上白手套，手執剪刀預備剪綵，此時貴賓應向禮賓小姐點頭示意，然後取起剪刀，一手執起彩帶，一手準備剪綵，但千萬不要剪下去，這時只是擺Pose，讓媒體及攝影師拍照。

在司儀確定所有人均已就定位，準備妥當後，媒體也已準備完成時，會大聲宣布：3、2、1，請剪綵！（眾人鼓掌……）

此時剪綵貴賓在禮賓小姐協助下剪斷彩帶，剪綵時必須配合其他剪綵人之動作，不可過快或太慢。剪完綵後應將剪刀歸位，手執緞帶或彩花，再度供媒體攝影留念，之後將綵帶及剪刀、手套等放回托盤內即可。攝影完畢後，在主人指示下復位或是開始進行參觀的活動。

(七)與會小禮物

剪綵儀式完成後有些會開香檳慶祝，或在活動結束前分送小禮物，最好事先準備妥當。

〈小檔案〉剪綵的由來

不論是新廈落成、公司開張，或是公路、大橋通車，通常少不了達官貴人、明星聞人等來共襄盛舉，剪綵誌慶，不但藉以詔告天下正式完工啟用，並且在剪綵處多會張燈結彩，且有樂隊助興，好不熱鬧。

據說剪綵最早是在20世紀開始流行，而據考證最早發源於美國，當時美國若有商店當天開張時，多會一早先把店門打開，並在門口繫上橫布條表示即將開幕，過往行人一看就知道這家店要開始做生意了，於是會在門口逗留等待進入。

1912年的某一個清晨，聖安東尼州的華迪米鎮上有一家百貨公司也正依習俗即將開幕，大門早已打開，橫布條也已繫妥，一切都準備就緒，只待將布條取下正式開幕的時刻。沒想到這時候老闆的小女兒突然牽著她的小狗由店內衝了出來，布條被扯斷了，這時在大門外等待的群眾一看立刻爭先恐後全都衝進店內並立刻開始大肆採購，而且整天買氣極盛，店內生意興隆。

　　由於業務蒸蒸日上，過了不久，老闆又準備開設第二家百貨公司。他忽然想起上一次的意外事件讓他大發利市，於是決定如法泡製，開幕日故意叫小女兒再撞斷布條，果然又是財源廣進，生意不斷。

　　事情很快地就傳開來，從此以後只要有商店開張，一定會找一條狗來故意不小心撞斷布條，或是請年輕貌美的女郎來代替小狗，後來布條慢慢演變成彩色的布條，並且改用剪刀剪斷布條，有些講究的甚至還會用白色的手套及金色的剪刀，而剪綵美女之主角地位也被VIP人士取代了。

五、簽約之禮儀

　　在商業來往中，合約的簽訂極為重要，因為簽約象徵雙方（或多方）之合作關係已進入實際階段，從簽約起雙方（或多方）彼此之盈虧、商譽均合為一體，互相影響，所以簽約是非常慎重的大事。

　　事實上在簽約以前各方代表及相關人員早已對對方之公司情況、信譽、產品的品質及產量等澈底瞭解過，耗費許多人力及物力，花費相當多的時間在彼此瞭解上，當然對於雙方要簽訂的合約內容也早已推敲、斟酌過，所以簽約只是一種形式，正如男女交往多年最後走進結婚禮堂一般自然而然，可是也絕不能因為雙方早已達成共識就忽略簽約之禮儀與細節。要知道，也有不少公司在簽約時臨時覺得不妥或是不公平而反悔拒絕簽約，這將會影響日後雙方再度合作或發展進一步的關係。

(一)合約內文及格式

　　在商務合約中，原則上多遵循國際慣例。

　　1.合約內文可採條列式或是表列式，也有合約是條列與表列並列的，

但其內容文字之敘述應力求明確，避免模糊不清、模稜兩可之詞，數字以及日期更是必須精確，以免日後衍生糾紛。

2.合約原則上一式兩份，多家公司簽約則應各執一份，合約上有所有簽約公司及簽約人之名稱。也有公司要求多簽一份作為他用，如果有此情形，基於公平原則就必須一式四份。

3.文字應以雙方同意之文字並列為原則，如中德、中英文並列等，其翻譯之工作必須由有國際認證的翻譯社為之以昭公信。當然也可以在雙方同意下，以國際通用的英文來當作合約文字。

(二)簽約地點之布置

簽約地點一般多在地主公司之會議室舉行，或是在大飯店租用一間會議室亦可。室內必須擺設簽約桌椅，正式簽約多採用長方形桌，上鋪深色桌巾，其後置座椅兩張或多張，以供簽約代表簽字時使用。

至於是否增加座椅以供雙方觀禮者及媒體使用，則必須視簽約之重要性以及簽約儀式時間之長短而定。室內布置力求簡單大方，不宜過度裝飾，一般僅需麥克風、盆花、背景之簽約布幔上書「XXX與YYY公司簽約典禮」等即足夠。

(三)簽約用品

至於簽約用品方面則有以下諸項：

1.簽約筆：原則上使用高級鋼筆，一方面表示慎重，一方面依國際慣例，在簽約完成後雙方多會有互換簽約筆之慣例，以供雙方紀念及展示之用，因此最好使用精美高品質的鋼筆，從來沒有人用廉價原子筆簽約的。

2.吸墨器：在國內較少見到，因為簽完字後會雙方交換合約，因此在

雙方代表簽完字後，在旁之助理人員會立刻用吸墨器將鋼筆字水份吸乾，以免合約上的字跡因墨漬模糊而失效。如果是用現代的鋼珠墨水筆，則此項用品可省略。

3.合約外殼：一般多用精美真皮或仿皮外殼，內附合約內文，一式兩套，一模一樣。

4.香檳／紅酒：待簽約完成後，依慣例多會開香檳慶祝，所以香檳酒、酒筒、碎冰、香檳杯應事先備妥。

5.小禮物：可準備雙方公司具有象徵性之小禮物，贈予與會嘉賓以茲紀念與答謝。

(四)簽約流程

1.雙方人員進入簽約儀式廳。

2.司儀請雙方演講者就位。宣讀事前準備之演講稿，其內容多為讚揚

對方之公司以及己方之榮幸能有合作關係,共創佳績,並期待日後更進一步之合作等等。

3.雙方簽約代表就位,依慣例以右為尊,故客戶方應坐在右手位置。

4.宣讀合約內容,這一項儀式可以省略或者僅宣讀重點內容即可,當然若牽涉商業機密,如金額、數量等當然更可以省略。

5.雙方簽約,代表在指定位置簽下名字,助理立即吸乾墨漬。

6.雙方由助理交換合約,代表再次簽字,助理再吸乾墨漬。

7.雙方代表此時再度交換合約,並互換簽字鋼筆以為紀念,然後互相握手致意(眾人鼓掌……)。

8.雙方代表合影留念,與會貴賓一起合影留念。

9.所有與會人員舉杯慶祝禮成。

(五)其他注意事項

如屬多方代表簽約儀式,則可只安排一張桌椅,桌上擺放應簽署之所有合約,如三家公司就有三份,五家公司則準備五份。然後由各公司代表輪流上前在各合約上簽名。

簽約桌一般均是面對入口處擺放,至於國旗問題,兩國簽約以地主國為主置於桌右;多國簽約則地主國置右首,其於國家則可依英文字母順序依序由右至左排列。也有民間企業不用國旗而使用自己公司旗以為標示。

簽約時應著正式商務禮服為原則,即深色整套之西服,如果有制服,簽約代表著公司制服亦可,其他與會人員也應著正式服裝以示重視。

六、雞尾酒會之禮儀

雞尾酒會（cocktail party）又稱為酒會（reception），為目前世界上社交中頗為風行的一種活動方式，其目的多是為了慶祝節慶（如國慶、跨年等）、展覽開幕、消息發表、公司行號開張等，以一種在時間與花費兩方面均較經濟的方式慶祝之聚會，時間多是在下午四點至七點之間，有些雞尾酒會之後緊接著有正式餐會舉行。

酒會服裝多以上班服裝為宜，因為大多數的酒會都在上班時間舉行，所以男士以整套西裝、襯衫、領帶即可，女士則以上班服如上衣加上窄裙，或是所謂雞尾酒裝均可，也就是長褲的套裝，畢竟不是晚宴，所以在其他服飾、彩妝搭配上也不必太刻意強調。

雞尾酒會以社交為主，所以應主動與他人寒暄、交談，增加人際關係，但由於時間一般不長，所以禮貌上的交談即可，不宜和某些人一直談個沒完，如此會讓他人失去認識其他賓客的機會，也會把自己限在小框框裡，失去了酒會的意義，如果真的想和某人多談一些，可以在酒會後或者日後再敘。

酒會的餐飲內容較為簡單，多以小點心如餅乾、蛋糕、小肉捲、乳酪、魚子醬三明治等小巧易取又不沾手之食物為主，讓客人可以一面拿著手中之食物和飲料，一面與他人交談。飲料方面則雞尾酒、果汁、啤酒、葡萄酒、烈酒應有盡有，客人可以至飲料處或吧檯自行取用，或是請托盤侍者代你取來。

用完之牙籤、餐巾紙可放在盤中，再置於空桌上即可，空酒杯亦如此，自然會有人收走。

以下是雞尾酒會時必須知道的特殊用語：

商務禮儀
BUSINESS ETIQUETTE

(一)shot一小杯

在酒吧點shot時，調酒師會把酒倒進一個小酒杯中，讓你一杯一飲而盡。shot名稱的來源，據說是小酒杯的造型有如長槍（Shot Gun）的子彈。我們在西部電影中常可見到西部牛仔到吧檯前點酒會一飲而盡的就是shot。

現在一般酒吧中比較常見的shot有：Whisky威士忌、Vodka伏特加、Brandy白蘭地、Rum蘭姆酒、Gin琴酒以及頗具特色的Tequila龍舌蘭酒。

(二)on the rocks, neat and straight加冰塊、不加冰塊

on the rocks本來的意思是指觸礁、瀕臨崩潰的意思，但是在飲酒時意思就是加冰塊。因此，whiskey on the rocks意思就是威士忌加冰塊。

如果是喝純的威士忌就是neat，就是不加冰塊的意思。neat是指直接從酒瓶中倒出，也就是常溫不加冰的酒。

straight也是指純酒不加水、不加冰塊的意思，但通常straight是冰鎮過後才倒出來，並非常溫。

straight up則又是完全不同意思。straight up是跟冰塊一起搖晃或攪拌後，把冰塊過濾掉後再倒入高腳雞尾酒杯中飲用，所以跟neat或straight 是不一樣的。straight up又可以簡稱為up。

(三)shaken or stirred？要搖晃還是攪拌？

搖晃或攪拌都是調製雞尾酒的方式。因不同的酒而有所不同，也會因調酒師的習慣而有所差異，當然也會因為飲酒者的好惡而不一。shaken來自shake這個字，意思是指用力搖動、搖晃。調酒師會用一個不鏽鋼瓶shake可能包含冰和基酒及果汁的混合調酒。stirred就是stir攪拌的意思，在這裡是指用攪拌棒攪動基酒、果汁的方式。

〈小檔案〉007與馬丁尼

　　在美國電影協會的「百年100句經典台詞」評選中，有一句來自007：「一杯馬丁尼。搖勻，不要攪拌（Shaken, not stirred）。」而且它幾乎在每部007電影都會重新出現一次。

　　電影007主角James Bond在多部電影中帥氣的指定他的馬丁尼要Shaken, not stirred.（要搖勻不要攪拌），從此之後，這句台詞就成了調酒師的惡夢。

　　一般來說，馬丁尼需要與冰塊一起攪拌大約三十秒，然後才倒出以保持順口的感覺。但如果馬丁尼與冰塊放在不鏽鋼瓶中搖晃時，會使酒變得更冰冷且更加稀釋，這就是為什麼一般用stir而不用shake的方式。但是James Bond就是James Bond，不時時反傳統怎麼得以凸顯他與眾不同的品味呢？

　　因為他的這種喝法，世界各地酒吧中這種Shaken, not stirred的喝法也就開始流行起來，甚至還有人說007的喝法比傳統的stirred方式更好喝呢！

〈小檔案〉雞尾酒發源

　　美國公認是雞尾酒的發源地，據說在西元1795年時，美國紐奧良的一間藥店老闆發明了一種在酒精飲料中加入蛋黃的混合酒，而當地法裔稱之為Cocktail，意為蛋酒，但是由於讀音的關係，日久就變成了英文的Cocktail。

　　還有一說是在獨立戰爭時，有一次美軍打了勝仗，有一家酒館以五顏六色的酒品調製出美觀又芳香的酒以犒賞士兵，眾人皆讚不絕口，以後即把這種混合酒稱為雞尾酒。

　　無論傳說如何，雞尾酒之廣受歡迎已是不爭的事實，其清涼爽口，酒精含量又可以控制，所以不論酒量如何均可自由選擇，其鮮豔的色彩以及附屬小巧可愛的裝飾更是女士的最愛，所以有人說雞尾酒不但是用喝的，光是把酒欣賞也是一件相當愉快的事。

　　一般雞尾酒多以琴酒、威士忌、白蘭地、伏特加、苦艾酒等為基酒，再配以通寧水、可樂、薑汁以及可食用的色素等調和而成。比較受歡迎有血腥瑪莉（Bloody Mary）、馬丁尼（Martini）和曼哈頓（Manhattan）。

〈小檔案〉世界著名雞尾酒

一、馬丁尼（Martini）

這是一種製作簡單又受人喜愛的雞尾酒。

將琴酒和苦艾酒混合冰塊，之後放入搖杯中搖勻，然後倒入雞尾酒杯中，最後用一顆橄欖加以點綴。據說馬丁尼來自1860年代早期加州賣的一種叫做Martinez的調酒。馬丁尼茲也是美國加州的一個小鎮，當時的淘金熱浪讓許多淘金者工作一天後到酒吧來喝兩杯。Martinez鎮的居民說它是鎮裡的一位調酒師發明的，並以小鎮的名字命名。

二、曼哈頓（Manhattan）

被稱為「雞尾酒皇后」。據說是著名英國前首相邱吉爾之母發明口感強烈的雞尾酒。邱吉爾的母親Jenny是紐約布魯克林人，是紐約社交圈的知名人物，據說她在曼哈頓俱樂部舉行宴會時用這款雞尾酒來招待客人而使這款酒聲名大噪。

三、瑪格麗特（Margarita）

此酒為1949年美國舉行全國雞尾酒大賽時Jean Durasa參賽冠軍之作，以紀念他的已故戀人Margarita。

1926年，Jean Durasa在墨西哥與Margarita相戀。有一次當兩人去野外打獵時，瑪格麗特不幸中了流彈，最後倒在戀人Jean Durasa的懷中。此酒用墨西哥的國酒Tequila為基酒，用檸檬汁的酸味代表心中的酸楚，用鹽粉喻懷念的淚水。如今Margarita不但在世界酒吧流行，也成為Tequila的代表雞尾酒。

四、螺絲起子（Screwdriver）

螺絲起子的來由與美國石油工程師有關。最多人聽過的故事是說早期在中東石油田工作的美國工程師，因為阿拉伯國家禁酒，想要偷喝口酒解解酒癮，於是就在罐裝的柳橙汁中偷偷倒入了伏特加假是柳橙汁。加完後發現手邊沒有攪拌器，只有螺絲起子，所以就順手拿起來攪拌，也因此取名為螺絲起子。後來慢慢就用螺絲起子（Screwdriver）來當作此種調酒的代稱。

五、塔奇拉日出（Tequila Sunrise）

混合了多種新鮮果汁加上龍舌蘭酒特有的熱烈火辣，飲後使人回味無窮。以Tequila為基酒的雞尾酒，最有名的莫過於Tequila Sunrise了。在生長著仙人掌，但又荒涼至極的墨西哥平原上，正緩緩升起紅紅的太陽，陽光把平原照耀得一片燦爛。

六、紅粉佳人（Pink Lady）

1911年有部轟動紐約的舞台劇「紅粉佳人」（The Pink Lady）。據說在慶功宴上女主角Hazel Dawn手上拿的就是這杯粉紅色的雞尾酒，也因此紅粉佳人雞尾酒就此誕生（一說是此酒以她演的舞台劇命名以尊榮她）。無論如何這款酒跟舞台劇有著密不可分的深切關係，也是很受女性歡迎的雞尾酒之一。

七、血腥瑪麗（Bloody Mary）

是用了大量番茄汁的雞尾酒，再加上鹽、黑胡椒粉、辣醬油、辣椒汁等調味料。其來源據說是在16世紀中葉時，英格蘭的女王瑪麗一世當政，她為了復興天主教而殺害許多新教教徒，血流成河，因此痛恨她的人們就把她叫做血腥瑪麗（Bloody Mary）。1920年的美國禁酒時期，美國酒吧發明了這款腥紅的雞尾酒，就以血腥瑪麗命名。

八、新加坡司令（Singapore Sling）

1910年原籍海南島的新加坡華人調酒師嚴崇文在萊佛士酒店的Long Bar裡發明了這款享譽世界的雞尾酒。

所謂的Sling指的是一種傳統的，在美國流傳相當廣的混合飲料，一般由烈酒、水和糖調製而成。他也幽默的按諧音把Sling直接翻譯為司令，於是就有了此款頗負南洋風味的新加坡司令（Singapore Sling）。

根據傳統，如果在新加坡Long Bar裡喝司令酒時可以把吃剩的花生殼扔在地板上，不用丟在桌上籃內。但這似乎源自早期華人的髒亂傳統，一般觀光客還是不太習慣此一陋習。

Chapter
10

國外商務旅行禮儀

一、機場內之禮儀

前往遠地旅行，最快速、方便的交通工具非飛機莫屬，現在不論在國內、國外，搭乘飛機已是一件非常普遍的事情，而機場也是我們與其他乘客接觸相當頻繁的地方，自然有些機場禮儀是我們必須依例遵行的。

(一)抵達機場時

前往機場搭機必須提早若干時間，團體應在起飛前兩小時抵達，個人則在一個半小時前抵達機場，以便辦理離境手續（但如印度、以色列等國則需三小時前），否則若來不及辦理，有可能使整架班機延誤而引起公憤。

候補旅客一般在飛機起飛前三十分鐘依序排隊候補缺額，所以若臨時欲改變行程，機位還沒 OK 時，最好盡量早去櫃檯排隊，另外一個竅門就是先加入該航空公司的會員，就算是加入沒幾天，仍然比非會員者有優先候補的權利。

(二)行李檢查時

離境時若有管制物品如裝飾手槍、禮品刀等，在X光掃描隨身行李時，應主動提交海關封存保管，待抵達目的地下機時再領回。

入境時無稅者應走綠線，應稅者則走紅線出海關，幾乎已成為國際上統一慣例，如果走錯的話則易引起麻煩與誤會。

(三)自動走道上

勿併排聊天或以行李擋住後來者的前進，一般請依當地汽車行駛的

方向，或依走道上之指示靠邊站定即可，如此後來有急事者才得以迅速通過。

(四)辦理登機手續

抵達機場後依自己搭乘的航空公司前往辦理離境手續，一般航空公司會要求出示本人有效護照、前往國之有效簽證等，憑證照核發登機證，辦理行李托運。通常經濟艙可托運大型行李一件，重量不可超過二十公斤，而長寬高也有限制，一般正常形式的行李箱是不會有問題的。

(五)違禁品

行李內之物品不可有任何管制品或是違禁品，例如骨董、保育類動植物、毒品類、槍械、子彈、汽油均嚴禁攜帶上機，數量過多的打火機也必須撤下來，以免飛機失壓時造成空安問題。甚至連泡沫膠、噴氣式定型液等，都可能在飛機失壓下產生爆裂，同樣會有遭禁的命運。

(六)手提行李

手提行李以一件為原則，但此項規定不被嚴格執行，但可能在客艙內造成立即危險的物品，安全檢查規定更為嚴格，例如槍械、汽油等是絕對不可能登機的，另外在以色列、印度等情勢緊張的地方，更是安檢得巨細靡遺，連隨身的照相機等很「安全」的物品也要一一過濾清查，安檢官如認為你看起來比較可疑時，他們會更加小心仔細，例如他們會問：「這是照相機嗎？OK，請當場拍照一張試試看好嗎？」，另外安檢處均嚴禁任何人有攝影、拍照等行為。

此外，有些人喜歡隨身攜帶小刀、水果刀等物品，類似這些刀械類的危險物品最好由安檢人員代你密封保管，鎖在飛機上的保險箱內，在你

抵達目的地後再憑收據前往領回，但手續相當麻煩，不如事前將之放在大行李箱中托運，將為你省事不少。

(七)手推車

比較現代化的機場一般都有手推車的供應，有些手推車是免費供應的，有些則必須付費。若無銅板可在機場兌換，有些是先付費，等你用完之後可以再退回硬幣，使用手推車時請依行進路線順序前進，不要影響他人行的權利。用完車之後也請在指定地點依序放好，方便工作人員集中回收使用。有些地方如電扶梯、禁區等，是不准手推車進入的，也請照指示來做，以免被人指責。

(八)安全檢查

自從美國911事件後，世界各地的機場安檢都變得極為嚴格，有些甚至是嚴近於苛。但是轉念一想，安檢得愈嚴格，對搭機的旅客不是更有保障嗎？所以只要是有安全疑慮的東西都不要攜帶，否則就是自找麻煩。

搭機當天盡量選擇舒適、穿脫容易的衣物，皮帶能不帶即不帶，鞋子也要易於穿脫。例如在印度克什米爾地區之機場，光是在機場內可能就要檢查三次——進入機場大門時檢查一次，在櫃檯托運時再翻一次，登機前還要在飛機旁確認一次，經過多次安檢才能上飛機。

有些機場則是在安全檢查完後，會用強力安檢塑膠帶加以固定綁死，如果膠帶斷裂則必須再重新安檢一次。檢查如此嚴格就是怕內藏爆裂物！

也有機場如英國的LGW國際機場，有時會突然宣布所有人員站在原地不准走動，然後出現一隊隊全副武裝的特勤小組逐一檢視可疑人物，對機場可疑旅客加以盤查，從中找出歹徒以防患未然。

(九)移民關

移民關是抵達另一個國家的第一道關卡，第二道關卡是海關。

在過移民關時，請先注意是否區分為本國國民與外國國民，避免排錯隊伍又得重排。在關卡前會有一條紅色的等待橫線，請依序排隊且不要逾線。到達檢查關卡主動出示護照、簽證及機票等必備文件，以免問一項拿一項而耽誤時間。此外，有不少國家都要求旅客同時出示入境卡與海關申報單，而這些卡單最好親自簽名，並且要簽得和護照上的簽名一模一樣，以免有他人代簽的質疑。

移民關在護照或簽證上蓋章後，可前往行李轉盤領取托運的行李和飛機組員托管的違禁品。要注意的是，不論移民關在你的護照上附加任何字條、卡片等，均應妥善保管不可遺失，否則出境時可能會有麻煩。

(十)海關

領取行李後則準備過海關，先進國家的海關一般都以紅色及綠色兩條線分別代表有申報物者和無申報物者，相當尊重旅客。但是海關官員多會在旁監視，一旦發現可疑人物會立即嚴格檢查，而如果在行李中發現了未稅闖關物品則將課以重稅、罰鍰，甚至遭到監禁，所以若是沒有把握的話，最好守法的走紅線，主動向海關官員出示物品，並詢問可否通關比較安全。

出了移民關、海關後，就是要離開機場進入市區的開始了，在此之前會看見不少的外幣兌換商店或是銀行，機場兌換外幣的匯率並不是很好，但若真的需要，不妨換個二、三十塊美金的零錢，以備待會馬上就得用到。

(十一)機場外

機場外總是人潮不斷、交通繁忙，最好事先弄清楚自己前往市區的
交通工具是巴士、地下鐵，還是計程車？因為每一種交通工具的停靠地點
均不一樣，弄錯了地方，就得拖個大行李跑來跑去相當辛苦。

有些落後地區會有類似流民的苦力前來爭取生意，幫你拖行李，必
須千萬小心，有些人會把行李拖了就跑，消失得無影無蹤；有些則會獅子
大開口，狠狠敲你竹槓。如果真的需要人幫忙，就找有戴帽子、掛識別證
的正式機場行李人員吧！花點小錢，至少不會被偷、被騙。

二、飛機上之禮儀

在飛機上隨時繫好安全帶，以免遭遇亂流時受傷。

機員在廣播事情、安全示範時，就算是聽不清楚或是不想聽，也請
保持安靜，以免影響他人知的權利。

不可在走道上交談聊天或跑動，即使鄰座間聊天也應控制音量，避
免影響他人的安寧。

座椅向後傾時，請先向後看一看，然後再緩緩將椅背後傾，不可突
然猛力向後倒，以免撞到後座旅客或弄翻其飲料。

遭遇亂流時應立即就座，繫好安全帶，並將桌面的飲料喝掉或扶
穩，以免飲料飛出弄污他人衣物。若來不及就座，請立即蹲下以兩手手掌
向上反握住椅底、扶手等支撐物，若在洗手間內，則應立刻停止使用，隨
機應變。

應依照自己所訂艙等入座，不可偷溜到更高級的艙中享受較佳之服
務，若艙中有空位，也必須確定無人後才可以自行調整座位。

同行一群人的座位被分開時，最好也是在飛機起飛後再協調鄰座旅

客調整座位，並應致謝，因為每個人均擁有自己座位的權利。

鄰座若是陌生人，可主動微笑表達善意，並簡單自我介紹，但不可喋喋不休、疲勞轟炸，這樣會讓別人受不了。而坐在靠走道者，有義務替內側旅客服務，幫忙傳遞餐盤或飲料等，而靠窗者除非陽光太強烈，否則不宜隨便關窗影響他人賞景之權利。

(一)機上洗手間

請排隊依序使用洗手間，入內後請將門閂閂緊，門外之指示燈自然會讓後來者知道洗手間正有人使用，另一方面也可避免亂流時門會打開的尷尬，當然更可避免冒失鬼不敲門就擅自闖入。

使用完畢後請自行清潔整理，方便下一位使用者。此外，洗手間是機上唯一的監控死角，其內設有極為靈敏的煙霧偵測器，所以嚴格禁菸，違規者將遭鉅額罰款。

(二)飛機起飛與降落時

航空公司在飛機起飛和降落時都會規定椅背豎直、桌板收好、安全帶繫緊。這些都是安全措施，椅背若不豎直，當飛機迫降時坐在內側的人逃生較不易；桌板未收好，飛機落地時的巨大衝擊力會把人撞向桌板造成傷害；安全帶的功能不用再贅述了。飛機事故的發生都是在一瞬間，根本沒有時間應變，所以安全措施是絕對必要的。

(三)飛機滑行時

飛機滑行時的速度仍然很快，此時若有人鬆開安全帶或是起身行走，這將是一件極具潛在危險的事情。所以飛機滑行時也必須做好安全措施，尤其是飛機降落後仍在滑行時，不可起身取行李或是上洗手間，因為

如此均有可能造成跌倒引起傷害。

(四)機上餐具

機上供應各種餐點飲料，但是不附贈餐具，可是仍然有人喜歡收集不同航空公司的刀叉湯匙等小餐具以為紀念品，讓航空公司相當傷腦筋。

有些航空公司於是改用塑膠餐具，或是改用次級品、普通餐具，盡量以不吸引人為原則，可是效果不是很大，偷者照偷，拿得毫不手軟。

(五)一般餐食

飛機上除了供應早午晚三餐外，有些還提供點心甚至速食麵，相當周到。在經濟艙內除了特殊餐食外，一般是沒有太多的選擇，大都是二選一，排在較後面的座位可能更沒得挑選。

(六)特殊餐食

較常見的有嬰兒餐（Baby Food）、兒童餐（Children Meal）、無牛肉餐（Hindu Meal）、素食餐（Vegetarian Meal）等，但必須在訂位時預先告訴航空公司以方便其準備，臨時告知是無法辦到的。因為飛機上的餐飲占了飛航成本相當重的比率，所以航空公司都是依據實際搭機人數再配以若干備份而估算出來的，不可能有太多的種類和備份。

多年前日本亞航為了平衡營收的赤字，於是由降低各航班的餐飲價格做起，沒有多久就轉虧為盈，證明了餐飲稍作調整即可省下大筆開銷。

(七)飲料

原則上，越洋飛機的機上飲料一律是免費且無限制供應的，不過有兩種情形例外，一是旅客已呈醉態，此時空服員可拒絕再供應酒精類飲料；一是旅客不斷牛飲，大有免費酒不喝白不喝，一喝就喝個夠本的占便宜心態。

例如中東地區的回教國家普遍禁酒，但是不少阿拉的子民一上飛機後就趁機大肆放縱，個個開懷暢飲，不醉不休，幾乎每一家航空公司都深感頭痛，唯一解脫之道就是把酒櫃鎖起來，然後告知酒已沒了，方能遏止無盡的需索。

有些國內線班機或近程班機則是規定酒精類飲料是須付費的，而且是一手錢一手貨，當面收取的。

(八)空服員

空服員並不是花瓶，他們的工作非常辛苦，不但要不斷地調適變來變去的時差，還要和顏悅色地為旅客提供服務，尤其是不收小費更令人無法表達內心的感激。所以我們應以禮貌的態度請他們幫忙，並且適時地向其表達感謝。

(九)機上小贈品

除了有畫本、卡通玩偶送給兒童之外，現在飛機上一般較少送撲克牌等贈品。如果真的非常想要，不妨悄悄地詢問空服員，若是公然大聲地詢問，答案很可能是否定的，因為其他人會馬上加入索取的行列，再多的牌也是不夠發的。

(十)置物箱

拿取機艙上端置物箱中的物品時須小心，以免物品掉落而砸到別人，拿完物品後也務必將箱門關上，直到聽見「喀」的一聲才算關好。

(十一)保持舒適

機上的溼度控制得相當低，常會給人十分乾燥的感覺。沒錯，這是因為飛機如果載運了較多的水，將會耗費更多的燃料汽油，增加許多的營運成本。所以感覺乾燥是正常的，解決之道就是多喝水，好在飛機上的飲用水是絕對充分供應的。

(十二)暈機

有暈機習慣的人應避免喝太多的烈酒，少量的酒精可以助人入睡，但是如果喝得太多，得到的就只有頭痛了。

(十三)隨身攜帶藥品

藥品務必隨身攜帶，尤其是心臟病、高血壓等突發性且具有危險的疾病，要知道飛機上並無隨機醫生，空服員所受的也只是一些基本的急救技術，如CPR、人工呼吸等，若是遇上重大症狀也是一樣束手無策，這也是為何有時在機上會聽到「有醫生在本班機上的，請立刻到前排來……」之類的廣播，即是機上有突發狀況需緊急救治。

(十四)禁用電子用品

飛機上一律禁用會產生電波的電子用品，如行動電話、收音機、隨身聽以及電子遊戲機等，這是因為飛機上有非常敏銳的各種電子儀器，所

以即使是看起來並不強的電器，也會嚴重干擾各種相關數據的判讀。

　　例如，飛機起飛時若速度不夠就必須放棄起飛，重新再飛，若此時正巧有人在用行動電話通話，則駕駛員將無法正確判讀電腦顯示的速度，極易誤判而發生空安事件，因此世界各國均已規定嚴禁使用上列影響飛機安全的電子用品。

　　不過為了彌補禁用這些用品所產生的不便，有不少飛機上都已裝設了刷卡式公用電話，由於這些機上附設的電話是利用飛機本身的電波發射系統，所以不會影響飛安，既方便又安全，不過費用可不便宜！

　　其他如CD隨身聽和電動玩具等，有不少新款飛機在座位上都裝有個人螢幕，可以讓旅客打電玩打到手軟，聽音樂聽到耳朵長繭為止。

(十五)緊急逃生門

　　緊急逃生門是飛機迫降後緊急逃生之救命出口，所以禁止放置任何可能阻擋旅客逃生之物品，如行李輪架、手提行李等，並且規定老人、十二歲以下幼童、孕婦、殘障者均不准坐在該排，以免自顧不暇又妨礙他人逃生。在許多國家甚至規定不會說英文者亦不准坐在緊急逃生門附近，因為如果真的發生事情，空服員與你溝通時若是雞同鴨講，也會影響逃生的時間，所以寧可讓那一排空著，也不讓不應該的人坐，否則就違反了空安規定。

(十六)電腦

　　有些人坐飛機會杞人憂天，憂愁飛機飛行靠電腦，那萬一電腦當機不是全完了嗎？不用擔心，飛機上同一系統的電腦共有三套，而且起飛前都會重新仔細檢查，測試完畢。就算其中一套真的當機了，還有兩套備份，而且就算是這兩套也當了（機率只有一千萬分之一）也沒關係，駕駛員可以立即接手，每一位合格的駕駛員都可以憑著豐富經驗將飛機平安降

落。

(十七)小心亂流

亂流的感覺十分可怕，飛機一上一下猛烈晃動，是不是會摔下去呢？不用緊張，一般國際線的飛機飛行高度都有一萬公尺左右，所以亂流再大，也不過降個百來公尺，毋須過分驚恐。

(十八)勿過分社交

經常旅行的人是由外表看得出來的，只要見其安穩就座、不急不徐，上機後既不緊張亦不興奮，那多半都是老經驗了。他們通常還有一項特徵，就是人手一書，有些並不見得真的在專心閱讀什麼，只是可以順手翻翻打發無聊的時間，另一項妙用就是可以防止鄰座的攀談，尤其若遇到鄰座是一位較少坐飛機，或是急欲發展國民外交的旅客。所以下次你的鄰座符合上述特徵的話，別去打擾他！

三、洗手間之禮儀

洗手間是我們日常使用極為頻繁的地方，由於公共場所的洗手間是眾人共用的，所以在使用時必須格外注意，以免影響下一位使用者的情緒。

(一)排隊

不論男生或是女生，如果洗手間有人占用時，後來者必須排隊使用，而排隊的方法是在整排的洗手間最靠外處，一般是入口處，按先來後

到依序排成一排，一旦有其中某一間空出來時，排在第一順位之人自然擁有優先使用權。

(二)使用前後

洗手間最忌諱骯髒，所以在使用時請盡量小心，若有污染也盡可能加以清潔。有些人如廁習慣不良，又不去善後，下一位倒楣的使用者只得皺著眉頭，在心中不停咒罵下繼續使用。

婦女生理用品也千萬別順手扔入馬桶中，以免造成馬桶堵塞。其他如踩在馬桶上使用、大量浪費衛生紙以致後來者無紙可用等，都是相當不妥的行為。只要心中為後來的使用者想一想，自然而然很多事都會考慮過後再做了。

(三)沖水方式

有些地方的沖水手把位置與平常所見不同，一般大都是在水箱旁，有的在頭頂用拉繩來拉，或在馬桶後方用手拉，更有一些是在地面上用腳踩。事實上，用腳踩的方式是最符合衛生原則的，若是怕沖水時手被污染，不妨用衛生紙包住沖水把再按沖水，當然你得迅速把最後一張衛生紙給丟下去才行。

(四)使用完後

在無人排隊的情況下，也不必把廁所門關好，應該故意留下明顯縫隙，讓後來者不需猜疑就直接知道裡面是空的。

(五)在交通工具上

在飛機、輪船、遊覽車、火車等交通工具上，洗手間是不分男女

的，也就是大家共用，男女一起排隊是很正常的，此時也無需講究「女士優先」。

(六)洗手間標示

每個地方的標記各不相同，一般除了用各國不同的文字註明外，也有不少地方是用圖案來標示的，男廁多是菸斗、鬍子、帽子、柺杖；女士則多以高跟鞋、裙子、洋傘、嘴唇等來表示。

(七)兒童上洗手間

稚齡兒童一般是可以和父親或母親一起使用洗手間的，但是不成文的規定是，母親可以帶著小男孩一起上女廁，沒有人會介意，而父親則不可以帶女孩上男廁。

(八)洗手間小費

在歐洲諸國，上洗手間是須付費的，客氣一點是在出口處的桌子上擺著一個淺碟子，用完者可以隨意放置一些銅板、角子等當做清潔費。嚴格一點的，則在入門處清楚標示如廁費用，有些要事先付費，你若不付費，看守者就不替你打開鎖著的廁所門。

還有一些用機械投幣式的，在進口設有一自動投幣柵門，投下一枚銅板，旋轉柵門就可以開一次，但也常見到外國觀光客一人卡住柵門，以利其他人免費奮力擠進使用的情形，旁觀者均為之側目。

(九)洗手

原則上，用完洗手間者必定會去洗手，洗手檯旁也會有擦手紙與吹手機，一般習慣是先用擦手紙擦乾手，把用完的紙扔入垃圾桶後再用吹手

機把手吹乾，而吹手機多為自動感應式並有自動定時裝置，所以不用考慮如何關閉電源的問題。

(十)暫停使用

由於清潔工人會不斷巡視各洗手間並清潔之，在清潔時有時會拖地板，此時就可能會暫停使用洗手間，以免有人因此而滑倒受傷，此時會放上Wet Floor等黃色明顯的告示牌，若遇此情形，不可堅持使用，以免影響其正常工作，但可以向其詢問最近的洗手間在何處。

四、自行租車須知

(一)租車注意事項

愈來愈多的遊客喜歡在國外自行租車旅遊，一方面比較方便且時間較好控制，另一方面可以深入當地的小地方，此外，旅遊點可隨機調整、替換，較符合自助旅遊的精神。雖然是好處多多，但是無論如何，畢竟是人在國外，有許多事必須事先注意。

(二)租車車型

應以方便、好開的中小型自排車為主要考量，務必注意車齡與廠牌，最好能租到自己熟悉的車型，以省略摸索的時間。

(三)瞭解車子功能

租車時馬上瞭解車上所有按鈕功能如何、使用何種汽油、水箱、噴玻璃水的添加方式、備用輪胎及工具、備用鑰匙等，必須完全瞭解，然後

先開車繞行附近道路，親自體會一下，如果都沒問題再承租。

(四)地圖

緊急求救電話（注意是否跨國）、加油站分布圖、汽車旅館分布圖等。若會經過人煙稀少地區，最好再租一支大哥大，以備不時之需。

(五)保險

一般而言，保險費多半不包括在租車費內，最好事先問清楚，務必保全險比較有保障，尤其是在人生地不熟或是治安不佳的地區更不可省此小錢。所謂全險應包括碰撞、竊盜、失竊、損毀等諸項。

(六)還車

瞭解還車的地點，最好選擇都市內的飯店、機場等地較佳，以及是否有人來取車、更換還車地點是否須增加付費等。

(七)駕車

千萬遵守當地交通規則（美國甚至每一州規定都不同）、違規處罰方式（最好準備現金以防被罰），如果前往靠左行駛的國家時，在轉彎時務必加倍小心，極有可能會開往對面車道去，所以只要轉彎時口中應不斷地唸道：靠左、靠左、靠左。

(八)禮讓來車

在狹道或是窄橋等地，務必禮讓來車以示風度，見來車閃大燈代表兩個含義，一是前有交通警察，另一則是請你先行（此點與國內正好相

反）。

(九)禮讓行人

　　避免開上單車專用道、電車專用道等，經過行人穿越線、社區、學校、醫院等，務必禁聲慢行、禮讓行人（國內開車的諸多惡習萬不可在此展現，因為國外行人自小極受尊重，不會料到會有人如此開車，所以極易肇事）。

(十)旅行指南

　　地圖、旅遊書等不可放在駕駛座前明顯處，這樣表明車主是一位遠地來的觀光客，如此極易遭歹徒偷竊。

(十一)備用鑰匙

　　備用鑰匙與租車公司緊急聯絡電話務必「隨身攜帶」。

(十二)坐車禮儀（依右行駛國家）

　　車內座位之大小順序要看是主人開車或有司機而有不同。

　　如是搭乘計程車，或是有司機駕車者，應該以後座右側之座位為最大位，後座左位次之，再其次為中間，而司機旁之座位為最卑位。

　　國內常見男女朋友一起搭計程車時，男士總會先打開車門讓女士先行進入，俟其挪至左邊後，男士再行坐上右邊位子，這是完全不合乎正式西方禮儀的。正確方式應該是讓女士入後座，再繞到左邊車門自行開門入座，當然如果左邊臨馬路，交通繁忙時則又另當別論了。

　　如開車是友人，則他旁邊的位子是為尊位，其次依序是後座之右位、左位及中間位置。

〈小檔案〉在美國駕車應注意事項

在美國駕車更須謹慎，由於每州規定不一，綜述如下：

1. 坐在前座務必繫上安全帶，這不僅是行駛中的限定，連鑰匙插入鑰匙孔中，雖未發動車引擎亦視為行駛中，動態中違規罰則非常重。

2. 前座不可放酒精類飲料，只要放置均從嚴認定，不管是喝了沒有（政府認為你有意圖）。

3. 經過行人穿越道，務必做出煞車暫停的動作（哪怕是半夜十二點），否則將被視為闖越行人穿越道，不但被重罰，更有可能被吊銷駕照。

4. 與前車須保持一定距離，一方面是為了安全之故，一方面貼車太近會使得前車緊張，就算不出事，也會使駕駛不悅，更不可以用鳴喇叭、閃大燈等極其粗魯的方式迫使前車讓道。

5. 慢速車應該走外側車道，以免其他車輛超車不便。

6. 轉彎進入另一條道路時，仍然必須遵行自己原本之車道，不可以一轉彎就突然插入他人之車道，如此可能造成旁車措手不及，緊急煞車。

7. 暫停停車必須看清楚，不可隨意停車影響到過往車輛，尤其是RV等大型休旅車，更是不可隨意停放。違規者不但會被取締罰款，若因而出事，更可能吃上官司，千萬不可大意。

8. 不可隨意將菸頭、紙屑等扔出車外，這不但是不道德的行為，更可能因而引發森林火災，若被抓到可就吃不完兜著走了。所以最好在國內就能養成良好的駕駛習慣，以免遭受外國人鄙視。

9. 上高速公路前，在美加地區均嚴格規定在匝道上匯入高速公路車道前必須完全停止，看清楚同向車之間有足夠之距離（所謂足夠的意思是較國內足夠的標準放大五倍），方可切入，否則交通警察一定開單告發。

10. 在國外駕車若被警車示意靠邊停車檢查時，必須沿路邊停車受檢，坐在座位上靜待警員前來查察證照等，不要自行下車和其理論，此外雙手也必須放在方向盤上，明示自己未攜帶武器，不要做出突然的舉動，以免警員拔槍，美國是槍械開放的國家，警察的警覺性極高，千萬不要有不必要之動作。

11. 若是真的違規，可以委婉告知自己是外國公民，不十分瞭解規則，若是情節不大、態度良好，一般多是告誡後即放行。

12.租車就算以現金付車租，租車公司仍會要求預刷一張空白金額的信用卡單以防萬一：「萬一」違規被告發；「萬一」車子損毀而駕駛不願負責；「萬一」出了車禍產生額外的費用。但是如果駕駛在租車時購買了全額保險，也就是竊盜險、第三責任險等均包含在內的全險，租車公司就比較不會堅持，因為就算發生了任何事，均有保險公司負責，不用租車公司擔心。

13.未滿二十五歲之駕駛，租車公司會增加租金，這是因為根據調查，一般在滿了二十五歲後肇事率比二十五歲以下者低了許多，可能是心智已較成熟，情緒也較穩定。

14.租車時若同伴中有租車公司該國籍之駕駛，雖然租金一樣，但保險費會便宜很多，所以盡量用他的名義來租車可省不少錢。租車的全險保險費相當高，例如車租一日五十美元，保險費竟可高達二十五美元左右，如果以租車一週計算，則光保險金就很可觀了。

15.在駕車途中若不幸發生嚴重事故，則應立即通知租車公司，請即派公司之職員前往現場處理，若是發生人員傷亡，則一定要通知警方前來處理，否則保險公司理賠時會有糾紛。

16.駕駛只有一人和兩三人輪流駕駛，保險費亦不同，因為人多駕駛風險也相對較高，保費自然也會提高。

五、電梯內之禮儀

電梯內應注意下列事項：

1.進入電梯後請立即轉身面朝開口方向或是面朝中心亦可，不可面朝四壁與人目光對視、大眼瞪小眼，十分尷尬不妥。

2.電梯內空間狹小，應保持安靜並禁飲、禁食、禁菸，切忌高談闊論、隔空喊話。

3.站立於電梯按鈕旁之人，有榮幸及義務替其他同乘者服務，可主動

詢問各人欲前往之樓層，並替他們按鈕服務，其他人則應致謝，最好不要自行伸長手臂翻山越嶺地去按鈕。

4. 殘障人士、孕婦、老弱等，有優先進出電梯的權利，其他人必須盡量挪讓空間予以方便。

5. 如果剛巧看見有人急奔而至，想搭電梯而門又即將關上時，伸出援手吧！舉手之勞可以讓他省下不少時間。

6. 身上若背了背包或拿了許多東西時，務必小心進出電梯，以免無心碰觸到他人引起不快。

7. 行動電話響起時，請務必壓低聲音儘快通話完畢，在如此狹小的空間內，別人想要不聽你的談話都不可能。

8. 奉行「女士優先」的信條，如果你是男士則必須為其擋門、按鈕，如果你是女士的話，只要點頭微笑即可，或說聲「謝謝！」

六、計程車之禮儀

國外計程車一般是由接到召喚電話時即按錶計價，而不是接到乘客後再開始計價。有些國家的計程車，如英國、法國等，前座不准坐人，這是政府規定，否則司機會受罰款。抵達目的地後，多會以不用找零等方式給予司機小費以示感謝，一般來說約是車資的十分之一左右。

(一)招呼站

有些國家的計程車在某些區域不可隨招隨停，必須在設有計程車招呼站之處，才可以停車載客，而下客則無規定。但如果在路上剛巧碰到有人下車的計程車，當然可以直接上車。

(二)座位

一般計程車可以坐四人（前一後三），但是法國計程車司機旁是不可以坐人的（狗可以）；英國計程車司機旁也是不可以坐人的，但是它後座是兩兩對坐，還是可以坐四人的；還有些國家怕司機被搶，不但前座不可以坐人，前後排座位間還有鐵網隔開以策安全。

(三)目的地

由於大多數的計程車駕駛不見得會說英語，所以事前就將欲前往之目的地問清楚，再以紙條記下地址，清清楚楚地告知司機，以免到處找卻仍無法抵達。

練習用當地的語言來說明目的地也是不錯的方法，因為如果你以英語發音來唸法文或是義大利文，司機可能會一頭霧水，正如你在台北向司機說目的地是 The Grand Hotel 時，會有幾個人知道你說的是圓山大飯店呢？

(四)計程車費用

原則上，既然叫做計程車，理應以里程之遠近來計費才是，但是在落後地區則必須事前談好價格，方才妥當。問清楚由A地到B地一輛車是多少當地幣，免得遇到不肖司機會在叫價時故意模糊，抵達時卻聲明是以人為單位計算時，那就有得吵了。

有些計程車見坐的人數多時也會加收一些費用，若是攜有大型行李時也有可能加收，所以先問清楚比較保險。

歐美等國坐計程車時應付司機小費以示感謝，多半是用不找零的方式來付小費。

(五)避免糾紛

當地計程車司機見是外地觀光客,有可能伺機敲竹槓,若是據理力爭不成時,最好記下車號、地點以及收費之金額,然後向當地之觀光機構據實申訴,所損失的金錢不一定拿得回來,但至少給這些非法之徒一點不良紀錄,保障日後前來的其他遊客。

(六)基本禮貌

與司機對話時請以禮貌話語對待之,「請」、「謝謝」、「麻煩你」等用語可盡量使用,一方面表示你的教養,另外一方面不要忘了,你乘車時的安全正在他手裡啊!此外,若是忘了東西在車上時,也比較有機會找得回來。

(七)最佳的計程車司機

世界公認最佳的計程車司機為:新加坡、德國、倫敦、紐約。這是以其服務的態度、路況的掌握、車內外之整潔以及糾紛發生的頻率等,共同加以評分而獲得的結果。

〈小檔案〉司機庫柏(Copper)的故事

　　風光明媚的湖濱區位於英國本島的中西部,也就是在英格蘭的最北方與蘇格蘭交界的地方,地勢平坦,湖泊、山川環繞,自古以來即是世人嚮往的勝地。自從19世紀出了以華茲華斯(Wordsworth)為首的湖濱詩人後,更是聲名大噪、遊人不絕,一方面可尋幽訪勝,另一方面亦可一睹詩人的故居遺物,沾一點脫塵絕俗的靈氣。

初抵湖濱區時選擇的第一站是最大的小鎮溫德米爾（Windermere）。在滂沱大雨中步出火車站，隨即攔下一輛計程車，直奔投宿的民宿，老司機庫柏（Copper）替我提行李至廊簷前，我想付車資卻為他所拒，庫柏說沒關係，只須記帳即可，說完就掏出紙筆記下：朱立安（Julian）欠3.5英鎊，並給我一張名片說，這兩天若有用車可直接打電話給他，車子馬上就到。一個陌生人在一個陌生的地方，居然被人如此的信任，實在令我又驚訝又溫馨。

　　湖濱區不但山明水秀，而且人情醇厚。民宿的女主人溫蒂（Wendy）熱心賢淑，不但屋內打掃得一塵不染，擺設裝飾也是匠心獨運，給人一種家的感覺。院中的花草樹木井然有序，修剪得賞心悅目，將世界著名的英國園藝發揮得淋漓盡致。每天清晨即起，打掃室內屋外，待投宿的旅人起床時，餐桌上早已擺著熱騰騰的英式早餐。晚上拖著遊罷疲憊的身軀按門鈴時，又可見溫蒂笑臉迎人地引你入門，除了詢問一些白天的旅遊活動外，若有不甚明白或疏漏之處，她也立即為你說明更正。不但如此，還會和你一起討論明日的行程，給你最佳的建議，甚至會推薦你哪家餐廳口味道地，價格公道，及至親身一試，其言果然不虛。

　　離開湖濱區的那一天，也是庫柏來接我去火車站，我除了付清數日來的帳款外，也依照禮數多付了10%的小費。在車站候車時，我突然發現回倫敦的車票不見了，遍尋不著下，只有準備上車再補票了。雖然損失不輕，但也無計可施。就在火車進站前的十分鐘，忽然聽見有人叫我，回頭一看，只見庫柏笑嘻嘻地，一隻手藏在背後地問我：「Julian，你在找什麼啊？」然後，笑咪咪高舉著拿著車票的手對我搖晃。

　　誰說英國人冷漠？誰說英國人情淡薄？水仙花讓人驚豔一時，永誌在心，湖濱區的風情，雖然僅尋芳數日，然已飽覽其山水精華，但純樸淳厚的人情更如華茲華斯詩集中的水仙花般常浮上心頭，永難忘懷。

Chapter

11

簡報與會議禮儀

一、肢體語言的重要

　　根據研究，當我們在與他人溝通時，語言之內容只是起到7%的傳達作用，語氣卻占38%。然而更重要的是肢體語言，在溝通中起到了55%的影響，而這55%的資訊是透過面對面時的視覺傳達的，其中包含了彼此的身體語言，例如眼神接觸、面部表情以及手腳與姿態等，這就是7/38/55理論。

　　雖然這個理論頗有爭議，但是我們在與他人談話時肢體語言的確是非常重要的一項。肢體語言表達得體合宜，一定會為討論與溝通加分；反之亦然。因此我們要提高肢體語言的表達能力。

(一)提高吸引力

　　好的肢體語言可以提高吸引力。不只是在於說些什麼，而在於你怎麼說。一個好的姿勢、更優的肢體語言都會讓你更具有吸引力。其次，肢體語言可以帶動談話時的氛圍；相反地，負面情緒也會從肢體語言中不知不覺地表現出來。

(二)傳達資訊

　　肢體語言也會傳達資訊，例如參與談判時，你可能很沉穩的說話以展示自己的自信，但不安的肢體語言卻不小心透露出你的緊張，讓對手知道你的弱點與底線，所以務必要注意肢體語言。

(三)樹立個人形象

　　提高肢體語言的能力是提高溝通能力的有效方法。心理學家說，在別人眼裡的第一印象會一直影響後來他對你的評價，所以塑造良好的第一印

象十分重要。那麼，我們應該如何提升非語言表達的技巧呢？務必做到下列各項：

◆一見面立即握手

握手是商務場合相當有效的非語言善意暗示，透過握手建立身體接觸和溫暖感，絕對能給人留下友善和積極的正面印象。但是既然要握手就務必好好握手，專業的握手是可以訓練出來的商業技巧之一，據說連美國總統甘迺迪（John F. Kennedy）在競選時都曾請人去研究如何握手才是最有效、最有感的握手方式。

◆一見面就微笑

微笑能展現親和與善意，據說在對談時微笑次數越多者愈佳，因為微笑會給人值得信賴的感覺。一個真誠的微笑在於眼神的凝視與嘴部彎起的弧度，而不在於太過誇張的驚喜眼神或是以太超過的笑聲來表達。

◆適度地點頭表示贊同

聽別人發表意見的時候，輕微點頭以表達對說話者的尊重。同意對方的看法時，臉上應有聆聽的表情、偶爾的眼神接觸，身體朝向對方，甚至微傾，種種舉止都會讓對方感受到你完全同意他所說的話。

◆務必有眼神接觸

談話時如果你是盯著一旁、腳下或桌子上的文件，不敢與對方有任何的目光接觸，這些都說明你缺乏自信心、緊張，甚至是心虛而不敢直視對方。

因此，在傳遞資訊時務必直接看著對方的眼睛，適時的目光接觸。但不可以一直盯著對方看，因為這樣會讓對方有太過粗魯與太過霸氣的感覺。

千萬要避免下列各項：

◆不可抱胸、插腰或者蹺二郎腿

抱胸是一種溝通的阻礙，似乎暗示對方你的自我保護，不願開誠布公直接交流。因此應該保持開放的姿勢，保持你的手臂打開、手掌向上或是向內，以消除你和對方間的壁壘。

◆避免坐立不安或不斷地晃動

這些動作說明你感到緊張、不確定或心虛不安。它反映了一種缺乏自信與控制力的行為。因此坐立時應該穩定，下半身都不要晃動，上半身則可以小幅前後稍作移動。

◆不要把手放在口袋中或手指糾結

把手放在身體兩側或插在口袋裡給人的印象是你沒興趣、不想參與或無所謂。

所以交談時從口袋裡拿出你的雙手，同時在說話時搭配一些有決心的、果斷的手勢。儘量保持兩手高於腰部，手掌朝上，如此會讓他人覺得有信心。

◆避免無精打采、身體後仰或彎腰駝背

這些姿態往往與缺乏自信連結，不但給人感覺儀態不佳，同時也說明你是一個沒有權威也缺乏信心的人。因此無論站立或是坐下時，注意儀態，保持專注、精神奕奕，永遠保持積極的聆聽（active listening）。積極的聆聽是雙方溝通有效的秘訣，積極的聆聽也是溝通技巧中最重要的元素之一。

◆避免令人討厭的小動作

例如不停地用腳打拍子、摸臉或抖腳，甚至是轉脖子、扳手指等。
這些動作只能顯現你的緊張、不自信或對細節不夠關注。還有些人在談話
過程中會不停地玩口袋裡的硬幣，或是把鑰匙弄得噹噹作響，這些都是令
人厭煩的小動作，務必避免。

〈小檔案〉善用鏡像效應（Mirroring）

所謂「鏡像效應」是指透過巧妙不露痕跡的模仿，可以讓對方更喜歡
你、更信任你。

透過模仿他人的行為舉止，可以讓對方對我們產生好感，這種方式在心
理學中被稱為「鏡像效應」，是指對他人非語言表達方式的刻意複製，通常
發生在社交場合中，一個人模仿了另一個人的手勢、說話方式或者是站姿、坐
姿等各式儀態，這樣的行為通常會影響被模仿者對模仿者的觀感，會使得被模
仿者對對方有更好的親切感與認同感，從而使談話時的氣氛與關係變得更加融
洽。

所以，如果你想讓對方在短時間裡消除他對你的陌生感，並對你產生親
切感，就可以在和對方開始相處時，巧妙地模仿對方的肢體語言、手勢和面部
表情。但這是需要技巧的，要表現得自然而然，好像我本來就是這樣的（＝跟
你一樣的），千萬不要刻意笨拙的模仿，否則適得其反弄巧成拙。切記！

二、簡報時之服裝儀容

既然簡報成功的關鍵是主講者之態度與形象，我們就必須特別加以
注意下列各項：

(一)主講者是男性

一般而言，如果主講者是男性，那他的最佳服裝應是：

◆西裝上衣

在一般正式場合，男性均以西裝為宜，其材質則以毛絨質料、不易起皺者為佳，顏色則以暗色系如黑藍、墨綠、深褐、深棕色為主。西裝上衣必須與西裝褲完全同一顏色、材質。穿著時，若上衣為單排扣，則最底下的一顆扣子不可扣上；而穿著雙排扣西裝則必須全部扣上。

◆襯衫

深色西裝必須搭配淺色襯衫方才顯得精神抖擻，可穿白色、淺藍色、米色等長袖襯衫，或是與西裝相同色系的襯衫，但顏色則是愈淺愈佳，材質則以絲、棉、麻等為佳。若衣領上有小領帶扣則必須扣好，若有領針的小孔則必須插入領針。此外，襯衫必須燙得平整，切不可有皺痕、汙點。

◆領帶

領帶可以較為花俏豔麗，但須注意其長短適宜程度，以及領夾的搭配選用。

◆皮鞋

皮鞋應以黑色為主，而繫鞋帶的皮鞋比不用鞋帶的皮鞋來得正式。如果不穿黑皮鞋也可以搭配西裝顏色穿著，如深咖啡西裝可配穿咖啡色皮鞋，鞋面及邊緣應保持乾淨，擦上鞋油打亮，不得有破損、裂縫等情形。

◆襪子

襪子與皮鞋相同，以黑色為主，但可以選擇上面有標記或小裝飾或

有暗色花紋者亦不為過，但須注意是否有破洞、是否清潔等小細節。

◆髮型

穿西裝時自然以西裝頭為合宜，鬢角不可過長，否則看起來沒有精神。頭髮必須清潔乾淨，梳理整齊有型，可用髮油或定型液固定髮型。

(二)主講者是女性

如果主講者是女性，那她的最佳穿著應是以西式套裝為主，下半身可改穿窄裙代替長褲，其質料、剪裁亦須完全與上衣相同，但顏色方面則可以稍加變化，淺色系亦無不可，花色也可表現得較活潑一些。

◆窄裙（或長褲）

長短須合宜，這點十分重要，太長會顯得保守呆板，太短則失之輕浮、輕佻，另須注意褲襪顏色的搭配與選擇，以避免突兀。

◆首飾

耳環、項鍊、手鐲等最好選擇同一樣式為佳，以小巧精緻為原則，避免太過炫耀或把所有家當全部都戴出來示眾。

◆化妝

以淡妝、整齊乾淨為主，不時散發出淡雅香味的女人永遠是受人歡迎的。

◆鞋子

以全包腳式的高跟鞋為佳，鞋跟最好略有高度，如此可以讓自己時時保持抬頭挺胸朝氣煥發之姿。顏色則必須搭配當天穿著之服裝。

三、簡報時注意事項

(一)簡報成功的關鍵

簡報成功的關鍵可以歸納為內容、態度、聲音三部分。但是令人意外的是，根據統計，簡報成功的關鍵是主講者之態度，其次是聲音，最後才是簡報的內容。簡報最主要的目的是傳達訊息，所有的內容都應該輔助訊息的傳達，與此目標無關的，最好都別在簡報中出現。

簡報是一種說服的藝術，我們要說服聽眾接受我們的觀點，首先就得抓住聽眾的注意力，讓聽眾清楚地瞭解我們要傳達的訊息，引導聽眾同意我們的觀點，最後建立共識。

(二)簡報之種類

一般來說，簡報可分為：業務簡報（營業額、預估產值、業務競爭分析）、公司背景簡報（給參觀者一些訊息）、新技術簡報、新產品簡報（新車、新書、新型產品、新代理權）、活動內容簡報（如旅遊、展覽、座談會、國際會議）等。

(三)簡報時之聲音

音量必須大小適中，如果有使用麥克風，則在簡報開始之前就必須測試完畢，務必使全場每一個角落均可以清楚聽見主講者之聲音。而講者則必須知道麥克風離口10公分之小技巧。

說話之速度務必和緩、清晰，不妨運用聲調技巧如停頓、連續疑問、節奏快慢等吸引聽眾之注意。

(四)簡報時之目光接觸

聽眾並非敵人,他們是來吸收新知或是獲得資訊的。因此不妨自然而然地與所有聽眾做目光接觸,讓他們知道講者時時在注意他們,增加彼此感覺之互動。請勿將目光一直停留在少數一兩位聽眾之身上,應該將目光自然投向所有參與者。

(五)避免不斷地向聽眾提問

千萬不要一直問聽眾:你們懂不懂?會不會?知不知道?聽眾是來學習吸收資訊的,本來就不可能知道太多,如此咄咄逼人的提問會讓人感到不舒服,如坐針氈,心中忐忑,時刻想著如何藉故奪門而出。

(六)始終面帶微笑

簡報並非上課,簡報者微笑的面孔與友善的語調一定是受人歡迎的,讓聽眾感受到來聽簡報也是一件愉悅之事。但是也不要一直微笑,如果一位演講者從頭微笑到尾,會給人一種傻笑或做作之感。

(七)善用手勢

善用手勢可以適度集中聽眾之注意焦點,但是不宜過多或是不必要之手勢。當然更不可沒事擠眉弄眼,故做驚訝狀,非但無法展現專業,更可能適得其反。

(八)站立位置與姿勢

演講者最好不要一直站在同一位置,不妨在簡報過程中自然移換位置,但是也不可以一直不斷走動,如此將使聽眾分心,甚至引起厭煩。

(九)注意習慣動作

演講者不可有習慣性之個人動作，如聳肩、搖頭、轉脖子、搔頭、摸耳等，當然，站立之姿勢也須始終保持如一，如三七步、彎腰駝背、手插口袋內，均會給人不夠專業之感。

(十)事先瞭解聽眾背景

最好能夠事先知道聽眾的基本資訊，以提高簡報內容之適合度。如聽眾為什麼會來聽簡報？想從簡報中得到什麼？簡報內容能不能滿足聽眾的需求？前來聽簡報的人數總共有多少？對簡報主題的熟悉程度如何？觀眾的背景、教育程度、工作性質等同質性有多高？

如果聽眾對簡報主題已經很熟悉，講者還一直重複眾人皆知的基本觀念，是會讓人很厭煩的；反之，如果聽眾對主題還相當陌生，而主講者滿口聽不懂的專有名詞、英文簡稱，雖然聽眾表面上點頭裝懂，但這是會讓聽眾充滿挫折感的。

(十一)避免照本宣科

切記簡報是輔助我們傳達訊息，真正在傳達訊息、說服聽眾的是講者本身，所以不要照本宣科。如果只是照本宣科的話，聽眾會感覺無趣，如此可能造成聽眾表情木然，氣氛凝重。須知簡報得靠主講者精彩的演講才會成功。

(十二)簡報事先練習

一但確定簡報內容後，不妨先加以熟記，然後不斷練習直到有把握為止。也可以請同事或是好友當聽眾試講，提供你可以改進的地方，也可以模擬一些聽眾可能提出的問題先找答案。

這就是所謂成功簡報的3P，Prepare（準備）、Plan（計畫）、Practice（練習）。

(十三)投影片字體與標點符號

如果使用投影片，字體要大，行數要少！記住字體大，行數自然就少。此外，投影片的大小標題，盡量用粗體。另外字體應選用通用字型，因為簡報會場的電腦可能無法支援太過花俏的字體。

投影片可以說是一條條大小標題的組合，那麼就不需要出現標點符號，尤其是冒號和句點，均可省略，其他如引號、括弧等也最好避免出現，以免增加畫面之混亂。

(十四)統計數字與資料來源

在簡報中引用統計數字時，投影片上宜以精確數字呈現，但講者在口述時，不要有如背書般讀出精確數字，使用近似值即可，因為近似值比較容易記憶。

所有數字均須註明資料來源，一來表示客觀，二來是尊重他人的智慧財產權。此外，簡報必須提及簡報會議名稱、演講主題、演講者職稱、服務單位、聯絡方式，以及相當重要的簡報日期。

(十五)準時結束

好的演講者要能控制時間，不要拖時間，就算是簡報前因為某些原因有所耽擱，還是要盡可能依預定準時結束，給聽眾留下好印象，也方便主辦單位安排接下來的程序。

四、簡報之基本程序

(一)主講者請提早到達會場

一方面讓主辦單位放心，一方面可以事先熟悉場地與設備。

(二)出場時

受到邀請做簡報要先表達自己受邀是一件非常光榮的事，如果聽眾裡有非常重要的VIP時不妨加以致意，以示禮貌，另外，如果可能盡量問候其他幾位聽眾，如此可以拉近自己與聽眾的距離，讓他人感覺好像是老朋友聚會一般。若有助手隨行時，應一併向聽眾介紹之。

(三)吸引聽眾注意

接下來不妨用開場白吸引聽眾注意，可以用一個簡短的笑話，也可以用一些眾人尚不知的事實或數字，也有些人喜歡用一些懸疑的問題問現場聽眾，盡量建立與聽眾的關聯性，以引起聽眾的興趣與注意。

(四)說明簡報內容

一般簡報的時間都不會太長，最多也不會超過三十分鐘。因此，為達傳達訊息、說服聽眾之目的，要技巧地一再提到自己的結論，如開場說明時、中間細述時、最後結論時。有人戲稱此一技巧為「置入式行銷」，也就是如廣告詞般不斷地重複再重複，直到所有聽眾都耳熟能詳為止。

因此，開場說明時首要即是說明結果，清楚明白告訴聽眾你想讓他們獲得什麼。其次，說明簡報的時間。再來就是說明發問的時間與方

式。有些人喜歡聽眾隨時發問，也有人喜歡簡報完成後再安排一些Q&A時間，如此可以提供聽眾一個完整的概念，尤其是當簡報時間較短時。

(五)切入主題

此時又是「置入式行銷」的時機了，可以不斷地提到與設定好之結論相關之數據、資料、其他證據等。可以運用視覺輔助器材，如影片、圖片以及曲線圖、橫條狀示意圖、直條狀示意圖、圓形百分比圖、流程圖、透視圖、平面圖等來加強效果。

圖的效果比表來得好，而表的效果又遠比文字敘述為佳，這是因為人類天生理解的方式不同之故。但必須注意的是圖表只要足夠輔助說明即可，太多不必要的圖表反而會讓聽眾眼花撩亂，模糊了簡報的主題。

此外，要記著隨時拉回主題，有些演講者舉了太多的例子結果時間終了時才驚覺主題尚未說明清楚，如此對聽眾之說服力自然不足。

(六)提問時間說明

主題說明完畢，傳達訊息、說服聽眾之目的已達，此時就是Q&A時間。有經驗的主講者可以再次利用回答聽眾問題的機會，技巧地重複傳達訊息。

比較棘手的是，如果聽眾問了一些比較複雜、難以簡短解釋的問題時，可以大方告知會後十分樂意詳細回答該問題。

另外比較難處理的就是聽眾問了主講者不知道答案的問題，此時可以告知自己未研究此方面之問題，但仍表示感謝提問，且會在最短的時間找出答案再回覆。有些老經驗的主講者會將問題技巧地扔回給提問者，然後視其回答之情形簡短表達自己的看法。也有些人會當場請教其他聽眾，很有可能現場有人知道答案。

(七)總結及致謝

時間接近尾聲，此時再次傳達訊息，以加深聽眾之印象。然後謝謝主辦單位，以及最重要的──謝謝聽眾的參與。

五、商務會議禮儀

(一)商務會議通則

1.發言時不可長篇大論，滔滔不絕（原則上以三分鐘為限）。

2.不可從頭到尾沉默到底。

3.不可取用不正確的資料。

4.不要盡談些期待性的預測。

5.不可做人身攻擊。

6.不可打斷他人的發言。

7.不可不懂裝懂，胡言亂語。

8.不要談到抽象論或觀念論。

9.不可對發言者吹毛求疵。

10.不要中途離席。

我們以商務會議為例，談談商務禮儀中需要關注的一些細節。我們將會議分成：會議之精神、會議前、會議中、會議後。

(二)會議之精神

西方社會會議精神表現之處即在於討論，他們認為凡事只有經過眾人詳細、反覆且正反兩面之討論，才能讓大家看清楚事情之本質，看清楚事件之本質方得以思考出最佳之解決方案，尤其是比較重大之議題時更是如此，所以在討論時一般都約定俗成的會有一些自然的規則，說明如下：

◆一次一事原則

也就是在討論某一議題時，應該針對此一議題提出直接的討論，當然，若與議題相關，也可以提出其他之看法，但是不允許提出與該議題完全無關之討論，例如一議題之內容為是否捐款給公益團體時，有人卻提出年費似乎太高，應該予以降低等完全不相關之事，此時主席應發揮功能予以制止其發言。

◆議題須經充分討論

也就是保護發言人之言論自由，只要合乎議題者之發言，在法定時間內（一般多會有三至五分鐘之規定發言時間，超過者即必須立即停止發言），可以暢所欲言而不受其他意見相左者之干擾，以期每一位發言者之言論內容可以充分表達，以便讓其他人在做決定時可以擁有更充分

的資訊。

◆尊重少數

「尊重少數」，相信大家均耳熟能詳，但是尊重少數不只是口頭說說而已，其真正精神即在於讓會議上之少數意見，能夠利用會議時合法之方式不斷地表達自己的意見，讓主流意見者能再思考自己之決定是否真的正確，有些議會則會給予討論、辯論、公聽會等方式，給予少數意見支持者更多的機會，以符合民主精神，這其中又以英國國會之「分裂表決」（Division）最為有趣。

難道英國人不知道按鈕與舉手、起身等之表決一樣正確且更加方便有效率嗎？當然不是！事實上，英國此一老牌民主國家之所以會這樣做，其用意即在於讓表決者從座位上起身後，走向左右兩間之任一間房間時能夠有更多一點時間來思考：我的決定對嗎？我真的決定如此嗎？據說有些人走著走著，就走向另一房間。這也可以說是尊重少數的一種方式。

◆服從多數

這是民主精神之表徵，少數之理由再充分、建議再好、人選再佳，但是只要表決之結果一宣布，就必須採用多數決，就算只是多一票，眾人也須服從，而且不只是服從，更必須加以擁護支持，要把該表決之結果當成自己所提出一般，當然能夠做到不抵制就已經不容易，說到真心支持，大多數人還是很難表裡一致的。

(三)會議前的注意事項

在會議前的準備工作中，我們需要注意以下這幾方面：

◆When（會議開始時間、持續時間）

要告訴所有的與會人員，會議開始的時間和要進行多長時間，這樣能夠讓參加會議的人員事前安排好自己的工作。

◆Where（會議地點確認）

會議在什麼地點進行，會議室的布置是不是適合這個會議的進行。

◆Who（會議出席人）

以外部客戶參加的公司外部會議為例，會議有哪些人物來參加，公司這邊誰來出席，是不是已經請到了適合的嘉賓來出席這個會議。

◆What（會議議題）

亦即要討論哪些問題。

◆Others（接送服務、會議設備及資料、公司紀念品等）

會議物品的準備，就是根據這次會議的類型、目的，需要哪些物品，比如紙、筆、筆記本、投影機等，還有是不是需要咖啡、小點心等。

(四)會議中的注意事項

在會議進行當中，我們需要注意以下這幾方面：

◆會議主持人

主持會議要注意介紹與會人員、控制會議進程、避免跑題或議而不決、控制會議時間等。

◆會議座次的安排

一般情況下，會議座次的安排分成兩類：方桌會議和圓桌會議。一般情況下會議室中是長方形的桌子，包括橢圓形，就是所謂的方桌會議，方桌可以體現主次。在方桌會議中，特別要注意座次的安排。如果只有一位大官（老闆、主管），那麼他一般坐在長方形的短邊位置，或者是比較靠裡面的位置。也就是說以會議室的門為基準點，靠裡面是主賓的位置。如果是由主客雙方來參加的會議，一般分兩側來就座，主人坐在會議桌的右邊，而客人坐在會議桌的左邊。

還有一種是為了盡量避免這種主次的安排，而以圓形桌為布局就是圓桌會議。在圓桌會議中，可以不用拘泥這麼多的禮節，主要記住以門作為基準點，比較靠裡面的位置是比較主要的座位就可以了。

(五)會議後的注意事項

在會議完畢之後，我們應該注意以下細節，才能夠展現出良好的商務禮儀。主要包括：會談要形成文字結果，哪怕沒有文字結果，也要形成階段性的決議，並形諸文字上，還應該有專人負責相關事物的跟進追蹤、贈送公司的紀念品、參觀（如參觀公司或廠房等）。如果必要，合影留念。

〈小檔案〉會議規則的聖經——Robert's Rules of Order

目前世界上最流行的議事規則應非Robert's Rules莫屬，所謂Robert's Rules就是在西元1876年由一位美國西點軍校畢業之高材生花了三十年的時間出版的*Rules of Order*，事實上Robert並非法律方面之專家，他攻讀的是工程學，美國境內有很多重大的工程均是由他所計劃並完成，其中有不少目前仍然狀況良好。

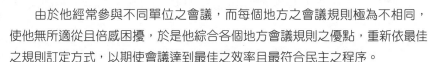

由於他經常參與不同單位之會議，而每個地方之會議規則極為不相同，使他無所適從且倍感困擾，於是他綜合各個地方會議規則之優點，重新依最佳之規則訂定方式，以期使會議達到最佳之效率且最符合民主之程序。

沒有想到此書一出，造成全國極大的轟動，一時為之洛陽紙貴。原來當時美國各地會議各有各的規則，其中有些完全沒有規律，大多數的會議是一場混亂，又常常有激烈爭吵甚至暴力行為的事發生，讓主席苦不堪言，其他與會者也一樣痛苦無奈，所以當這本《會議規則》一出，各地無不奉為會議聖經，幾乎所有較正式的會議都依此規則進行。

這種情形未隨時間的推移而逐漸淡化，反而由於美國的國勢日強，而將此會議規則迅速推展至世界其他國家，成為目前世上最通行的會議規則。

六、投票表決之由來與方式

(一)投票表決的由來

在會議中，為了清楚表達個人意見，在經過討論、辯論後，最後一定會來到表決。事實上，表決之舉是源自古代。根據記載，在古希臘時期，每遇有重大事件，所有公民均可參與公開之辯論會，最後再依據個人之決定投下贊成或是反對票，而主其事者也必須依大眾之多數決定來依循執事，不過當初並沒有選票，人們所投之票其實是貝殼，一人發一個小貝殼，然後依正反兩方意思分別投在容器中，最後待所有人均投完票後再由工作人員計算兩個容器中的貝殼數，然後宣布結果。希臘人每遇重大事件時一定會依此進行投票，其中最有名的就是判定某一人犯了罪，是否應該逐出國家，這也就是相當著名的「貝殼流放制度」。

羅馬帝國延續希臘城邦之投票傳統，不過選票已由貝殼改為小圓球，分為黑白兩色，白色代表贊成，黑色表示反對，最後依黑白球之數

量決定勝負，我們今天稱投票為Ballot，其實就是義大利文「小圓球」之意。

投票除了可以用球來表示外，某些鄉下地方由於物資較缺乏，所以也可以用其他隨手可得的東西來代替，如美國鄉村投票時常常用黃豆、玉米顆粒等來代替。

(二)投票表決的方式

表決的方式除了投票表決（cast by ballot）外，還有其他的方式：

◆無異議通過（no objection）

主席詢問與會人員有無異議（objection），如無任何異議，就可以宣布通過。但是只要有任何一個人有異議，就必須改用其他表決方法。例如：

主席：是否有異議？沒有。本議案通過。（Any objections? Hearing none, the motion carries.）

◆聲音表決（voice vote/viva voce）

一般比較不重要的議題可以用此表決方式，如果明顯一方占多數時可以直接宣布結果，加速會議的效率。否則就需用更精確的表決方式。

聲音表決贊成者喊Aye或是Yea；反對者喊Nay或是No。

主席：贊成的說Yea；反對的說Nay。（All in favor say 'Yea'," and "all opposed say 'Nay'）

◆舉手表決（show of hands）

舉手表決是一種快速又正確的表決方式。

◆起立表決（rising vote）

　　起立表決是一種快速又更正確的表決方式，因為人數多時有人可能會偷偷舉兩隻手來增加票數。

◆假投票（straw poll）

　　假投票不是真正的表決，只能算是民意調查。但是為何用稻草來代稱呢？據說1824年美國大選期間，賓州有一家報紙打算作當地民意調查，這種調查當時叫做straw poll，等於是風向調查。straw是乾草，抓一把乾草往空中一撒，看它們往哪飛就可知道當時的風向，藉此把民意比喻為風向，因此有了straw poll這一名詞。

〈小檔案〉會議的正確用語

　　正式會議或是一般商務會議時，應一律使用英語，不但是用英語，而且必須用正確的會議用語，否則不但溝通不良，連帶會使他人懷疑你是否曾經參加過國際會議。下列是在會議中之正確用語：

1.主席：一般均稱Mr. Chair，若主席是女性，則應稱Madame Chair，也有人指稱Chair或是Chairperson，這是指正式會議時之稱呼，若是座談會（Panel）時之主持人則稱為Modulator，因為他只是會議的流程控制者，負責引導在場的其他專家學者進行相關議題之討論與表達觀點者。

2.控制時間者：一般稱Time-keeper，也就是在會議中控制會議每一階段時間者；如每一議題在議程上應該是多長時間，每一發言者可以有多少時間等。

3.會議記錄：Minutes，一般會議也可以用Notes或是Record來代替。

4.議題：Business，許多人剛聽到時會很不習慣。未完成的議題稱為Unfinished Business，本次會議的議題為New Business，臨時議題為Other Business。

5.提議：Move，任何有發言權的人都可以Move。

6.附議：某些動議（Motion）要成立前一定要有人附議（Second）才得以成立，否則就會Die（不成立）。

7.投票及表決稱為Vote，Vote有許多種，如投票、全場一致通過（Acclamation）、舉手表決（Show of Hands）、起立表決（Rising Vote）、唱名表決（Roll Call）、口頭表決（Voice Vote）等。

8.計票人：Teller，也就是在投票現場維持投票秩序之工作人員，負責指導投票以及投完票後統計票數者。

9.投票：投叫Cast，是動詞，選票叫做Ballot。一般也可以用Take a Vote來表示。

10.表決結果：表決通過稱為Adopted或Carried，沒通過稱為Defeated，也有人用Passed和Failed來代替。

11.宣布結果：Teller's Report。

12.票數相同：Tie Vote，當正反兩方均投下相同票數時，稱為Tie，這時主席可以投下自己那一票以使議題過關或是失敗。一般情形下主席是不參加投票的，除非是同票連續兩次以上，為了會議更有效率起見可以投票。

13.反對意見：Objection，在議會中或法院中常可聽見此一表達反對或抗議之字。

14.散會：Adjourn，散會也是動議，所以也需要有人提出，也需要他人附議，只要過半數，立即生效。

Chapter

12

個人儀態與手勢

一、優雅的儀態

優雅的舉止就好像漂亮的服裝一樣，能起到裝點門面的作用。如果能把優雅的舉止與良好的修養結合起來，就是一個非常優秀而備受喜愛的人。優雅的舉止在公眾中具有感召力，甚至會產生一種魔力，一個風度翩翩的男子，不僅在男人群裡具有很大魅力，而且對異性更具有吸引力；一個風姿優雅的女子所起的效應比男子還要大得多。所以，在社交生活中，舉止是否優美、得體就顯得十分重要了。

我國從古代在這方面就很注意，而且不斷地從實踐中提煉出很多形象，相當生動、逼真、易學、易做，例如「立如松、行如風、坐如鐘、臥如弓」等。簡單地說，就是坐有坐相、站有站相、走有走相、吃有吃相等。優雅的舉止不是天生就有的，而是要靠日常生活中一點一滴地培養、累積起來的，只要有目的的訓練和培養，任何一個人都是可以做到的。

(一)優美的站姿（立如松）

所謂站有站相，具體要做到：兩足分開約二十公分左右的寬度距離，或者兩足併立在一起，但不要太近，以站得穩當為好。女士們可以把兩個腳後跟靠在一起，雙腿直立，收腹，挺胸，兩肩平行，雙臂自然下垂，頭正，眼睛平視，下巴微收。經常可以看到有人把雙手交叉抱在胸前或背在身後，這些動作會給人一種傲慢的感覺。

(二)優雅的坐姿（坐如鐘）

不論坐在什麼地方，頭要正，上身要微微地向前傾斜，雙腿稍微併攏。如果是坐在沙發上，要把大部分身子坐進去，如果是坐在椅子上，

基本上要使身體占據大部分或全部椅子，背要直，雙肩自然下垂，雙手分開放在膝上。如果是女士就要把兩足併在一起，並把腳後跟微微提起。這樣不僅姿勢好看，而且會給人一種沉穩、大方的感覺。有的人坐在那裡或是抖腿，或是摸頭、抓耳、挖鼻孔、拔鬍鬚等，都是不雅的；有的人坐下後愛蹺二郎腿，而且還不停地晃動，也不太雅觀。

(三)優美的走姿（行如風）

每個人有每個人的姿勢，但是走路的姿勢要優美，一些共同的特點是：步伐要穩健，有節奏，不大不小，不快不慢，路線要直，腰背要直，抬頭挺胸，體態輕盈，如此自然能使自己的形象表現出內在的涵養來。

我們經常看到有的人走起路來扭腰、臀部晃動、左傾右斜、走之字形路線、高抬腿、八字腳（內八字或外八字），或是曲著腰身像變形人走路一樣，這些都是不優美的姿勢。

優雅的舉止要因時因地，靈活多變，不可拘泥於某一種形式，做到通權達變，效果才會最佳。原則是要做到自然、得體、端莊，絕對不可以做作。

二、基本的儀表要求

以下是一些職場上最基本的服裝儀容與舉止要求：

(一)服裝應整潔、大方

1.襯衫：無論是什麼顏色，襯衫的領子與袖口不得髒汙。

2.領帶：外出前或要在眾人面前出現時，應配戴領帶，並注意與西

裝、襯衫顏色相配。領帶不得骯髒、破損或歪斜、鬆馳。

3.鞋子應保持清潔，避免龜裂，應保養得宜。

4.女性要保持服裝淡雅得體，不得過分華麗。

5.工作時不宜穿大衣或過分臃腫的服裝。

(二)優雅的姿勢和舉止

1.站立時，兩腳腳跟著地，腳尖打開約四十五度，腰背挺直，頸部伸直，頭微向下，使人看清你的面孔。兩臂自然，不聳肩，身體重心在兩腳中間。會見客戶或出席儀式站立場合，或在長輩、上級面前，不得把手交叉抱在胸前。

2.坐下後，應盡量坐端正，把雙腿平行放好，不得傲慢地把腿向前伸或向後伸，或俯視前方。要移動椅子的位置時，應先把椅子放在應放的地方，然後再坐。坐下時避免猛力坐下，相當粗魯。

3.在公司與同事相遇時，應點頭行禮致意。

4.握手時，用普通站姿，並目視對方眼睛，面帶微笑，脊背要挺直，不彎腰低頭，要大方熱情，不卑不亢。地位高或年紀年長者應先向地位低或年紀輕者伸手，女性應先向男性伸手。

5.進入他人房間時，要先輕輕敲門，聽到應答再進入。進入後，關門時不能大力、粗魯。進入房間後，如對方正在講話，要稍等靜候，不要中途插話，如有急事要打斷說話，也要找到機會，而且要先致歉。

6.遞交物件時，要把正面、文字對著對方的方向遞上去；如果是原子筆，要把筆尖朝向自己，使對方容易接著；至於水果刀或剪刀等利器，應把刀尖向著自己。

7.在通道、走廊行走時，要放輕腳步。

8.說話時，音量適中，避免太大或是過小，笑聲宜自然真誠，不宜浮

誇。無論是否在自己的公司，在通道和走廊上都不能一邊走一邊大
聲說話，更不能旁若無人地唱歌或吹口哨等。在通道遇到上司或客
戶要禮讓，不宜搶先。

三、女性的優雅

文明進步的國家，對女性行為舉止的要求會高於男性，而且是從小
開始要求。譬如女性的頭髮、服裝、言談都不可隨便，應力求高雅。乾乾
淨淨，面色莊重，打扮合宜，應對有禮，這些都是基本之要求。

(一)姿態注意事項

裙子有曝光的危險時，建議把皮包或披肩放在膝蓋處，或雙腳往前
伸，讓膝蓋放低。作為職場女性，一定要時刻注意儀容舉止。

(二)優雅的坐姿

1.手指伸直併攏，兩手交疊放在東西上。
2.膝蓋併攏，兩腳收好。
3.緊靠椅背坐，背要挺直，背直了坐姿才會好看，因此要注意保持。

(三)補妝禮儀

務必在洗手間補妝，這是鐵則，而且速度要快，這是基本禮儀。即
使沒有男性在場，也應該避免飯後在座位補妝，或者在車上等公共場合化
妝、補妝。特別是在歐美，飯後在餐桌座位上補妝會被人認為是特種營業
女郎，所以一定要注意。

BUSINESS ETIQUETTE

可以在用完餐後悄悄離席，補完妝後馬上回來，盡量別讓其他人等待。也不可以在自己的辦公桌前補妝。用化妝鏡查看一下髮型不成問題，但發現妝花了則一定要快點去洗手間補妝。

偶爾可見在辦公室內有些女性職員去洗手間時，手上會握有幾張衛生紙或生理用品，如此明顯握在手上實在是不太雅觀，所以將其放在小包包裡吧！

四、常見的手勢

語言是人類重要的溝通工具，但是除了語言以外，肢體語言在我們日常生活中也是無所不在的，它不但豐富了語言的內涵，也更加強了人們傳達的意願，有時更能無聲勝有聲地巧妙表達訊息，留給對方更大的想像空間。

以歐洲為例，義大利人公認是最善於肢體語言表達的，除了可歸功於羅馬文化源自希臘文明，而希臘文明又與戲劇關係密切外，手勢與民族性、地域性也有著極其緊密的關係。

古希臘時代戲劇表演十分普及，可以說是居民生活的一部分，每當夕陽西沉，夜幕降臨時，人群自然會往露天劇院聚集，沉醉於舞台上演員經由戲劇形式傳達之各種有關歷史、文學、神諭等資訊，而由於當時劇院為露天式而觀眾又相當多，所以除了以精巧的劇院設計以讓舞台上演員之聲音可以傳達至各角落外，也規定最多同時只准三名演員登台，而只能其中正在說話的演員用肢體語言加強表達，其餘台上演員只能站立原地不得移動也不得動作，這是為了方便坐在遠處的觀眾能夠認出到底是誰在說話。

古希臘戲劇之內容早已融入居民的日常生活中，舞台上的話語（台詞）以及幫助表達的肢體語言都被大量引用，也自然成為人們平日溝通時的表達方式。因此由希臘文化至希臘殖民地文化，再至羅馬文化，而羅馬

文明藉由帝國的影響力又擴及至歐洲、中東及北非地區，但也由於各民族不同的民族性，手勢之使用及表達方式也就不相同了。

例如遠在歐洲西北地區的英國百姓就很少使用手勢，雖然英語詞彙豐富，融入了大量的外來語，但是手勢之使用似乎仍侷限於舞台以及英國國會當中，在這兩個方地手勢是表演及表達的一部分。

一般而言，南歐地區的國家如義大利、西班牙、西臘等國之手勢運用頻繁且誇張；中西歐國家如德國、英國、荷比盧等次之；而遠在北方的北歐諸國則又次之，因為他們幾乎不會使用手勢來表達任何的訊息。

以下是一些常見的手勢：

(一)豎大姆指，餘指握拳

大多數是表示對對方之舉動表達感謝，感激他為你所做之事；也表示準備妥當，例如籃球比賽時裁判會一手執球一手豎大姆指表示一切就緒，比賽可以進行了，這是源自飛機駕駛員在飛機升空待發時，由於引擎聲音巨大無法與地勤人員溝通，於是就用豎大姆指的方式表示：我已經準備好了（I am ready!）！

另一意義就是表達讚美或是尊敬，對著他人做此手勢時表示：「你真行！幹得好！」

在希臘，此種手勢正如其他國家的豎中指手勢一般，所以若在希臘搭便車時，就必須換成揮手，否則駕駛停車後不是讓你搭便車而是暴怒飆罵。

(二)豎中指，餘指握拳

這已是一種世界性的污穢語言了，在紅燈區等低俗的場所常可見地痞無賴在爭執時互相以此手勢比來比去。

此外，右手小臂堅直朝上，大臂水平，同時握拳，另用左手手掌猛

拍右手大臂肌肉上，此手勢與豎中指是一樣的，只是更誇張與更明顯。

(三)豎中指以及姆指、小指，餘兩指彎曲

表達時並略為左右搖晃，這是男性欲與女性求歡時的表示，一男一女私處一室時，若男方認為時機成熟即可用此一手勢向女方表達自己的心願。

(四)橫著豎大姆指，並指向右方

大姆指朝向身體之右方，這也幾乎快要變成世界語了：搭便車。有些更細心的搭便車者若再用左手執一張欲前往地名之紙卡，以方便好心人士不用開口就能知道搭車者的目的地。這個手勢來自美國，主要是因應1929年的大蕭條，人民失業且無車，因此立法鼓勵人民互助。

(五)食指捻面頰

若用食指指向自己的太陽穴捻動並以不屑眼光瞪向對方時，表達的意思是：你瘋了嗎？（Are you crazy?）。這些手勢在歐洲的馬路上常可見到，例如有行人在紅燈時闖越馬路，被迫緊急剎車的駕駛多會直覺以手勢表達，不用搖下車窗破口大罵，也一樣可辱罵對方。

如果手指住置往下移至臉頰時，則代表對女性的讚美，意思是：妳很迷人！妳很有吸引力！

(六)食指刮下巴

以食指背刮下巴，有如刮鬍子一般，這是法國特有手勢，尤其是女性對不喜歡的追求者表示拒絕的表達，常可在咖啡廳見到法國美女一面微笑一面以手指刮下巴動作，非常迷人可愛，而追求者一見，也多會識趣的

離開。這個動作原始意思就是會令人厭煩的，因為在法語中剃刀與厭煩同義，所以巧妙的以剃刀表達了自己不喜歡之意。

(七)V字手勢

這也早已成了世界語，源自於英國，因為V字在英文中代表了勝利（victory），所以以V向人表達勝利之歡欣意義，用此手勢時需以手指背向自己，但在希臘則必須小心，如果V字手勢把手指背向對方，則就表示污辱、輕視對方之意。

(八)OK手勢

毫無疑問地這也是世界語了，以英文字母O與K連結而成，表示沒問題，準備妥當一切就緒，也有我很好、沒事、謝謝你的關心之意。但是在法國南部地區，OK手勢則表示零之意，表示某件事情不值一提，表示自己不贊成。

在中東以及北洲地區，如此手勢則象徵了孔或洞，有明顯同性戀的意涵，如果在酒吧等公共場所，有人向你示此手勢，大概就是同志之間尋找伴侶的手勢，千萬不要回以豎大姆指的手勢，也不要以為他向你比OK，你也禮貌性的回以OK。

(九)聳肩

以美國人最流行，表示無能為力、莫可奈何及愛莫能助的意思，搭配著瞪大眼睛、雙手一攤之附加動作，更為傳神。

(十)姆指捻鼻尖

表示嘲笑、不相信之意，原本是兒童用的手勢，但也有不少成人使用。

(十一)豎食指

這是一種吸引人注意之手勢,可以說是英文Excuse me!之意,所以在開會時,若有人舉手豎食指,即表示有意見要發表,這點與我國舉手手掌伸平朝向空中狀不一樣。在餐廳等公共場所召喚服務人員時,也可以使用此一手勢,但是不要加上打手指響聲,如此相當不禮貌。

(十二)吻五指指尖

表示某個人(通常是女人)或是某件事很棒,或是某樣食物很可口,親吻指尖時並發出聲音,加上誇張的面部表情。

(十三)飛吻

飛吻之來源十分古老,據說源自希臘,希臘人在向天神祈福時,通常先會攤開雙手雙臂,臉朝向天空向神祈禱;之後再用飛吻之手勢拋給天上諸神,以表示喜歡、敬愛之意。後來於16世紀時傳到了西班牙宮庭,再傳至英、法、義大利等國。

現今義大利南部拿坡里之聖海倫節時,會有聖血之聖瓶遊行慶典,人山人海萬頭攢動之際,距離聖血較遠處之信徒雖然無法伸手觸摸聖瓶,但也會以飛吻表達之。

(十四)手指輕觸前額

這是源自脫帽向對方致敬之禮,以手觸右前額表示脫帽之準備動作,後來演變成即使沒有戴帽子也以此動作表示「向你致敬!」之意。

(十五)長角手勢

食指、小指伸直，餘指握拳方式。主要是避邪手勢，如果一人走過墓地或是感到陰森恐怖時，均可用此手勢以驅魔避邪。遇見靈車經過時也可以此手勢自保，以免被鬼魂附身或是犯了煞氣。

另一意思表示「戴綠帽子」，當人們聊天時若剛好有某人配偶外遇，人們則以此手勢暗中揶揄、消遣，表示你已長角了！有些惡作劇者甚至會把動物角掛在別人的門口戲弄之。

此外，有人在爭吵時，不甘受辱之一方也可以將此雙角指向對方表達自己的不滿與抗議。

(十六)鈔票手勢

華人以手勢表示「鈔票」、「錢」時，多會用拇指與食指圈成一個圈來表示，但是這在歐美國家則表示「OK」、「沒問題」。歐美等國家以手勢表示「鈔票」、「錢」時，多會用拇指與食指及中指互相摩擦兩三次來表示。

(十七)點頭、搖頭

大絕大多數的國家都是以點頭方式表示。但在印度、尼泊爾等國則以搖頭表示肯定，也就是一面搖頭，一面面露微笑表示贊成、肯定之意，有些人只是以斜著抬頭方式為之倒還好，有些人則是口中一面頻聲You are right!但卻一面不斷地搖頭，常令對方摸不清楚其真正的心理，滿腹懷疑。

五、西洋的迷信與禁忌

　　許多人，在日常生活中常有一些迷信與禁忌，若是不加以注意，輕則惹人厭惡，重則造成親友間無法彌補的裂痕，不可不慎！

　　西方國家也有許多迷信與禁忌，例如老牌影星約翰·韋恩每次演西部片時，一定使用他在第一部電影《千里追蹤》中使用的左輪槍，以求影片拍攝順利和賣座長紅。有些戲劇在正式上演前之彩排時，最後一句台詞千萬不能說出口，否則第二天就會有意外狀況發生，因為他們相信彩排發生一點點不順利，正式上演則會成功。

　　有些人在玩撲克牌時，摸牌後會先用嘴對著牌吹一口氣再看牌，其實這也是一種古老的迷信，因為如此可以把精靈附著在牌上。還有些人相信在牌桌上借錢給人的一定會輸，而向其他人借錢的則會贏。另外有的人不和斜眼的人一起玩牌，撲克牌不小心掉落在地上、玩牌時無心唱歌等，均被認為是倒楣的徵兆。

　　運動界也是出名的迷信，有的球員上場比賽時一定要穿上一次贏球時所穿的球衣，甚至是故意還沒洗過的。棒球球員如果在比賽前看見一輛載滿空桶的車輛經過時，保證會贏球。這是肇因於巨人隊某表現不佳的球員無意間看見一輛載滿空桶的車輛，結果他在比賽中居然連得四分，教練知道後，僱了一輛滿車空桶的貨車經過球場大門口，結果巨人隊居然連贏了十場球。

　　西方婦女在烤麵包時會先在麵糰畫十字，以免其中的精靈讓麵包發不起來，切麵包時也只能由一端切開，如果兩端都切開的話，裡面的精靈會飛出來弄得天下大亂。

　　餐桌上絕對不可同時坐十三人，否則必有災禍降臨，這是源自耶穌的最後晚餐，餐後他就被猶大出賣了，而猶大事後懊悔不已，自殺身亡。

　　在路上行走不可穿越梯子底下，必須繞梯而行，否則必遭噩運，據說此

與古代的絞刑架有關，犯人都是先爬上絞刑台，再被推下來絞死的。

馬爾他島上的教堂上都有兩個時鐘，一個是對的，另一個是錯的，錯的那一個是用來騙魔鬼的，讓他們搞不清楚到底教堂幾點才做禮拜。

其他還有不可在室內撐傘、不可向背後灑鹽等。

迷信總是有人相信，有人不信，每當有人不屑地譏笑迷信者時，他們會振振有詞地回道：「那請問你阿波羅13號太空船升空時的意外事件又怎麼說呢？」

〈小檔案〉西洋迷信何其多

一、路上看見黑貓

此一迷信在西方國家來說算是最普遍的一個，大部分歐洲人都覺得看到黑貓是厄運的象徵，如果看到路上有黑貓，一般都會繞道而行，避之唯恐不及。但是英國卻剛好相反，他們認為黑貓是幸運的象徵，甚至還有人專門飼養黑貓希望帶來好運。

二、四片葉子的幸運草

幸運草一般都是三片葉子，如果找到四葉幸運草在許多西方國家都被認為是幸運的事，據說看到三葉草和看到四葉草的比例為10000：1，找到的話就像中獎一樣幸運，當然是好運的象徵。有一次我去德國，意外發現一片草地上竟然有幸運草，抱著姑且一試的心理去找四葉幸運草，結果才十幾分鐘就找到了五片四葉幸運草。是傳說有問題？還是我當天太幸運？

三、門口掛馬蹄鐵

馬蹄鐵在西方世界是幸運的符號，許多人迷信在家門口掛個開口向上（也有朝下的）的馬蹄鐵就能為全家人帶來好運。

這個傳說說有一天，喬裝後的魔鬼走進了「聖敦士坦」的鐵匠鋪，請他為自己的馬釘馬蹄鐵。「聖敦士坦」假裝沒認出魔鬼，還同意了他的要求。後來「聖敦士坦」趁著魔鬼鬆懈時，將馬蹄鐵用七根釘子釘在他的腳上，魔鬼極為痛苦。「聖敦士坦」提出條件，只要魔鬼保證不再騎著釘了馬蹄鐵的馬進入任何人的家，他就會幫魔鬼拔出他腳上的七個鐵釘。魔鬼同意了，從此馬蹄鐵也就變成避邪的象徵，歐洲人也一直認為馬蹄鐵是幸運的象徵。

　　至於為何是七根釘子，這是因為數字7在中世紀是「美好」和「幸運」的象徵，所以馬蹄鐵也常用七根釘子來固定。有人認為馬蹄鐵的U型應該朝上，這樣才能碰到好運氣，而U兩端朝下則會帶來厄運。另外一些人則認為U型應該朝下，那樣好運才會落在那些馬兒經過的地方。朝上還是朝下至今尚無定論。

四、敲木頭（knock on wood）

　　knock on wood的出現頻率實在太高，譬如問他人有沒有出過車禍，他們會在回答「從來沒有」之後快速掃視周圍有沒有木頭製品，有就用手敲三下木頭，補上一句「knock on wood」，如果沒有就會非常緊張，因為它們相信，如果沒有敲三下木頭，剛剛講的那件壞事很快就會發生。

　　其實「敲木頭」是西方國家的一個迷信，他們相信木頭上有精靈，當你希望某個好事繼續保持，你就可以敲敲木頭或是任何木製品，請求好精靈帶給你好運。反之，你不希望某個壞事發生，你也可以敲敲木頭，把壞精靈嚇走，敲木頭就是防止烏鴉嘴成真。所以下次如果不小心說了什麼不該說的，記得要敲敲木頭同時說「knock on wood」！

五、不要從梯子下通過

　　這個和「knock on wood」一樣是迷信，我看過好多歐洲人真的都會避開梯子，不願意從梯子下面通過。因為中世紀的人們覺得梯子斜倚在牆上很像是絞刑架，若從梯子下走過，以後也會走上被處以絞刑的命運，即使今日早就沒有絞刑了。

六、打破鏡子會倒楣七年

　　這是一個古早的迷信，人們相信鏡子是會反映自己的靈魂，如果打破鏡子就會毀壞自己的靈魂，而且需要花七年的時間才能完全修復，漸漸演變至今就變成打破鏡子會倒楣七年。

七、室內打開雨傘

　　據說起源於英國維多利亞時期，由於雨傘一般是由鋼鐵製成，如果在空間狹小的室內打開雨傘，可能會有人不小心被傘尖、傘骨戳到而受傷，因此後來漸漸發展成為一種會招致厄運的迷信。

六、魔鬼的化身

幾乎所有的古老民族都相信魔鬼常會化身在一般人身上，然後伺機殘害百姓的生命，吸取人們的靈魂，以求自己的永生不滅。

非洲剛果魯巴拉族相信斜眼者就是魔鬼特徵，但是只要請他抽抽菸、喝喝酒就可以免受其殘害；土耳其人是用可蘭經文或是一種藍色的圖形壁飾避邪；地中海地區的漁民則是在船首部分畫上魔鬼之眼冀求以毒攻毒；希臘百姓則是門口掛上一串大蒜避邪；歐洲國家則喜歡用紅色的布來避免邪魔入侵，如義大利新娘頭披大紅巾避邪，蘇格蘭農夫在家畜尾巴綁上紅布條等都是同一用意。比較奇特的做法是向劊子手買一小段絞過死刑人犯的繩索，然後把它燒成灰再和水服下，即可終生妖魔不侵。

有的人似乎天生就是魔鬼的化身，任何人只要和該化身接觸，保證厄運不斷、霉事連連。西班牙的阿豐索國王就是典型的例子，1923年他訪問義大利時，出港歡迎他的艦隊突遇狂風巨浪，有幾名船上水手消失無蹤，接著一艘潛艇突然爆炸，沒多久歡迎他的禮砲中有一門又意外膛炸，而一名海軍軍官和他握手後不久就倒地暴斃，這些還不算什麼，在他參觀格倫湖時，有一座水壩突然崩潰，淹死了五十餘人。

這些可怕事蹟使得當時的獨裁者墨索里尼也驚嚇不已，無論如何死都不肯和阿豐索會面，一切溝通、會談都是由他人從中傳達。雖然如此，大家都知道墨索里尼的下場仍是非常悽慘——被暴民吊死在電線桿上。

〈小檔案〉魔鬼數字666

國人一般認為6是吉祥數字，所以常會說66大順，66都大順了，那666不是更大順嗎？西方基督教社會卻認為666是魔鬼數字。為什麼666喻為魔鬼數字？是因為基督教聖經啟示錄裡說666是個魔鬼數字。

在聖經啟示錄中有這樣的描述，指出反基督教的人具有一個特殊的數字，就是666，因為魔鬼會強迫所有的人，無論大小，貧窮富貴，奴隸或自由人，在他們的右手和額上打上666的印記，這些人就會被魔鬼控制變成其化身。

基於對666的恐懼，大家能躲就躲、能改就改。下面舉三個例子（傳說）：

1. 美國前總統雷根在1979年搬家，當他們家搬到洛杉磯時，將住址聖雲路666號改為聖雲路668號（668 St. Cloud Road）。

2. 美國亞利桑那州與科羅拉多州之間的666公路因為名字與「魔鬼數字」相同，最終難逃改名的命運，最後改為491公路。

3. 你知道比爾‧蓋茲（Bill Gates）嗎？其實Bill是他的小名或是暱稱，他的真名是William Henry Gates III。這名字有什麼可怕的呢？如果將Bill Gates III中所有的字母拆開來並轉成美國國家標準局制定的ASCII碼，然後將所有值全部加起來，將會得到答案666：這就是魔鬼的印記。

〈小檔案〉尼泊爾苦行僧

西元1999年，「吉祥金剛」年方二十，十五歲時由西藏離家出走跑到山西五台山落髮為僧，不久即發願為一名苦行僧，到處雲遊四海，逢人就偈說佛法，渡人脫離苦海。

苦行僧除了一身袈裟一只鐵缽外，身無長物，平日均以向人化緣為生，借廟為宿，若遇荒山野地則餐風宿露，隨遇而安，遇著危險也不驚慌，隨時有結束生命的打算。因為苦行僧信守的第一條就是：那裡死了那裡埋。

多年來吉祥金剛四處漂泊，發願前來尼泊爾的四眼天神廟及博納佛塔二佛教聖地參佛。於是隻身由拉薩翻過世界的屋脊喜馬拉雅山前往加德滿都，沿途僅著一身袈裟以及一件化緣來的毛衣就展開翻山越嶺的探險之旅。

途中翻越世界屋脊喜馬拉雅山脈，飽經天寒地凍以及飢餓（山野無處化緣）之苦，曾經連續五天沒有吃過一餐，又曾遇巨蟒、犀牛、黑熊等山中猛獸，均能安然避過。最驚險的一次則是途中遇虎，老虎凝視著他低聲咆哮，吉祥金剛立刻就地打坐，雙手合十口中不斷誦經，老虎慢慢趨前繞著他打量，見他沒有反應更上前用虎爪輕推他的背，他仍然坐定不斷誦經，老虎最後終於離開，一面走還一面回頭看他，可能心想：這是什麼奇怪的動物啊？

〈小檔案〉過火術

　　世界各地在進行宗教儀式時，有不少都以過火術使儀式達到最高潮，例如巴爾幹半島在每年5月21日的聖君士坦丁節都一定要舉行蹈火儀式；斯里蘭卡的首都可倫坡每年也要舉行類似的儀式，教徒必須徒步走過五公尺長的火炭道；其他像印度的南部、台灣的某些地方也不難看到相似的場景。

　　蹈火時一般使用焦炭或煤炭鋪成長數公尺，寬一公尺左右的火道，再引火焚燒至全燃狀態，此時火道的高溫連在附近的工作人員都無法忍受，蹈火之前多由高僧頌經稟告上蒼並為教徒祈福，有些會以酒、米之類祭品灑在火道上，酒類揚起的白煙以及穀類遇火燃燒的情形令人心中震驚，緊接著就是神奇刺激的過火儀式。只見眾人在高僧的帶領下或捧著神像或是口中法號不斷地赤腳走過燒得通紅的火炭道，完成過火儀式並且毫髮無傷，神靈又再一次向眾人示範了不可思議的法力。

　　科學家的想法就不是如此了，他們認為物體的溫度是一回事，物體的本質又是一回事，正如你可以把手伸入烤箱中不會受傷，但是你用手摸箱內的鐵壁試試看，煤炭燒紅後會自然在外層形成一道質地鬆軟的煤灰，煤灰只有溫度卻無法灼傷人的腳底，為了證明這項發現，科學家一樣鋪設一條火炭道，面對炙熱火焰，不但科學家們均輕鬆過火，後面還跟了一千多名志願試驗者，結果也毫髮無傷，不用唸經，也不用祈神！

〈小檔案〉婚禮習俗考

　　在婚禮時我們常看見一對新人互相把戒指套在對方的手指上，以示白頭偕白終生不渝，這種習俗其實源自古埃及時代，因為當時的人相信中指的血管直接連接到心臟，所以可以藉由中指的控制永不貳心，而且戒指千萬不能斷裂，否則就會有大禍臨頭。

　　新娘的面紗源自古希臘羅馬時期，並不是為了替新娘遮羞，而是避免讓新郎的情敵看見了而半途去搶親，所以直到神父宣布新人已是合法的夫妻後方才揭開面紗，謎底也同時揭曉，就算情敵看到也為時已晚！

　　至於切婚禮蛋糕的習俗也是源於古羅馬，賓客們在新娘的頭頂上方撕開麵包，然後讓他們把麵包碎塊帶回家去，以求新人的子孫興旺，綿衍不絕。

還有就是婚禮中可以看見親友向新人頭上撒米粒和五彩紙，以求新人一輩子衣食無慮順利平安，這也是沿自古希臘時代，不過那時候不用米也不用紙，他們用的是碎甜肉！

〈小檔案〉神奇的讀心術

讀心術有兩種意思，一種是自己腦中的想法能被別人「讀出來」，是屬於見微知著或是察言觀色的行為；另一種是類靈學的概念，認為有些人有能夠洞悉別人想法的特異功能。我遇見的是後者。

有一次我到海外參展，中間休息時到館旁飲水機補充溫開水，這時偶見一人主動與我打招呼。我一看此人並不相識，依相貌來看似乎是印度人，但說著一口標準而典雅的英式英語。

接著他問我是否有興趣跟他玩個遊戲？我心想反正沒有急事也就同意了。

他說：我問你一個問題，你不用回答，只要在心裡想答案即可，但是一定要用英文想。我說OK。

第一個問題：你最喜歡的水果？（→banana）

第二個問題：你最喜歡的顏色（→blue）

第三個問題：你現在住在哪裡？（→Taipei）

只見他在記事本上不斷地寫著，沒一會兒，撕了一頁遞給我，上面清清楚楚寫著：banana、blue、Taipei。

就算是用猜的吧！猜中一次就不容易了，何況是連中三次？我正滿腦懵然不知所措時，他又說道：你現在想三個人的名字，這三個人對你幫過大忙的，一樣要用英文想。

我的腦海中開始思考：Vincent、Joy，第三個是小明，但是他沒有英文名字，好吧，Shiao-Ming，不對，應該拼Hsiao-Ming才對。

只見他又在記事本上不斷地寫著，中間似乎稍有停頓遲疑，寫完後遞給我：上面寫著Vincent、Joy和被劃掉的Shiao-Ming，以及最令人驚駭的Hsiao-Ming。

天哪！我遇到的人是誰啊？

Chapter
13

跨文化溝通

　　在現今世界三種情勢快速演變並互相激盪下，全世界的商界人士必須更加重視跨文化溝通。

　　其一是日漸普及的全球化的趨勢，也就是地球村的概念。全球化趨勢的發展是世界化意識的強化，地緣政治的邊界日益模糊，不同區域、不同歷史、不同背景的文化相互影響，彼此依存，因此我們無可避免地要面對各種差異的宗教、種族、國家與區域的對話、交融與調適，包括族群衝突、宗教衝突、文化衝擊等，都是商界人士不得不面對與思考的問題。

　　其二是多元族群的產生。隨著跨國婚姻的增加，國際人才的流動，使得全球各國的商務結構產生了變化，人們也愈來愈需要學習並尊重不同族群與宗教的文化。

　　其三是網路的發達與交通的便捷。網路的發達使得全球各地的資訊無遠弗屆，迅速交流；交通的便捷使得全球實體的交流與影響更加快速。

　　因此面對全球化所帶來的時空壓縮與世界意識，我們需要主動去瞭解世界上的多元文化，加強對異文化的認知，如此可以降低固有的偏見，提高我們對異文化的接納，以致對商業的行為產生正面的效益。

　　而跨文化溝通中所謂的文化其實受到該地區的宗教信仰影響最鉅，宗教信仰影響的層面極深、極廣，無論是歷史、生活習慣與社會價值均受其影響。因此我們討論跨文化溝通時必須先瞭解各種主要宗教信仰。

　　以下是世界上主要的宗教，這些宗教不但是主流，同時也都是勸人向善、為民祈福的正統宗教，全人類均敬仰。

一、天主教（舊教，Catholicism）

　　天主教又稱羅馬天主教，可以說是所有基督教派的發源地。目前世

界上主要的天主教國家有：義大利、法國、比利時、盧森堡、奧地利、愛爾蘭、波蘭、捷克、匈牙利、西班牙、葡萄牙，以及中南美洲的墨西哥、巴西、智利等許多國家。

天主教，又稱舊教、羅馬公教（Roman Catholic），是世界上信仰基督者人數最多、歷史也最悠久之教派。目前共有約六億信徒，天主教以嚴密的組織，一致的禮儀、教義，以及重視教育之傳統而著稱。

天主教起源自耶穌時代，以中東地區之中下階層之百姓為主要成員，耶穌被釘十字架而死後，其信徒雖有短暫的挫折與潰散，但不久以後由於逃避羅馬帝國之迫害而遷徙至歐洲各地，反而迅速的擴散了傳教地區，信徒前仆後繼視死如歸的宣教精神，使得許多人（包含羅馬帝國的富人甚至官員）都接受了基督教，至西元313年時，羅馬帝國之君士坦丁大帝頒布「米蘭赦令」，公開宣布基督教為合法之宗教，而至該世紀末，基督教已成為羅馬帝國之國教。

天主教於16世紀時雖受馬丁路德宗教改革之影響而使其在歐洲之力量大減，現在只有法國、西班牙、義大利以及東歐部分國家為天主教國家，但是由於許多歐洲人移民往中南美洲而使得天主教得以在大西洋彼端開花結果，成為最大的信仰人口，至今不衰（一說是1492年哥倫布踏上新大陸始，西班牙人即在中南美洲廣設據點，殖民兼傳教）。

(一)天主教徒的聖物與聖物崇拜

◆念珠

為一串珠子以細繩串成，末端附有十字架，有些十字架上有基督像，念珠的功用主要是在念經文時計算次數而用。

◆十字架

天主教徒聖化十字架，一般十字架必置於教堂最明顯之處，其上多有

耶穌釘十字架之像，以示耶穌為了救世人而犧牲自己的事蹟永誌不渝。

◆聖母瑪利亞

只有天主教徒才拜瑪利亞，他們認為瑪利亞對耶穌一生之事蹟貢獻良多，所有信徒都堅信瑪利亞在懷孕以及生產時，甚至至死均是處子之身，她在天主教中享有極高之地位。

◆聖物

可能是一個小聖徒像，也可能是耶穌畫像墜子，教徒認為這是上帝的祝福，有些人配戴以後就終身不取下來，甚至帶進了墳墓，每遇祈禱時或是人生大事時，均會執之虔誠祈禱以求神庇護，並得到好運。

1962年以前婦女在望彌撒時必須以頭巾覆首，但目前已放寬了，神職人員一律穿戴特殊之聖袍及配件以舉行宗教儀式，並可由其顏色及式樣分辨出其在教會中之地位高低。

天主教徒一般會在聖慶日以及耶穌受難日舉行禁食，有些人是完全禁食，只喝水，有些則只吃一餐。此外，有些教徒在每週五都不吃肉類食品，以紀念耶穌是在週五被釘在十字架的。禁食的年齡為十四歲至五十九歲，之前或之後就無此禁忌了。

◆聖物崇拜

在天主教國家以及東正教國家，都會有相當普遍的聖人、聖物崇拜情節，雖說教徒相信唯一的上帝，但是似乎多幾位聖人與天使也是蠻好的事情。

除了受洗，每個人會有一位自己的守護神（guardian angel），每一個城市、國家也會各有主神以屏障保護，這似乎是由希臘時代流傳下來的傳統，例如雅典城的守護神就是戰神雅典娜，威尼斯的守護神就是聖馬可，其化身形狀是一隻長有翅膀的獅子，羅馬的守護神自然是聖彼得，他

最容易認，因為耶穌把進入天國的鑰匙親手交給了他，所以只有他手中執有一把大鑰匙，每年一到了守護神的聖日，全城為之瘋狂慶祝好幾天，日夜不停。

至於聖物崇拜就更特別了，只要一出現聖物必定引起信徒極大的注目，有人為了得到聖物傾家盪產，甚至犧牲個人性命也在所不惜。而郎基努斯之矛以及布魯日之聖血教堂就是其中極有名的例子。這些在電影《路德傳》中馬丁路德去羅馬朝聖時可見其情景。

聖物之種類繁多，舉凡聖人之骨骸、遺物，都是很好的聖物，如屬與耶穌有關的十字架、鐵釘、木塊，或是其所穿之衣袍、所流之聖血，則更是身價萬倍，有人嘲笑說就目前世上所發現之聖十字架之木塊與鐵釘集在一起的話已是夠蓋一間巨宅還用不完呢！

而聖物除了可供信徒朝拜以及觸摸外，還可以顯靈為人治病，而且還可以治百病，甚至盲人從此看得見，跛子立刻把拐杖給丟掉了，聾子馬上可以與人交談，信不信由你。例如在加拿大之蒙特婁就有一間教堂其中「展示」了許多的拐杖，正是信徒祈禱而顯靈時治癒信徒之鐵證！

當然如果出土的東西是其他地方也有的就得爭取信徒，甚至還會互相指控，其目的說穿了不過是來的信徒愈多所捐之奉獻自然也就愈豐厚，所以在發現聖物時免不了要以聖徒托夢、顯靈等方式來增加自己的說服力以及信徒的信心。

(二)天主教的禮儀

◆出生

天主教認為嬰兒之洗禮是將其置於上帝之懷抱中，所以非常重要，洗禮可以是一名或是多名嬰一起受洗，父母親並宣誓會以教會之禮扶養其嬰兒。如果嬰兒未接受洗禮，死後會被置於地獄之邊緣地帶。

◆婚姻

　　天主教非常重視婚姻，堅決反對離婚以及墮胎，因為生命乃上帝所賜，凡人是不得決定其生與死的，希望教徒能與教徒婚配，如果配偶是異教徒，則其子女也要設法使其成為天主教徒。

◆葬禮

　　天主教徒認為死並不是可怕的事，只不過是信徒又回到了上帝的身邊，因此不用哀傷，其埋葬方式依各地之風俗習慣各有不同，一般都會有祝禱文、聖詩等以祝福死者早日升天，而家屬並不用難過，因為逝者會在天堂等待其家人。

〈小檔案〉選教宗

　　天主教是一種世界性組織的宗教，不但歷史悠久，而且有許多的典章制度都是源自古代而流傳至今的，其中最具代表性的就是選教宗。

　　教宗在天主教信徒的眼中就是上帝在塵世的代言人，其地位的崇高甚至超過了帝王，而且又屬終身職，所以想當教宗者大有人在，也因此教宗的選舉就必須謹慎小心而且祕密，以防止有心人士藉機運作。

　　教宗選舉的投票室內不准任何外人在場，也絕對沒有照相機、攝影機之類的採訪設備，室內完全密閉，隔絕與外界所有的聯絡。

　　有資格的紅衣主教才可投票產生新的教宗，必須是在場人數的三分之二再加一票以上的票數才算當選，否則就得把選票和潮溼的麥稈混在一起在壁爐中燒掉，在外面的群眾一看煙囪冒出黑煙，就知道選舉還沒有結果。但是如果有某一位候選人當選了，就會把所有選票混合乾的麥稈一起焚燒，煙囪就會冒出白煙，這時在聖彼得大教堂外守候多日的信徒和媒體記者就會高聲歡呼：「白煙！白煙！教宗萬歲！教宗萬歲！」

　　教宗正式當選後，會得到極其權威的教宗指環，就憑著這一枚小小的戒指，成為全世界六億天主教徒新的精神領袖，並成為財富驚人的梵蒂岡國之大權在握者。

二、基督教（新教，Christianity）

　　新教是指1529年神聖羅馬帝國宣布路德為異端之後所引起的強烈抗議，而譯為新教主要是區別宗教改革前之天主教（舊教）。基督教的教派很多，據統計，其大小教派的總數有二百多個，而且這些教派底下還會再分成其他小教派。基督教又稱新教，目前世界上國家中以德國、荷蘭、瑞士、加拿大、美國、澳大利亞、紐西蘭、丹麥、挪威、瑞典、冰島、芬蘭為主。

　　基督教之演變由於各地風俗民情不一，而解釋聖經之內容有異，所以分枝出許多教派，雖統稱基督教徒，但其禮拜方式與中心思想差異卻頗大，現僅舉其較知名者敘述於下：

(一)英國國教

　　聖公會的出現是源自政治問題而非宗教，而聖公會之組織與敬神禮拜則是一種妥協而非創新。

　　英國國王亨利八世在1509年與西班牙公主凱薩琳結婚後生下五個子女，但均早折，只餘一女瑪莉（即日後成為女王的血腥瑪莉女王），亨利急欲再婚以得一男繼承王位，但是羅馬天主教向來反對離婚，又不願得罪西班牙皇室，所以採拖延方式擱置，亨利請人催促一直不得要領，因此與羅馬教廷漸行漸遠，終於導致決裂。

　　1533年亨利任命克蘭姆為英國教會地位最崇高的坎特伯里大主教，他5月就宣布亨利國王之原有婚姻無效，6月就主持了亨利與宮女寶琳之婚禮，7月羅馬教廷終於開除了亨利八世的天主教教籍。

　　亨利八世一不做二不休，宣布英國國王才是教會唯一的最高統領，所有臣民一律只能服從他而反教皇，違者一律處死刑，其大臣湯瑪士摩爾即因此而被斬首，電影《良相佐國》敘述的就是此一歷史。此外，他又沒

收原來教會及教士的土地及財產,轉分配給其部下、貴族,他們當然也因此全力支持亨利之政策。

　　從此以後,雖經「血腥瑪莉」之焚殺新教徒(她以異端之罪名焚燒新教徒288人,因此得惡名「血腥瑪莉」,諷其雙手沾滿了鮮血),但是在伊麗莎白一世繼位之後,英國國教之地位已經完全穩固,因為她正是亨利與宮女寶琳所生之女,若依羅馬教廷之認定,她即是無效婚姻之私生女,所以無論如何她是絕對不可能重新回到天主教的。

　　英國國教之特點如下:

1.以英語代替拉丁語祈禱禮神。
2.教士可以結婚,如新教徒之牧師一般,反對崇拜聖徒。
3.組織上類似路德教派,沒有大主教及主教。
4.仍設有教會法庭,主管教徒之婚姻及遺囑,並保有十一捐,只是把修道院取消。

(二)門諾教派

　　由荷蘭人門諾賽門所創建,為比較保守的再洗禮派與瑞士的兄弟會,主張新生活,而不注重神學學問以及教條之研究。

　　所謂新生活即是一切衣食住行均由所有信徒一起合力完成,否則不享不用,所以其每日飲食、身著之服、所居之屋以至馬車一律自給自足,有些嚴守教義者至今仍然是布衣粗食,不用汽車,而是乘馬車,不用電器(包括電燈),可以說是現代社會中的古代人民,非常特殊,電影《證人》中男主角被迫逃亡後就是匿身於門諾教派中之一支艾密許教派(Amish),其族人黑衣黑帽嚴謹而樸素的生活可謂異數。門諾教派傳至美國東部而有了艾密許教派,再傳至加拿大多倫多附近之聖約伯,而又成一獨立之社區;週末時他們向慕名前來之遊客出售麵包、果汁以及手工藝品以貼補家用,值得一遊。

　　門諾教派反對戰爭、反對宣誓、反對洗禮等，但是只是消極的不參與，可以說是典型的不抵抗主義者。

〈小檔案〉橫眉冷對千夫指──馬丁路德

　　西元1517年的萬聖節，瓦騰堡大學教授馬丁路德（Martin Luther, 1483-1546）公開宣布了他著名的《95條論綱》（*Ninety-Five Theses*），以反駁羅馬天主教為了斂財所推行的贖罪卷。

　　《95條論綱》歸納起來共分三大項：

1. 羅馬教皇不但不解民間疾苦，還濫用權力推銷贖罪卷，搜刮民脂民膏以興建聖彼得大教堂。
2. 教皇所掌理者為人世間之世，並無權力使亡靈自煉獄中脫離苦海，就算教皇有此神力也不應以贖罪券方式來向教徒收費。
3. 教會真正的寶藏在於聖經上的福音，而並非在於聖徒以聖行累積的聖徒功庫，而所謂的聖徒功庫就是藉以前諸聖徒所累積之聖功，經由教會賣給犯了罪的信徒以及信徒已逝去的親友，而聖功可以累積可以儲存，十分類似發行貨幣的中央銀行其印製鈔票的準備基金。

　　馬丁路德並宣稱，只相信聖德唯一信仰之依賴，而否定教皇和宗教會議之權威。此言一出立即獲得許多人的支持，但當時正逢神聖羅馬帝國選舉之時，羅馬教皇正擬借重日耳曼的腓特列國王，也是路德的保護者，因此將處分路德上事擱延了近三年。

　　西元1520年6月，羅馬教皇才發令諭，命令路德在六十天內公開認罪，路德也因此被捕，並在同年冬季被押至沃斯審判。他在宗教會議上再度公開宣稱：除非聖經和我的理性可以證明我的謬誤，否則我不放棄我的信仰，我的良心只相信上帝的話語，我反對教皇以及宗教會議之權威，因為他們彼此互相矛盾，求上帝幫助我，阿門！

　　於是羅馬教皇下達絕罰令，拘押路德，但是腓特烈國王卻派人秘密劫走路德並藏起來，不久路德化妝成貴族的隨從人員，進入瓦特堡藏匿一年。此時他利用時間把聖經新約的希臘文本譯為德文版本，此版通俗流暢，立刻受到德語系國家之極大歡迎，也為基督教之推展奠下了重要的基礎。

　　馬丁路德反教皇斂財之事一出，宗教革命也於焉展開，但是卻又因為政治因素使其變得複雜化，因為有些國家之國王可能是羅馬教皇的擁護者，卻又與日耳曼結盟交好，所以並不認真依教皇之令圍剿路德；有些領主或貴族雖然心中支持宗教改革，但是為了自身的政治和經濟考慮而表面支持教皇之赦令。

　　路德學說影響日漸普及全德境，更經由1522年之騎士戰爭（Knights' War）與1524年之農民暴亂（Peasants' Rebellion）使其信徒大增，地位也日益穩固。神聖羅馬帝國對於路德教派之法律地位以含混帶過為主，直至查理五世才採取了比較嚴厲的措施，因此也造成了路德派選侯之抗議（Protest），從此以後基督教徒就被冠以Protestant（抗議者）之稱。

三、東正教（Orthodox）

　　目前信仰東正教的國家有：俄羅斯、烏克蘭、白俄羅斯、羅馬尼亞、保加利亞、塞爾維亞、黑山、馬其頓、希臘、亞美尼亞等，多以東歐國家為主。

　　國人對於東正教可說是知之甚少，大多數人可能弄不清楚什麼是東正教，與希臘正教、俄羅斯正教之間有何關係，又為何會有東正教的出現。

　　正教（Orthodox），指正統的教義，原來是用於任何教派團體堅持古訓、不修正、不妥協之稱，所以各種宗教、政治團體都會有正統派、修正派，而好笑的是無論是誰都堅稱自己才是正統派，其他的人則是修正派。所以猶太教派中也會有所謂正統派，即至今之生活、飲食、禮拜等一切仍遵循古禮：每日禮拜、嚴遵飲食禁忌、教堂男女分開坐、禮拜時不用任何樂器伴奏，凡此種種均可稱為正統派。

　　正教之稱可追溯自聖徒保羅起，他在希臘首創正教，聖彼得則在安提克創立安提阿正教，可見其正統的地位是無庸置疑的，而羅馬天主教是

在西元5世紀被正式承認,晚了足足四百年!

正教有不少分支,如希臘正教、安提阿正教、俄羅斯正教、塞爾維亞正教、保加利亞正教、羅馬尼亞正教等,每一正教均設有一名大主教,而希臘正教與這些不同國家之正教合稱為「東正教」,也就是東歐正教之統稱,所以在不同國家旅行時不宜只稱其為東正教,應稱為保加利亞正教等較為妥當。

事實上,自從羅馬帝國分為東、西羅馬帝國而分君士坦丁堡(今之伊士坦堡)與羅馬為大本營後,雙方之爭執與衝突就沒有停止過,最有名的例子就是西元1204年,十字軍東征時,在羅馬教廷的授意下,十字軍竟然東征到君士坦丁堡,城破之後燒殺劫掠,全城珍寶被洗劫一空,很多人難以相信高舉收復失地大旗向回教徒宣戰的神聖十字軍,竟然會對同信一神的東羅馬帝國下毒手!

以下是東正教地區一般日常生活民情不同而略有相異的儀式:

1.非教徒可以入禮拜堂入參加儀式,但是不准接受聖餅以及聖酒禮。

2.東正教聖職人員以及婦女在禮拜時必須以頭巾覆頭,男人則免。

3.神父大都蓄有長鬍鬚,頭髮也不得剪,可以盤在頭頂上,禮拜時會穿上極為華麗之神袍。

4.飲食並無禁忌,但在一年中的某些日子裡,多會自動禁食,比較虔誠者幾乎是每週三、五都屬禁食日,凡肉類、魚類、酒、油以及乳類製品是完全戒絕。

5.任何婦女均不可被任命為神職人員。

6.婚禮分三部分:在進入教堂舉行儀式前神父會祝福新人並要其互換戒指,以誌終身不渝。在教堂內神父會依新郎、新娘順序為其戴上婚冠,東歐國家的婚冠為鮮花編成,俄國則用金屬冠。最後新人合飲一杯葡萄酒,象徵生命共同體的開始,攜手繞行一圈,象徵永遠的結合,至此,婚禮才算完成。

7.葬禮：逝者一般都放在家中直到葬禮舉行的那一天，前一天之傍晚家人會舉行祭典，祝其早上昇天，家人會逐一致祝辭以表達思念。葬禮包括聖詩、聖祝等，死者會有聖畫像陪葬，男人用耶穌像，女人用聖母瑪利亞像，儀式後參加儀式之親友可繞棺，獻上最後的祝福，如果願意也可以親吻死者之頭額。

最後神父宣布封棺，並移棺入穴，此時神父會以聖爐香灰撒在棺木上，其他親友也會以泥土撒在其上，之後儀式結束，眾人離去。

四、猶太教（Judaism）

猶太人可以說是一支極富傳奇色彩的民族。由西元70年的反抗羅馬帝國失敗起，猶太人就開始了長達近兩千年的亡國流亡歲月。西元135年的第二次起義失敗後，羅馬帝國更宣布猶太人永遠不准返回耶路撒冷——所有猶太人心中的聖域。

近兩千年的漂泊、流浪，使得猶太人被迫遷徙在世界各地，中歐、東歐、南歐、美國，甚至中國大陸，都可見其蹤影。但是雖然國破族散，又經過漫長的流浪年代，但是散居各地的猶太人其生活方式與基本敬神禮儀均極為相似，而且與兩千年前並無多大的差異，讓人不得不佩服猶太人之生命韌性與遵循古禮法堅定不移之決心。

猶太人認為只要雙親中有一人是猶太人，其子女即可被認定是猶太人，這種從寬認定的方式，使得猶太人得以以多種不同的面容在世界上出現，所以今日所見之猶太人呈現之不同膚色面貌就不足為奇了，也因此，若是不表明身分，很難由一個人的外表看出來是否為猶太人，這也是為何希特勒在屠殺猶太人時必須要用種種方法逼使隱藏在社會各角落的猶太人現身。

現在讓我們來瞭解一下猶太人的風俗習慣：

1. 猶太人的出生、死亡以及一生中的重大事件均依上帝之旨意進行，生命的目的不是為了自己，而是為了榮耀上帝而活。因此，每天的日常生活，由睜開眼睛、起床、穿衣、沐浴、走路等都有一定的敬神祈禱以及動作，若是違反了或是忘記了都是罪惡，必須祈求上帝之原諒，否則就得不到上帝的祝福。

2. 男童出生後第八天必須接受割禮，也就是割去代表不潔的男性包皮，同時舉行祝禱儀式並為其命名。

3. 男童在十三歲時必須當眾宣讀「律法書」中之祝禱詞，表示自己已是正式的教徒。

4. 結婚時先舉行訂婚，新郎會宣讀婚約，並交給新娘戒指，並宣布：你戴上這枚戒指，就屬於我了，之後才會舉行正式的婚禮。

5. 葬禮簡單隆重，人去世後在最短的時間即完禮埋葬，壽衣樸實無華，而且遺體不用棺木而是直接埋葬。

6. 宗教之領袖稱為「拉比」，意思是我的老師，其角色為社會上的教士或牧師之類，負責解釋律法並帶領眾人參與敬神儀式，解決族人中之糾紛等，拉比均為男性。

7. 猶太男子頭上戴一小圓帽表示敬神。因此在某些猶太教聖地，例如哭牆旁之聖地，就必須戴小圓帽方得入內，但一般旅客不可能隨身攜帶有小圓帽，因此在入口處猶太人會供應免費的紙製小圓帽，參觀完畢後再歸還即可。

8. 每日至少禱告三次，晨禱、午禱以及晚禱，而且猶太人認為集體禱告（至少十人以上）的力量比個人禱告效果大得多，所以常常可見一大群猶太人聚在一起同聲向上帝祈禱的畫面。

9. 家畜食物中不可食用兔肉、豬肉、馬肉，因為這完全不符合律法規定：四腳動物、反芻動物、分趾蹄動物。

10. 家禽食物只可食雞、鵝、鴨等，所有鳥類一律禁止食用。

11. 海中生物只食用有魚翅及魚鱗之魚類，因此如鰻魚、龍蝦、螃蟹等海鮮一律禁食。

12. 乳類製品如牛奶、乳酪等不可以與肉類一起食用，就算想要吃這兩種食品也必須間隔六小時，也就是在同一餐內不可同時乳類、肉類食品上桌。有時家庭主婦甚至會用兩套不同的器皿來盛裝乳類以及肉類食品，以免兩者混在一起。

13. 猶太人的標記是「大衛之星」（Star of David），也就是現在以色列國旗上的那個六角形星型圖案，在國外只要見有人家有此圖案者，即表示此人或此家為猶太人，與之交往應對就必須加以注意，聚會用餐時也最好加以留心，以免雙方尷尬。

14. 安息日（Sabbath），這是猶太人得以團結一致延續不墜的最主要原因，每一猶太人必遵安息日，也就是禮拜六，安息日是由禮拜五之日落起直至禮拜六的日落為止，也就是聖經上所記載的上帝創造天地的六天，安息日為猶太人的聖日以及休息日。安息日時不得工作，並明列三十九項活動均在禁止的範圍，例如娛樂、旅行等，甚至打仗也不可以，所有人說偷襲以色列最佳時機就是安息日，因為這一天在所有人猶太人的地方都是一片死寂，除了祈禱敬神外。禁忌包括：耕田種地、開車、寫作、縫紉、烹調食物、買賣物品，以及所有關金錢的往來和約定。

　　事實上在西元2世紀時真的發生過敵人就選在安息日進襲，以色列人只有束手待斃，不敢反抗，後來因為這血的教訓，才修改了不得作戰的這一項禁忌。因此若是去猶太人居住的地區旅遊時，若遇到安息日時最好有心裡準備，因為所有商店、銀行、餐廳等是一律停止營業的。

　　要分辨基督與猶太教最容易的方法就是看他讀哪一種《聖經》，猶太教一定只讀《舊約聖經》（Old Testament），因為他們根本不相信耶

穌基督，更別提以基督的事蹟與言行所編寫而成的《新約聖經》（*New Testament*）。

在以色列旅行於入關時必須注意不要把以國之移民關章蓋在護照上，以免日後前往任何阿拉伯國家旅行時將因為曾前往過以色列而被拒絕入境，在這種情形下，只有重新換一本新護照了。

另外以色列之安全檢查也是全世界第一的嚴格，所有行李不論是隨身或是托運的，都會被一件一件的仔細檢查，有疑問的還會被拿去用X光照射檢查，甚至連牙膏、肥皂、乳液等都會一一打開檢查，所以在以色列搭機離境時，最少會多耗一個小時，也就是說，旅客必須比正常再提早一小時抵達機場，否則就算飛機要起飛了，若是安檢仍沒完成的話，旅客也只有搭下一班飛機了。

與猶太人打招呼或是道別時，可稱「Shalom！」，意思為「你好！祝福你！」，十分常用。

世界上除了以色列外，還有非洲的衣索比亞也有不少猶太教徒。根據猶太古籍，認為這個族群是以色列某一支派的後裔，因此不但承認這些衣索比亞的猶太教徒身分，稱他們為貝塔以色列人（Beta Israel）。並在1991年，衣索比亞陷入混亂時，派了大量飛機空運了一萬多人至以色列移民。目前在以色列的貝塔以色列人約十五萬人。

五、伊斯蘭教（Islam）

信仰伊斯蘭教的主要國家有：印尼、馬來西亞、巴基斯坦、孟加拉、伊朗、土耳其、埃及以及阿拉伯與中亞諸國。伊斯蘭教為西元7世紀時由先知默罕默德所創，主張崇尚唯一的真主阿拉。伊斯蘭教在阿拉伯語中的意思為「順從」，也就是人類必須「順從」唯一真主阿拉的意思。

〈小檔案〉默罕默德

　　默罕默德出生於西元570年，原為麥加一商人之子，即長娶了一名富有的寡婦為妻，生活因此變得富裕闊綽起來。在他四十歲的那一年的某一天，忽然遇見阿拉由天上派至凡間的天使加百利（Gabriel），稱奉命告之神諭，並取出一張布帛上書神諭內容，要默罕默德背誦下來再轉告百姓，他立刻背了下來（雖然眾人皆知他是文盲，不認識任何字的），此後不斷有使者向他傳遞神諭，有時是鴿子飛在他肩頭向其耳語（有人稱看見他在肩上撒了麥粒），有時則是做夢升天面見阿拉受諭，再返回人間傳達神諭。

　　默罕默德生性機智聰慧，以隨機應變能力強著稱，據說有一次有群眾懷疑他的神力，就說：如果你能祈求阿拉把我們前面這座山給移過來，我們就相信你是阿拉的使者，默罕默德不得已只有照做，可是一直向神祈求了三次，山卻依然紋風不動，此時他不待懷疑的人繼續發言，立刻大聲宣布：各位，這下可親眼看見阿拉的仁慈與偉大了吧？如果祂真的把山移了過來，那我們不是全部給壓死了嗎？現在讓我們大家一起跪下來感謝阿拉吧！一代宗師，畢竟不同凡響。

　　默罕默德西元632年去逝後，徒眾依其生前之相關言行編成了《可蘭經》，從此變成全世界各地回教徒遵行的唯一法典，至今依然。

(一)五功

穆斯林一律遵行五功，也就是：

1. 唸功：宇宙中除阿拉外即再無真神，默罕默德是阿拉的使者。
2. 拜功：每日拜神五次，朝拜阿拉時必須停下手邊的所有工作，伏地朝向聖地麥加的方向朝拜。
3. 課功：交納天課，稱為札卡特。
4. 齋功：依規定每年遵行齋戒月。
5. 朝聖功：每一名教徒每年都應至麥加朝聖一次，或至少一生也要去麥加朝聖一次才夠資格稱為穆斯林。

(二)清真寺

　　清真寺是穆斯林最神聖的拜神之處，其規模與地位亦有大小高低之分，只要視其旁之「呼拜塔」即可一目了然，由鄉村地區的小清真寺的一座呼拜塔，到首都級宏偉壯觀清真寺的五座，甚至六座塔都可以見到。而地位最崇高的清真寺則非聖地麥加莫屬了。進入清真寺必須先淨身，洗手洗足，再懷著一顆純潔虔敬之心，進入寺中朝拜阿拉。

　　朝拜時也必須面朝聖地麥加的方向，這並不困難，因為每一座清真寺都在麥加方向建有神壇，而且每一張地毯上都會有指示方向，所以絕對不會弄錯。

　　朝拜時男人在最前面，中間是兒童，而婦女是排在最後面的，這是為了避免男人在拜神時看見前面有女人時，心中可能會有雜念，對阿拉不敬，所以就成了男前女後，而把兒童置於中間地帶則是讓他們無法調皮搗蛋，只有乖乖地跟著大人拜阿拉。

　　由於伊斯蘭教嚴禁任何豪華裝飾物與偶像，所以在清真寺中只有《可蘭經》文和花草圖案當作裝飾，而教徒身上也不可有任何人像、動物圖案等有偶像崇拜嫌疑之物。

(三)《可蘭經》

　　《可蘭經》在伊斯蘭教徒心中神聖無比，不但超過《聖經》在猶太教徒和基督教徒心中的地位，而且似乎還帶有神祕的色彩，例如出外旅行時會親吻《可蘭經》以求阿拉保佑；身體不乾淨或婦女生理期時也不可碰經書；此外，《可蘭經》必須放在家中最神聖的祈禱室中，不可隨意放置，其擺放高度也必須高過室內其他的物品。

　　伊斯蘭教徒在背誦《可蘭經》經文時無論任何理由都不可以被打斷，就算是生命遭受威脅時也一樣，例如誦經誦到一半突然發生火災時

也必須誦完才能逃生，唯一可以打斷之時就是誦經者背錯經文而有更正之必要時。

(四)禁忌的食物

豬肉、動物之血、酒類、非經屠殺並放血之動物，例如病死或自然死亡者，被其他動物殺死者，都在禁止之列。

每餐前必定禱告感謝阿拉，而由於食物乃阿拉所賜，因此不可浪費，也不可大吃大喝，否則阿拉必定不悅。

(五)標記

一輪彎月如一顆星星，有不少伊斯蘭教國家都以此為國旗之基本圖案。

(六)死亡禁忌

伊斯蘭教徒不准火葬，就算意外死亡也不准解剖屍體。

六、印度教（Hinduism）

西元三千多年前，也就是距今約五千多年前，居住在中亞帕米爾高原阿姆河流域的雅利安人開始了遷徙，其中一支向西北方，也就是歐洲的方向前進，日後產生了歐洲文化的一部分；另一支向東南前進，而其中之一支進入了伊朗產生了波斯文化；另一分支則越過喜瑪拉雅山脈之隘口進入印度，印度文化由是成焉。

根據學者專家之考證，代表該期印度文化象徵之《吠陀經》，其文

學之表現與語法之成熟，均遠勝於晚期的希臘文學以及希伯來文學，吠陀（Veda）基本意為知識，也就是說其創作之本意在於追求知識與真理，其中包含了對諸神的禮讚、歷史的記載與階級制度之來源。

依據《吠陀經》的最後敘述：

1. 由天神口中出生之人是婆羅門，也就是祭司等神職人員。
2. 由肩膀生出者為剎帝利，也就是貴族武士階級。
3. 由腿部出生的是吠舍，也就是庶民百姓。
4. 由最低處雙腳所生出者則是首陀羅——奴隸階級。

而首陀羅是雅利安人入侵時被征服之印度原住民，膚色黎黑，身材矮小，以上四種階級再加上不能算得上是人的「賤民」，就構成了數千年來始終嚴密控制印度社會的種姓制度。

(一)種姓制度

種姓制度事實上不僅僅將人民分為五等，因為就算是同屬某一階級，又可以因貧富不同、教育程度以及職業等不一而又分成不同的次階級制度，相當繁複，外人是相當難完全理解的。不同階級之間不相通婚，互不往來，雖然今日印度城市由於工商社會人與人接觸較以往農業社會時代來得頻繁許多，階級之分已不如以往嚴密，但在鄉下地區則依然奉行，而且就算是口中不說出，但是在各人心中的藩籬障礙仍難完全根除。

在昔日不同階級之人不但彼此不接觸，甚至高階之人不直接接低階者手中之物，不飲同一井之水，甚至在走路時若不幸被低階者的影子觸碰到，都要回家去沐浴更衣以除穢氣。尤其以賤民所受之非人待遇最為明顯。

印度獨立後，雖然知識份子以及政府官員一再呼籲，仍然無法讓人民接納他們，甚至聖雄甘地雖然親身擁抱賤民，收效也不卓著。時至今

日,種姓制度雖已不是那麼明顯,但在印度旅行時,處處仍可見其痕跡與影響。

有一年我在印度、尼泊爾邊境旅行時,有一晚去欣賞鄉間村民之土風歌舞表演,由於當晚客人並不是很多,所以到了節目末了時,舞者顯得意興闌珊,意圖趕快結束。表演剛剛結束,突然見一身材高壯之印度人起身指著舞者破口大罵,只見所有表演者沒人作聲,只是默默拿起表演道具,把最後一支舞重頭到尾重跳一次,這一次可是精神抖擻,無一偷懶。事後我趨前探詢,印度人只輕描淡寫的表示:他們跳的不好,我叫他們重跳!為什麼要聽我的命令?因為他們只是首陀羅,我是剎帝利啊!

印度教在現今世界上仍占有其特殊的地位,它是一極為淵遠流長的古老宗教,其特徵是:滿天神佛、神比人多。這是因為印度教基本的三大天神梵天、毗濕奴、濕婆神外,每位神又有分身,分身又可再變分身,再加上充斥民間的各種迷信,所以套句《聖經》上的話,神是無所不在,處處都在,無論是屋舍、樹木、廟塔、山丘、湖泊、河流都各有其神,連門窗、汽車、甚至桌椅、石頭等也無一不可為神明。

因此在印度教文化區,我們可以看見的是宗教與迷信如何影響整個社會的活動與脈動。動物獻祭血流滿地,驅邪咒、看手相、觀星象、卜卦,再加上吹笛弄蛇者、瑜伽僧、苦行僧,共織成了社會上每日熙來攘往之社會景象。

(二)聖牛

牛在印度的地位是非常神聖的,所以一般稱之為聖牛,不過這是指黃牛,因為牠是大天神濕婆神之坐騎,所以也是天神之一,不得捕殺,在印度若有人殺了黃牛會被教徒以私刑虐殺的。就算是不小心開車撞死了聖牛,最重將被判無期徒刑。因而只見公路上聖牛群處處,悠哉漫步,就算阻礙了交通,最多也只能將之驅趕至路旁而已,絕對不可動手粗暴相向。

　　聖牛最後就算因病或自然因素死亡也無人會食其肉，就算飢荒時亦然，有些信徒甚至會拿杯子或以雙手追隨聖牛之後，待其便溺時以杯盛接，立即趁熱一飲而盡，以達到「淨身」的目的，有些還用牛尿抹面或洗髮。至於水牛則是惡魔的化身，所以食其肉，鞣其皮亦屬自然之事，在印度一般不供應牛肉（Beef），但是到處都有水牛肉（Buffalo meat）供應，可以為牛肉之代替品。

(三)淨身

　　每當遇上不潔之事物所污染時，印度教徒就必須淨身，不潔之物包括：不應食之食物、腐敗之肉、死屍、被賤民污染、婦女生理期等，可達百種之多，再依污染情節之輕重不同而有不同的淨身方法，由最簡單的灑灑聖水，至聖河沐浴，以至喝下聖牛之五物混合物：牛油、尿液、牛奶、凝乳以及牛糞等，據說淨身效果最佳，有些更嚴重的甚至被逐離開家鄉。

(四)血祭

　　印度教諸神中有些嗜以鮮血為奉祭品，其中又以濕婆神之妻子卡力（Kali）女神最著名。卡力女神以神力廣大以及靈驗知名，信徒若是祈願如意時，在回廟還願時多以活的犧牲獻祭，當場宰殺水牛、羊、雞等，再以其鮮血灑於神像前以為祭，場面血腥可怕，不但全廟腥風血雨，而且有些犧牲並未當場氣絕，仍會做垂死之掙扎，看了更令人不忍心。不過印度教徒並不以為意，下手屠宰前還會喃喃有詞說：我現在就要釋放你的靈魂，祝你早日脫離苦海，下世投胎時能有更好之福報。

　　獻祭完之犧牲血已放盡，再拿至廟宇旁附設的廚房加以烹調，然後將部分食物分給僧侶，其餘眾人分而食之。

(五)性廟

印度教的另一特色就是陽物崇拜。在尼泊爾之加德滿都、巴丹等地，以及印度卡鳩拉合等地皆有性之崇拜與性愛圖雕於廟堂之上，外人會以淫教魔道視之，而信徒本身則以平常心視之，因為陽物為濕婆神的化身之一，叫做靈甘（Lingan），卡力女神則化做尤尼（Yoni），二者合而為一表示涅盤之一種型態，也代表繁衍與收獲豐富之象徵。這是遠古流傳至今的一種象徵，和誨淫誨盜是沾不上邊的。聖雄甘地曾告訴外國友人：是你們來此告訴我們敬拜靈甘是色情的，否則我們還真的無意將兩者相連呢！

(六)拜神

既然神明是無所不在的，自然也應每日獻祭香，一小撮白飯，二朵小花就已足夠，也有人再加一點清水。所以在門前、在樹下、在方向盤旁、在辦公桌上、櫃檯上等均可以看見祭神之物品，不但如此，由每日起身、穿衣、穿鞋、出門、工作開始等都有一定的祭神手勢與經文，如果沒有執行，就會感到心中不安，惶惶不可終日，可見宗教已完全融入信徒的日常生活中了。

(七)節慶

印度教徒的節慶是喧囂而且狂烈的，不但極為耗費金錢及時間，且極盡奢華之能事，並且常會有激烈的自殘行為發生，有些會以利器割傷肌膚，穿透臉頰，甚至當慶典達到高潮時，會有信徒情不自禁的躍入火中自焚或是衝往神轎的巨輪下以自身獻祭天神，觸目驚心，讓人領略印度教徒的宗教狂熱。

(八)葬禮

　　死者去逝時若能讓身體之一部分沾到聖河之水則有助其靈魂之轉世投胎，若無聖河則用聖水代替亦可，人去逝後二十四小時內必須火化（嬰兒只可土葬），火化後家人必須舉行淨身儀式，可長達十至三十天之久，之後以十顆飯糰放置室外給鳥食，代表亡靈之離開家庭。在此之後家人才可以再度工作，婦女才可以再度烹調食物。

　　有些地方仍留有剎帝（Sati）惡俗，也就是火葬時要求寡婦投火殉夫，有些迫於巨大家族壓力而從之，也有人是心不甘情不願地被五花大綁的投入烈火中，變成含冤的亡魂。

〈小檔案〉印度教火葬記

依照印度教徒的習慣，人死了只是這一世的解脫，同時也是另一世輪迴的開始。所以一般人在即將歸西之時，必由家人以擔架抬至河邊的小屋中，待其斷氣之前，把人連同擔架頭上腳下的將雙腳浸泡在聖河中，若能如此自然死亡，則此人的下一世一定會更有福報，但若等了半天仍不肯棄世，則再抬回小屋中繼續等待，有時得反反覆覆地抬來抬去好幾回。

待其已確定死亡後，則由人將屍首平置在河旁的火葬檯上。此時石檯上早已架好了井字形疊放的木柴，這時眾親友在長者或最親近之人帶領下，繞行死者三周，祝福死者早昇天、早超生，而印度僧人則在一旁唸經超渡，儀式完畢後則由長者將一小火種或蠟燭置死者口上，再引火焚屍。

火化過程中必須不時加油及翻動木柴以確定全身火化成灰，據說以男性的腹部和女性的胸部最難處理，必須反覆火燒才能成為灰燼。待火化差不多時，印度僧人會將死者之頭顱由火中取出，準備釋放死者的靈魂，只見他口中唸唸有詞，再以一鐵棍對準天靈蓋奮力敲下去，頭骨敲破之後，死者的靈魂也向天飛去，成了名符其實的在天之靈，此時，又見親友一同祝禱，神情莊嚴肅穆，最後將未火化之部分再次燃燒，待全成白灰時將骨灰及柴燼一併掃入河中，儀式至此也告一段落。印度教徒並不忌諱他人旁觀，也可自由拍照攝影，但必須記住，必須尊重死者，保持安靜，千萬不可有嘻笑、喧譁等輕浮之舉。

Chapter
14

商務旅行意外之防範

一、證件與貴重物品之收藏

　　出門在外最怕發生意外事件，不論是財物、證件，乃至身體髮膚，若有意外，輕則影響情緒、損失錢財，重則有可能終身遺憾。事實上，絕大部分的意外都是可以預先防範，或是可以小心避免的，莫待事情發生之後，後悔怨歎為時已晚！

(一)證件之收藏

1. 護照與簽證可以說是最重要的東西，缺一不可，務必隨身攜帶（也可以鎖在飯店的保險箱內，但於旅館check-out時可別忘了取出）。最好在出發前把每一頁有效頁加以影印留底，與正本分開放置，萬一正本遺失，則這些影本就可能變成救命仙丹，至少可以讓旅客繼續後段行程，平安返國。
2. 護照上的簽名欄務必本人親自簽名，簽名以最簡單、最容易者比較好，也就是說你可以在極短的時間內輕易簽出一模一樣的簽名。
3. 如果護照上簽名已經被人代簽，則只有委屈你去依樣模仿其筆跡，否則真正的護照持有者會被當成冒名頂替者，而且入境單、海關申報等也一律必須模仿該簽名，以求與護照上的簽名相同。
4. 護照不可以有撕破內頁或弄汙等情形，否則也有可能被視為無效。
5. 旅行時最好隨身攜帶幾張證照用的照片，以備不時之需。
6. 若是護照、簽證等重要證件同時遺失時，一定要先前往警察局報案，並不是盼望能找回失物，而是在完成報案手續後可以取得一張遺失證明，最好能請警員在前述事先準備好的證照影本上蓋章，如此就等於取得了臨時身分證，接下來的行程則可以順利完成無虞。

(二)貴重物品之收藏

◆照相機與配件

相機以簡單好用為原則,若發生故障在國外將十分麻煩,但也不一定要使用傻瓜相機,事實上,現在市面上有些單眼相機亦方便實用,效果又好。

記憶卡方面,除非是專業人士或是喜歡用相機拍攝影片,一般人用128GB的記憶卡即已足夠,但是為了分擔風險最好準備兩、三張記憶卡,而且是知名度較高者,以免臨時出狀況。此外,國外記憶卡及電池十分昂貴,最好在國內購足,以免浪費錢財。

電池方面,若有使用特殊電池之相機時,在出國之前務必準備足夠,以免到了某些落後地區配不到同款之電池時,相機就成為累贅了。

旅遊中若有參觀博物館、美術館之活動,由於館內絕大多數禁用閃光燈,而又很想拍一些當紀念時,可以用腳架慢速曝光來拍攝。

◆現金

若是攜帶現金出國,一定要收藏妥當,原則上是口袋中放點零鈔備用,大鈔則另處謹慎收藏。有人藏在特製的皮帶中,有人使用貼身鈔票袋,有人藏在衣服暗袋之中;據說還有些女性竟然藏在胸罩中,雖然保險,但是每次取錢時就必須先去洗手間,滿不方便的。

我出國從不藏錢,但也從未遺失過,其實只要自己小心,警覺性夠,就不會有事,發生事情的人,不是自己太迷糊,就是警覺心不夠。

◆信用卡

信用卡可以說是目前全球最方便的付款工具,但是也有其潛在的風險存在,所以使用信用卡時必須注意下列事情:

1. 簽名用信用卡付帳時應先仔細核對金額，正確無誤後再予簽名認帳，簽名之形式必須與信用卡上一致，否則會被要求重簽，這個問題與護照等重要證件上簽名同樣重要，所以必須練就一種制式化的簽名。

2. 為了避免簽名被其他人冒簽，有些人會故意用一種極複雜的簽名，讓人不易仿效。但事實上，愈是筆畫簡單的簽名才是愈難模仿的，不信的話不妨試試看。還有一招就是中英文並簽，這是不錯的防盜刷方法，畢竟外國人想要模仿中文簽字，並不是容易的事。

3. 一般刷卡金額不高時，只需要核對卡片及帳單上之姓名即可，但是金額過高時有可能會要求顧客出示護照，並再次核對照片與簽名，均無誤才接受刷卡。

多年以前有一團台灣旅客在維也納以信用卡刷卡，購買勞力士手錶等價值高昂的物品，結果被要求出示護照時，發現信用卡上之簽名與護照上之簽名差異極大，於是店員暗中報了警，全團被帶進警察局，扣留偵訊了許久才被釋放。當然在這個事件中發卡公司也犯了若干錯誤，而在奧地利當時正有一個偽卡集團大肆作案，而正巧也專愛刷卡購買貴重手錶、珠寶等物品，才會陰錯陽差地造成全團被捕的重大事件。不過如果簽名完全一致的話，可能事情也不會鬧得這麼大了。

刷卡時卡片千萬不要離開自己的視線，有不少盜刷事件都是利用短短的幾十秒內完成的。別有用心者利用刷卡之機會先盜刷一些空白卡單，事後再模仿簽名，伺機詐財騙錢，所以若是怕不保險，最好是付現或至櫃檯當場刷卡簽名較為妥當。

以信用卡付帳時，可以把小費填在附加欄位內，如餐費七十五元，再附加小費十五元，共計九十元，但也可以直接以現金支付小費，比較直接且簡單。

信用卡放在皮夾內最好與其他的金融卡、電話卡等磁性卡分開放，

以免互相磨損而無法讀取、辨識，而遭到拒絕。不妨出國前在國內先試試
小額卡刷，看是否有問題。

出國時若擔心信用額度不夠，可以事先通知發卡公司告知即將出國，
要求增加授信金額，一般來說放寬一倍是沒有問題的，免得出國採購付帳
時額度不夠，也是一件令人尷尬的事。

信用卡若是確定遺失時，應立即向發卡銀行掛失，不可稍有延遲，以
免被人盜用。所以出國時先在記事本記下卡片之卡號、發卡截止日等重要
項目是非常必要的，發卡公司的全球免費掛失電話號碼也請一併記下。

刷卡付帳有不少附加益處，如搭乘大眾運輸交通工具可以有額外的
保險、租車可享折扣、住宿有優惠、行李破損也有理賠，林林總總讓人眼
花撩亂。最好在辦卡時問清楚，出國前再以電話詢問，瞭解在國外旅遊時
的優惠項目，看看有哪些是適合自己的，以及是否要先在國內就提出申請
報備或登記。

俗語說：「一分錢一分貨」，反之亦然，卡友付了多少的卡費以及
商家付了多少的佣金給刷卡銀行，所獲得的優惠和邊際效益都是相對的。
據說在國外用VISA或Master卡都是受歡迎的，但是若用American Express
卡，商家可能會皺起眉頭委婉地問你是否有另一張卡，否則就是心不甘情
不願地勉強讓你刷，有些甚至不接受那些卡。反之，據說AE等卡相對可
以提供較大的保險以及較多的優惠，所以依據各人之需要來選擇最適合之
信用卡，才是最佳之道。

要注意的是有些卡雖稱有高額意外保險，但是必須確認是出國期間
第一天至返國為止的全部意外險，還是只有搭飛機、坐火車、輪船等大眾
運輸工具才有保險，而自己開車或其他工具就不適用。

若是弄不清楚，最好自己再花點小錢買足夠的意外險以及醫療險，
比較放心。

二、行李遺失處理

在國外旅行時，行李若遺失不僅相當不方便，而且影響旅遊情緒至大。以下是一些防範及補救措施：

1. 預防方式為旅行箱二件變一件，集小包成大包。
2. 行李牌上再以不會褪色的油性筆，以中英文清楚註明所有人相關資料，並最好也註明國外聯絡人之姓名，以便即時聯絡。當然，一個或多個結實的行李牌也是不可或缺的。
3. 辦理登機手續時必須仔細確認行李上之航空公司行李貼條之班機以及轉機班機是否正確，城市機場代號是否與機票上所示吻合，如果有任何地方錯誤都須立即提出要求更正，否則行李一定會遺失。
4. 托運行李之收據一定要妥為收好，因為有些機場出海關時，會核對收據之號碼是否與行李上之號碼一致，若遺失收據又得費一番唇舌解釋，而萬一行李遺失，則收據更是旅客求償的最重要文件了。
5. 遺失行李時，必須憑護照、機票、行李收據等前往航空公司機場服務站填申請單，註明型式、顏色以及其中所裝之物件，航空公司會循站搜尋，一有結果，會專人送到旅客的住處（觀光客則送至飯店）。萬一真的遺失時，航空公司會依法賠償旅客之損失。目前規定至多是美金七百五十元，如果超過也是只賠七百五十元，但是如果申報時只報二百五十元，那就只賠二百五十元，所以在申報時自己要斟酌。
6. 在尋找行李期間，由於旅客無換洗衣物可用，所以可以向航空公司據理力爭一些日常用品補償金，費用則依各地生活物價指數不同而有差異，而且每間公司也有不同額度。不過要注意的是，如果旅客不積極爭取，航空公司也就裝作不知，沒有一家航空公司會主動提出日常用品補償金的。

7.行李破損時也和遺失時類似，先至航空公司填表申請理賠，公司職
　員會視破損情形而有不同之處理方式。若行李完全破裂，旅客首先
　會被要求在一堆不同型式的行李中，挑選一個與破裂行李箱類似的
　以為代替。如果找不到合適的，則可以要求賠一個全新的，旅客也
　可以憑購買新行李箱之收據要求理賠，有時航空公司會買一個相似
　甚至更好的箱子賠給旅客。若行李部分破損，航空公司會請旅客自
　行送修，修理費之單據也可以申請理賠，而有些公司有自己特約的
　修理商店，在修理完成後會送還給旅客。如果破損的是硬殼箱，因
　其無法修補則不妨力爭，要求更換一個類似的或一個全新的，因為
　硬殼箱的裂縫會愈來愈大，終至無法使用。

　　有一次我前往南非參加國際展覽時，下了飛機竟然發現買了沒有多
久的硬殼行李箱已有一道深深的裂痕，心想可能是由於箱子的品質不佳再
加上被壓艙底所造成的，於是依照程式申報，要求賠償。

　　第二天我參觀完展覽回到飯店時，一隻全新的漂亮皮箱已經在櫃檯
等我了，一看牌子居然是以堅強耐摔著稱的紳耐牌（Samsonite），市價
是原來的三倍以上。

　　從那時起，它陪著我東征西討已逾十載，仍完好如初，雖然表面上
多了不少歲月的刮痕，至今我對南非航空仍心存感念，並深深覺得一只堅
固耐用的皮箱真是十分重要。

　　避免行李破損除了使用較堅固者之外，在托運時把伸縮手把收好，
拖行李的皮帶取下（以免被轉盤扭斷），若怕不保險，可以在皮箱外再加
一至兩條固定綁帶加以強化，則就萬無一失了。

　　在飛機上若有衣物被冷氣滴水甚至服務人員弄汙時，也可以憑洗衣
店之收據要求理賠，只要這些髒汙是由飛機或服務人員造成的均可提出申
請。

三、小心陷阱處處

(一)兌換外幣

兌換外幣時千萬小心，尤其在外匯管制的國家，私自兌換外幣均屬非法，可能兌換外幣剛完成時或快要完成時，兌換者突然驚呼：「好像有員警來了。」於是匆匆散去，旅客怕惹麻煩，也慌了手腳，待鎮定下來一看，不是少了好幾張，就是有偽鈔混在其中，這就是標準的因小失大。最好在合法的地方兌換外幣，雖然匯率可能較差，但安全無虞，且用不完還可以憑收據換回美金。

合法兌換外幣之地若以最划算的排名來看，依序應是：市內銀行→兌換中心→機場銀行→飯店櫃檯。甚至有些兌換中心的匯率會比市內銀行還來得好，有些還不收手續費，判斷之道可由其外排隊人數多寡來印證，否則不妨先換一些試試看、算算看，再決定去哪裡換才不吃虧。不過要注意的是，每一家銀行、兌換中心的匯率和手續費都不盡相同。

有些開發中國家的外匯管制極嚴，又有高額的外加政府稅，最好事先問清楚，例如尼泊爾的兌換稅高達80%，也就是在旅客離境時，身上所餘之尼泊爾盧比只可換回等值美金之20%，其中80%捐給了尼國政府。

在這些開發中國家，由於極缺美金，所以若以美金購物多可以得到優惠，因為店家可以轉手去賣黑市。

(二)購物詐騙

購物時詐騙之事也極多，尤其是東南亞地區最著稱。例如珠寶金飾店，其內之珠寶多屬贗品或是劣質品，旅客看在七折八扣外加送禮物之誘因下，有不少人用鉅款買了一大堆垃圾回家，可能還沾沾自喜呢！

玉器店更是離譜，有良心一點的只是提高售價或是將次級品當高級

品銷售，有些則是以雷射、染色方式矇混客人，根本是假貨，但還裝出一副謹慎小心狀，讓客人誤以為價值不菲，而心動地以低價（其實是高價）買下，還以為占了便宜。

峇里島等地會誘客人買銀器，這些銀器看似銀光閃閃，光彩奪目，價格也算合理，但是高興不了多久，原本閃閃發光的銀器全都黑了，不是空氣接觸的氧化現象，而是根本就是鍍銀而非純銀的。

這些例子不勝枚舉，出門在外，購買一些紀念品當然很好，但是若沾上貪念，就很容易花了錢還得懊惱許久。

(三)陌生人敲門

在飯店房間內時，若有人敲門，不可貿然開門，必須先出聲詢問，再由窺視孔內察看無誤後，才開門查看。但此時安全鐵鍊仍應扣上，待確定沒問題後再行開門。

如果貿然開門則有可能變成「開門揖盜」。有些歹徒冒充服務人員，假裝送日用品進房，一入房內即露出猙獰面目，劫財劫色，常有所聞。

(四)假職員、假警察

有些歹徒會假冒飯店職員，男女均有，手執工作日誌板之類物品，大大方方登上遊覽車，假裝清點人數或是例行檢查等，一有機會就會摸走旅客的錢包、照相機等物品，然後下車揚長而去。

在某些觀光旅遊地區可能偶遇二、三人一組的制服警員臨檢，一般觀光客自然是護照、機票，外加皮包都奉上備查，但是臨檢完後可能會發現皮包中的大鈔均不翼而飛了。所以，臨檢可以，鈔票則不要離身。

四、防扒、搶、竊與騙術大觀

(一)扒竊花招

　　世界各地的大都會地區、人潮密集之處，都難免有扒手混跡其中，有些是跑單幫性質屬於個人伺機作案，但有更多的是扒手集團，互相支援掩護、製造機會以及事後脫逃。至於扒竊方法可以說是五花八門，令人防不勝防，自保之道唯有謹慎一途。

◆假售物招

　　在歐洲地區常見，一群少年團團圍住某一觀光客，一方面假裝售物，另一方面設法探出對方錢財放置處，然後由其中一人下手扒竊，若被發現則立即變扒為搶，而且搶了就跑，四散奔逃，令遭扒者要追也不知追哪一個。

　　由於成員多是吉普賽人，並無國籍，且長年在各地流浪，員警也不易處理。這種情形在歐洲各國甚為普遍，當地人若遇見則常拳腳對付毫不留情，而觀光客遇上了扒竊集團，最好是以背貼牆壁或集結成小組一起活動來對付他們，為較佳選擇。

◆冰淇淋招

　　當有人拍你肩膀，滿懷歉意地告訴你，她不小心用霜淇淋弄髒你的外套時，千萬別把外套交給她清理，尤其當她是一位妙齡女郎時更須小心，否則衣服清理完，口袋內的皮夾也不見了。

◆掉銅板招

　　一個人在公共場合，如飯店大廳等人或寫信，可能會有一妙齡女郎

走到你身邊時「不小心」掉了一地的銅板，此時你會怎麼做？你應該坐在原地別理她，因為如果你幫她撿散落滿地的銅板時，身旁的皮包可能就不翼而飛了。

◆搶奪皮包

在南歐地區常會有飛車黨，由婦女身後騎機車悄然而至，搶走皮包後快速離去。防範之道是將皮包背靠牆內側，但是最好不要將皮包如小學生背書包一般斜背，十分難看，我國觀光團為了防盜，結果全團婦女斜背皮包戒慎恐懼而行，常引起外國人驚訝的眼光與嘖嘖稱奇聲。

◆割行李

在機場或飯店大廳，常會發生旅客行李被利刃割開，其中財物被竊情事，預防之道無他，一是至少留下一人看管行李，若大家都必須離開時，務必請飯店服務人員暫時看管；另外則是盡量使用塑鋼硬殼皮箱，讓歹徒較無下手的機會。

◆假美鈔

國外使用美鈔機會極多，但必須小心避免拿到假美鈔，一般來說十美元、二十美元的美鈔很少有假的，但一百元的則有不少，下列為簡單方便的辨識方法：

1. 檢視紙質，以手指輕彈紙幣，聲音輕脆悅耳則應為真品，否則須再進一步檢視。
2. 檢視鈔面上是否有紅藍細纖維，若無纖維者為贗品，若有纖維者尚可用針尖挑起，纖維挑不起來的也是假鈔。
3. 正面綠色圓章可用力摩擦在白紙上留痕，而圓章本身顏色不會擦掉者為真品。

◆跑檯子招

在銀行、機場或是其他公共場所的櫃檯旁，經常有歹徒三、四人一組，在不遠處尋找粗心大意的旅客下手，他們西裝筆挺，打扮也如一般旅客，看見有人在櫃檯上填寫單據或是詢問事情，而把手提箱放在櫃檯下腳旁邊時，就是他們準備下手的良機了。

他們會先由早已準備好的各式各樣手提箱中拿出一個與對方相似的皮箱，然後兩三人伺機先後擠在目標羔羊的身旁，似乎也是要填些單據什麼的，手中的提箱自然會放在目標提箱旁邊，沒過一會兒又很自然地提了提箱走開，當然手中的箱子早已掉了包。有不少迷迷糊糊的旅客在著了道後許久，還不知道自己手中之提箱早已非原來之物。

防制之道就是，手提箱永遠不離開自己的身旁以及視線之外，若有陌生人靠近時必須提高警覺，如果發覺情況有異時，最好立刻離開櫃檯，假裝去上洗手間之類，然後回來時若仍見那些人時，就可以確定彼非善類了。

◆機場乾洗

轉機前往第三地時，也常有行李被人「乾洗」的情形發生，尤其是落後地區之機場更是常有所聞。據瞭解，這些不法分子都是機場工作的地勤人員，在航警的包庇甚至掩護下，利用行李轉運的機會下手，軟皮箱就用工具把鎖撬開，硬殼箱則用起子等強力扳開縫隙，再伸手入內盜取物品，無論是相機、項鍊等，只要是稍微有點價值的東西都難逃魔掌。有時東西丟了也就算了，但是由於他們盜物手法拙劣，常常把皮箱弄壞以致不堪使用，相當令人氣憤但也無奈。

防制之道在於出國時盡量選擇堅固之行李箱，若在其外加上兩條固定用皮帶加強就更理想了。歹徒一見如此麻煩，可能就會放棄，另尋目標去了。當然箱內不放任何值錢物品則是消極的防制之道。據聞最為惡名昭

彰之地是在曼谷機場。

◆當街搶劫

搶劫之事以南非以及南美洲最為知名，以南非為例，多是數名黑人大漢集體行搶，其實他們並不需要拿刀拿槍的，只要幾個人把你團團圍住，你自然知道他們想幹什麼了，由於他們十分窮困，所以項鍊、手錶、戒指、鈔票當然跑不掉，有時連帽子、皮帶，甚至手中剛由超市買回的泡麵也統統不放過。

◆打悶棍

有些歹徒屬於跑單幫的，最喜歡用打悶棍的方式劫財，就是趁人不注意時由後方對著腦袋狠狠敲上一記悶棍，然後搶了皮包就跑。曾經有一名台灣的領隊站在遊覽車旁等待客人上車時著了道，客人見領隊一直靠在車廂旁不上車覺得不解，待下車察看時，才發現領隊早已昏倒靠在車旁了。

至於白人他們是不敢搶的，因為白人一向比黑人來得兇悍，而且身上大都攜帶槍械，他們是惹不起的。

防搶之道是避免單獨行動，人愈多愈佳，而且不要離開旅館太遠，只要離開飯店警衛之視線以外就有可能被搶。還有必須認知：白天和晚上一樣危險，鬧區與郊區同樣沒有保障。

(二)預防之道

◆門窗確實關好

住宿飯店時，晚上睡眠前務必檢查門窗是否確實關好，門上之安全鐵鍊是否閂上。曾經有旅客在第二天清晨起床時，發現自己的衣物都已被放在浴室中了，當然財物也均消失無蹤，其原因就是忘了閂上安全鐵鍊。

◆相機不可隨便放

在風景地區照相時，照完相後相機不可隨便順手一放，可能你一轉身，或是在幫他人照合照時，一眨眼相機就不見了。還有人會假裝好心幫你拍合照，相機一到手立刻飛奔逃走，他們熟門熟路就算要追也追不到。

◆皮包別掛在椅背上

在餐廳用餐時，有些女士會把皮包掛在椅背上，如果有人看著當然無妨，但是就是有歹徒假裝是客人，混進餐廳後伺機拿了皮包就走。經驗豐富的餐廳人員認得出這些人，會加以監視甚至驅離，但若是剛好在忙時就給他們可趁之機了。

◆上洗手間時

旅遊地區公用洗手間旁也是常出事的地方，由於人潮擁擠，洗手間也總是人滿為患，歐洲等國家又有洗手間付清潔費的習慣，有心人在旁觀察遊人之錢由何處取出後，伺機下手之成功率就更提高了許多。

◆排隊照相時

在熱門景點拍照時往往要排隊依序拍攝，這時就是歹徒一展身手的良機了。他們倆人一組，伺機接近旅客，然後假裝不小心擠到你、撞到你，讓你的相機或是包包落地，然後利用一陣慌亂時趁機下手。

五、疾病與受傷

(一)一般原則

1. 疫區莫入，眾人皆知，但若屬流行感冒等病，則須小心避免。
2. 衣物宜保暖透氣，並飲用足夠水分。
3. 於沙漠地區或是盛夏出遊，必須避開正午，陽傘或帽子必備，縮短走路路程，加長蔭涼休憩時間，以免中暑。
4. 寒冬時節，或是在高山、雪地，應防凍傷，可以用手套、圍巾等物保暖，在雪地不可逗留太久，若遇變天或是身體不適應立即返回室內，並可以熱茶、糖果等增加熱量，但不可飲酒。

(二)中毒

在山林野外有一些有毒的植物，不小心與之接觸，就可能會有程度不同的中毒現象。

輕微的中毒反應有如皮膚過敏一般，會有紅腫、刺痛的感覺，此時必須儘速用肥皂與清水不斷沖洗患部，一直到症狀大部分消除為止。避免患部（如手）與眼睛、口鼻等敏感部位接觸，以免引發二次中毒。若衣物也疑似遭感染，要立即清洗乾淨。中毒情況嚴重可能會產生痙攣、休克等現象，此時一定要立刻送醫不可延誤。

(三)高山症

前往高地國家如西藏、尼泊爾、安地斯山脈等地旅遊，或是攀登高山時，常有此病症發生，尤其是超過三千公尺以上（因人而異），即有可能罹病，須特別注意。

　　一般而言，海拔愈高則病情愈嚴重，如果有高山症的症狀出現，必須立即停止活動予以治療，若病情嚴重者須立即下山送醫治療。預防之道為切忌急行猛衝，避免運動過量，切勿逞能，否則當時可能沒事，但是過一陣子就會症狀出現，痛苦難受。

　　高山症與每個人的體質有關，無法以性別、年齡或身體強健度來預測。有些身強力壯的年輕人反而高山症的症狀比老弱婦女還來得嚴重，不過若有心臟以及呼吸系統方面毛病的人前往高地旅行時，務必先請教醫生比較妥當。

　　抵達高地的第一天，無論是搭飛機或巴士，最好盡量放慢動作並減少活動量，讓身體充分調適，並多補充水分，有些人初抵時未覺任何不妥，於是大意疏忽仍然照正常活動，還沾沾自喜以為勝人一籌，結果沒有幾個小時，可能就已躺在床上輾轉反側或動彈不得了。

　　高山上空氣較稀薄、乾燥，所以會有口渴、皮膚龜裂、嘴唇破裂的情形，所以礦泉水、潤膚乳液盡量多帶一些。

　　高山症一般症狀是：頭暈、呼吸不順、想嘔吐、噁心、食慾不振、失眠等，處處顯得力不從心，有氣無力，通常這些症狀一兩天就會自然消失，至多不過三、四天。此時應減少劇烈活動及太消耗體力之活動，並避免菸酒等物。

　　由於高山症非常普遍，所以市面上有不少預服藥可以預防或減輕其症狀。在抵達前兩天就先服用，抵達後再繼續服用兩日，應該可以確保症狀不致太嚴重。

　　至於嚴重高山症AMS（Acute Mountain Sickness）則是另外一回事，似乎直到目前為止還沒有解藥。AMS通常發生在海拔相當高的地方，所以可能只有登山隊才會遇得上，同樣也是因各人體質而異，出現的症狀與高山症相同但嚴重得多，可能會致命。治療之道只有迅速降低所處高度一途，若直到症狀緩和為止。若情形實在嚴重就必須以無線電呼叫直升機前來救援，不過費用必須自付，而且非常昂貴。

曾經有一個自助旅遊小組前往青康藏高原旅遊，結果越嶺的第一天就發現情況相當嚴重，由於知道其威力可怕，所以毫不猶豫，連夜拔營返回低海拔地區，待症狀稍緩後，再由另一條海拔較低的路翻山而過。

(四)中暑

在熱帶地方或是炎熱的地區如沙漠區、低地區等，如果長時間在戶外活動就有可能會中暑。

如果暑假期間去印度、埃及、約旦等地區，盡量避免在中午十二點至下午三點出外旅遊，否則就有可能會中暑。

中暑的症狀是全身發熱，感到燥熱，體溫上升，但是卻不會流汗。心跳加速、頭暈眼花、有一點想嘔吐。治療方法是迅速移到陰涼、通風之地，平躺下來以自然風或扇子讓患者慢慢恢復正常。

若是症狀很嚴重，可以用冷水淋在患者衣服上以漸降體溫，並給予適量飲水，待症狀轉輕時再換上乾燥的衣物，以保持正常體溫，避免在身體虛弱的情形下體溫急降。

(五)凍傷

在寒帶地方如阿拉斯加、北歐等地，或是在冬季前往韓國、日本、大陸東北等高緯度地區，都要注意嚴寒的氣候，零下一、二十度的酷寒是我們很難想像的，更別說是身在其中了。

在寒冷地方當然首重保暖，除了必備的帽子、圍巾、手套外，如果去一些真正寒冷之地旅遊，如加拿大育空地區的北極光之旅、雪地遊獵之旅等，由於有較長時間暴露在曠野，最好能租用當地的防風雪裝備，如皮裘、皮帽、皮靴等，將大有助益，自備的禦寒裝備是不夠的。

此外，能夠縮短在戶外的活動時間那是最好的，在戶外約半個小時後，最好返回室內讓身體回暖一下，然後再出去玩，這樣是比較妥當的做

法。

　　雪地常見的狀況就是車輛發不動，以及雪地輪胎打滑。發不動的車子可以通知有關公司前來救援協助，而寒帶地方每當冬季來臨時，所有車子都會去更換為冬季雪地輪胎，以方便雪地行車，同時也更安全。在雪地中另一項令人不便的就是凍瘡，凍瘡一般都是不知不覺就得到的，初時會覺得皮膚搔癢難受，接下來又會覺得皮膚有紅腫現象，並感到患部似乎有點麻木，再嚴重就會皮膚變硬、更腫脹、變紅，然後就開始壞死。

　　一旦發現有凍瘡時必須立刻加以處理。最簡單的方法就是加強保暖，由於凍傷發生部位都是血液循環比較差的地方，如手、腳、臉部等，以自己體溫加溫是最理想的，或以比體溫稍高的溫水來熱敷也可以，但是不要用火直接加以熱烤，或是用力去摩擦患部，如此做對皮膚會有不良的影響。

　　在寒冷地方露營時也要注意禦寒與保暖，若真是保暖衣物不夠時，可以用共同體溫方式互助，千萬不可飲酒取暖，因為酒精會使血液循環加速，再加上保暖不夠，體溫會迅速下降，極為危險。設法吃一些食物，像是糖果、巧克力等以增加熱量，是不錯的方法。

　　有一年冬天我去一個中亞國家旅行，衣帽和冬季厚外套統統帶齊。但是到了當地時氣溫降到零下二十度，我還是依往常冬裝應付，心想應該沒有什麼關係，但是登上城牆時就開始感到不對勁了，手腳僵硬、臉色發白，於是進入其旁之小店內稍微休息喘口氣。店內主人是一位頭髮花白之老婦人，一看到我就指著我的衣服與鞋子一直猛搖頭，似乎是說我的服裝撐不了多久。於是在比手畫腳下我跟她買了一雙駱駝毛襪、一頂羔羊毛筒帽、一件氂牛短外套，全部加起來不到一百美金，但是我在接下來的日子裡可就溫暖許多，就算下大雪一樣外出，毫無懼色。

〈小檔案〉出國時藥品與醫療的注意事項

出門在外最怕身體不適，如果是突發性疾病，必須立即送醫急診，但若只是一些平常的小毛病，如感冒、胃痛等，最好隨身攜帶一些藥品，以備不時之需。

有些人本身有特殊疾病如心臟病、高血壓、哮喘病等，就必須帶有足夠的藥量，否則會有非常嚴重的後果，尤其是前往落後地區、山區野外等處旅遊時。

在國外就醫求診費用非常昂貴，這是因為我們是外國人，未享有該國之醫療險之故。例如在美國重感冒時，若請醫生至飯店出診（doctor-on-call），一次出診費用就可以高達一百五十美金，這還不含藥品費用，因為美國是醫藥分業制。所以在國外時最好小心謹慎不要生病，否則會令人吃不消，一般不是很嚴重的小病，自行服藥是較經濟的。

國外有不少地方買藥一定要有醫師之處方箋，否則無法購得，當然一般的阿斯匹靈等常用藥是不受限制的，所以生病時得先去看醫生，取得處方箋後，再至藥局憑箋拿藥，非常辛苦。

常用而且最好帶足的藥有：感冒藥、止痛藥、腸胃藥、外傷藥、暈機藥、OK繃等。女性的生理用品也要帶足夠，有些落後地區並無販售，而有些歐美地區女性只習慣用棉條，女性同胞須特別留意。前往特別地區，如高海拔地區時，就必須帶防高山症的特效藥。

醫療保險甚為重要，所謂「不怕一萬，只怕萬一」，因為一旦嚴重到要入院治療時，必須支付的金額是非常可觀的。沒有保險，或是沒有足夠保險的人，將會面對巨額的住院費用等你回國時慢慢付。出門在外，生病住院已經是夠倒楣的了，若再背負上一大筆債，那就得痛苦許久，所以花點小錢，買一個心安吧！

〈小檔案〉出國時飲食安全方面注意事項

1. 美加地區、中歐、西歐、北歐等地，自來冷水因為已消毒完全，可生飲，但是熱水則僅供洗滌使用。其他地區則最好飲用礦泉水，甚至在某些落後地區，連礦泉水在使用前也須檢查是否密封，否則十之八九會有腹瀉的情形發生。

2. 食物則忌生食，落後地區則連生菜沙拉、冰塊均應避免食用。印度、尼泊爾地區避免食用太過辛辣的食物，東南亞地區則勿吃路邊攤及瓶裝椰子汁。

3. 熱帶地方由於氣溫高，食物容易腐敗，所以盡量避免帶餐盒食用，否則其中只要有一兩樣食物有問題，就會引起腹瀉甚至食物中毒。

4. 如果有些時候非得用餐盒時，也必須注意食物的選擇，最好選擇一些油炸過的或確實炸熟的食物，海鮮魚蝦等務必放棄。

5. 有些飲料少許飲用沒關係，但是喝太多問題就來了，如東南亞的椰子水，喝太多就會腹瀉不止，榴槤等水果也不可食之過量，否則會火氣大產生嘴角破裂、口瘡等。

6. 中國大陸的麻辣火鍋、串串香等也是十分辛辣，不宜多食。

7. 中東地區如土耳其的街頭櫻桃汁，小販造型特殊，非常吸引人，但是使用的是萬人杯，櫻桃汁的內容也不清不楚，所以與其合影可以，果汁則千萬別碰。

8. 埃及的紅茶很著名，如果是熱紅茶當然沒問題，但是冰紅茶就少碰為妙，茶本身沒事，問題就出在冰塊上。

9. 印尼、馬來西亞的海鮮頗負盛名，每當夜幕降臨總是遊人不斷，但是烹煮海鮮時若是用火烤則必須小心，因為火烤的海鮮太大塊時則烤不熟透，外表已熟內部仍生，吃下去可能生病，最好是要求餐廳切小塊來烤，大塊的則以水煮、清蒸方式比較容易熟，也較安全。

10. 隨身攜帶一些胃腸藥以備不時之需，如止瀉、胃痛等，若真的遇上腸胃出問題，在旅途中是非常麻煩的事，尤其是在一些廁所很少的旅遊區。

11. 有些「地方酒」味香質佳，價格又便宜，使人不知不覺就喝過了頭，醉到隔日無法繼續旅程，頭痛欲裂，遊興全無。例如希臘的「歐蘇酒」就是一例，純透明的歐蘇酒倒入杯中少許，再加入冰水後立刻變成牛奶色，芳香、冰涼，又帶一點甜味，深受希臘百姓歡迎。女性一般並不好飲，但是「歐蘇酒」卻頗受青睞，也因此常聽說有不少女性醉於歐蘇酒，就是因為它喝起來不像酒，香甜可口，於是不少人就像電影《女人四十一枝花》中的女主角一般，在毫無戒心的情形下一飲再飲，醉到不自覺地與男主角發生了一夜情，事後雖懊悔不已，但也深深迷上了歐蘇酒難以自拔。

六、面對索賄之應對

索賄並不是落後地方官員的專利，文明進步的國家一樣也會發生，只是頻率比較低，以及是否有機會要脅罷了。其索賄方式不一，目的則同。一般多以「雞蛋裡挑骨頭」的找碴方式為之，這還算好，有些根本就是明目張膽地開口、伸手，而且還有行規！

(一)I國

這真是一個落後的國家！在首都地區還好，最多是要幾包香菸、一些小禮物等，胃口不大、膽子也小，而且常有高級警官巡邏，所以還不算太猖狂，但是在C城就是另外一回事了。在某機場，只要飛機一抵達，所有官員就全體精神振奮起來了。待旅客過了移民關，在行李轉盤處等待行李時，就會有一名官員代表前來當殺手，此人多是階級較低者，前來時一律取下胸前的識別證，一副準備做壞事的樣子。

首先找團長或是領隊，言明每人須付若干通關費，整團可以打點折扣，少收一點。若是不給，那等會兒過關時保證每件行李被搜個澈底，若有食物、水果等一律從嚴沒收、罰款，但是若能彼此達成協議則大家方便，由旁邊之走道直接走出去即可。

索賄不限對象，連前來朝聖的泰國和尚亦不放過，氣得泰國師父哇哇大叫，官員還一副嘻皮笑臉的樣子，但是當和尚團根本不理他，自行走出關去時，也不見有誰敢上前攔阻，可見只是虛張聲勢罷了。

(二)N國

和I國相比較，N國索賄的方式就禮貌得多了。

抵達機場移民關時，由於該國採落地簽證，所以總是大排長龍。此

時自然會有官員前來指導，告知讓大家排隊苦等總是不太好，不妨把證照及表格交由他們來協助辦理，旅行團的客人可以先下樓去領行李，或是上洗手間等，等到所有證照統統辦妥後，自然會雙手奉上，而且面帶諂媚的笑容，此時，就是你掏腰包付錢的時候了。

他們胃口不大，服務又好，所以有不少旅行團的領隊都會付給一個人一塊美金，就當做給小費吧！

(三)另一Ｉ國

不論在哪一個機場入關都差不多，移民關與海關各自索賄，互不相干。

移民關會藉口某些人的護照似乎有問題而加以刁難、詰問，就算護照毫無問題，也會用防偽燈左照右照，裝模作樣一番。明眼人一看就知道怎麼回事，若不想耽擱太久，就付點錢打發他們吧！否則出關是沒問題，可是總得多耗個三、五十分鐘。

海關則是老套，小費一拿全體放行，其實海關在檢查時，根本是心不在焉地做做樣子罷了！目光總是瞟向負責收賄的官員那邊，一旦收到賄金，立刻蓋上皮箱不再檢查，否則就在那邊慢慢摸、慢慢翻。

(四)P國

進移民關、海關時與Ｉ國相似，只是在離開機場以後，若遇警察仍有機會被索賄，否則就會上車察看旅客成員，檢查司機是否違規違法之類，只要錢一塞，馬上走人。

觀光地區的警察也常把違規的小販趕走，但不是為了維護秩序，而是方便自己做點小買賣。他們所賣多與警用配件有關，如警徽、警用手銬等，其實這不算什麼，要知道在Ｎ國，你可以向衛兵買他身上配的軍用彎刀當作紀念品。兩國的分別只是一個是把別人趕走自己賣，一個是躲在皇宮禁區內偷偷做生意。